高等学校应用型人才培养系列教材 · 经管类

连锁经营管理与实践

(第三版)

主　编　郑　彦　安宏博
副主编　霍　霞　焦丹琳　卫海英
主　审　曾秀芬　阮灵珊

西安电子科技大学出版社

内容简介

本书系统全面地介绍了连锁经营的发展历程与基本原理、连锁店的选址与布局设计、商品陈列、连锁门店营运管理的作业技巧、连锁企业新零售转型、物流配送等。全书共分 11 个项目，28 个任务。

本书采用“连锁经营、电子商务、创新营销”三位一体的教学设计体系，以培养连锁门店店长和大型商场的部门经理为核心目标，对当前连锁企业应对电子商务冲击、创新求变等热点进行了介绍与分析，同时通过“阅读链接”和“知识拓展”部分，对当前零售业、餐饮业、酒店业的连锁经营成功案例进行了详细分析，所选的案例涉及苏宁、肯德基、盒马鲜生等多个领域的知名连锁企业，力图给读者呈现连锁经营行业的管理与实践的全貌。在每个项目的结尾均安排了项目小结、课后习题、案例分析以及实训操作供学生在学习过程中思考与总结，帮助学生更好地掌握相应的理论知识和经营管理技巧。

本书可供应用型本科、高职高专连锁经营类专业、市场营销类专业、工商管理类专业及其他相关专业选用，也可作为连锁企业在职人员的工作指导书及职业培训的参考书。

图书在版编目(CIP)数据

连锁经营管理与实践/郑彦，安宏博主编. —3 版. —西安：西安电子科技大学出版社，2021.6
(2024.11 重印)
ISBN 978-7-5606-6058-5

Ⅰ.①连… Ⅱ.①郑… ②安… Ⅲ.①连锁经营—经营管理—教材 Ⅳ.①F717.6

中国版本图书馆 CIP 数据核字(2021)第 079377 号

策　　划　李惠萍
责任编辑　李惠萍
出版发行　西安电子科技大学出版社(西安市太白南路 2 号)
电　　话　(029)88202421　88201467　　邮　　编　710071
网　　址　www.xduph.com　　电子邮箱　xdupfxb001@163.com
经　　销　新华书店
印刷单位　陕西天意印务有限责任公司
版　　次　2021 年 6 月第 3 版　2024 年 11 月第 8 次印刷
开　　本　787 毫米 × 960 毫米　1/16　　印　张　17
字　　数　324 千字
定　　价　39.00 元
ISBN 978-7-5606-6058-5
XDUP 6360003-8

※※　前　　言　※※

随着我国经济的不断发展，国内连锁经营发展已有若干年，其蓬勃之势不可阻挡，但经营管理过程中却存在不少的问题。当前，我国零售业及其他许多行业均面临跨国集团的竞争，同时外国零售集团的进入又给我国零售业带来了新的管理模式和经营理念。连锁经营是零售业的革命，也是服务业及其他许多行业的经营革命。借鉴国外的先进连锁经营管理经验，发展和壮大我国的零售业、餐饮业、其他服务业，是我国诸多行业面临的当务之急。运用连锁经营的理论指导我国零售业、餐饮业、其他服务业的发展，在当前具有重大的现实意义。

连锁企业的发展，离不开大批优秀的连锁经营管理人才。为适应这一形势，高等院校纷纷开设了连锁经营管理专业，专门从事连锁经营管理人才的培养工作。然而，作为一个新兴专业，连锁经营教材体系建设尚不完善，高等院校对连锁经营管理人才的培养大部分还停留在理论教学阶段，导致大学生毕业后不能马上适应连锁企业的工作需要，企业不得不对大学生进行再次培训。通过对连锁经营管理人才培养规格和标准的研究与实践，笔者按照“理论实践一体化”的项目化教学框架编写了《连锁经营管理与实践》(第一版)一书，该书自出版以来，得到了众多读者和教育工作者的肯定并被国内多所高等院校选用，同时他们也提出了许多宝贵的意见。根据课程建设和学科发展需要，结合高校教学改革和办学特色，以及根据使用后广大读者和教师的要求，笔者对本书第二版进行了修订。此次修订出版的《连锁经营管理与实践》(第三版)由国内多所高校相关课程的教师以及许多连锁企业的专家共同策划，协同完成编写与审定。

本书既保留了第二版的知识结构体系，又力求在连锁经营的广度与深度上有所突破。近年来中国的商业零售领域出现了许多值得关注的新动态：2013 年天猫商城超越苏宁成为中国零售业百强之首，这是电子商务首次超越了实体零售业。以全球互联网、通信技术、移动电商为核心的信息技术正在引起整个零售业的一场革命，将深刻地改变零售业的经营、管理和运作模式。2017 年被业界称为“新零售”元年。因此，本书在项目 1 中增加了“新零售”的概念以及电子商务对连锁经营发展影响等内容。随着中国大中型城市陆续建设或扩建地铁线路，地铁经济将深刻影响我国的城市商业格局。考虑到地铁对于商业的巨大影响，本书在项目 4 中增加了地铁沿线的商圈分析与选址作业等内容。项目 9 中增加了连锁经营与新零售转型的内容，对近年来零售业的 O2O 模式、微信营销等新动态做了介绍与分析，以便更好地适应新零售时代连锁经营的发展新形势。此外，为了配合高校“课程思政”教学改革需要，推动新时代劳动教育和工匠精神培养工作，本书中还增加了连锁经营与老字号振兴的教学案例与实训任务。

本书一如既往地秉承如下特点：

(1) 突出时效性和新视角。在编写过程中，本书紧贴我国市场经济的实际与当前连锁经营的发展现状，从实用角度把我国最新的连锁信息纳入书中，并且吸收和借鉴了中外最近几年连锁经营的研究成果，以体现新时代、新市场的特点。本书采用了国际连锁经营、电子商务、轨道交通时代的商业视角，以突出当前的时代特点。

(2) 扩大了连锁经营的行业范围。随着外国连锁巨头在中国抢滩圈地以及我国经济的发展，连锁经营涉及的行业也已从零售业发展到餐饮业、修配业、经纪业、文化业、地产业、洗染业等数十个行业。本书的行业范围以零售业为主，兼顾零售业以外的其他加盟连锁行业，阅读案例包括星巴克、肯德基、赛百味、盒马鲜生、屈臣氏等知名连锁企业。当然，由于零售业仍然是连锁经营的主流，加上零售业连锁经营的现代化程度远超其他行业，本书大部分项目仍然紧扣零售业的连锁经营。

(3) 结合应用型教学的特点，注重实用性和可操作性。在内容的处理上，本书以基础理论“必需、够用”为原则，突出应用性，注重培养学生实践能力。为突出实用性，本书采用了我国大量连锁企业的上、中、下三层经常运用的管理模式和操作技巧。

(4) 强调案例教学。本书从多行业、多角度阐述连锁经营的应用情况，并在每一个项目的后面加入一个相关案例，供学生在课堂学习时参考运用，目的是使学生举一反三、触类旁通，在实际工作中能灵活地加以运用。每个项目后都附有课后习题、案例分析以及实训操作以供学生训练之用。

(5) 配套专门的实训教材。针对高等职业院校的实践教学环节，本书配套出版了实训分册《连锁经营实训与案例》(西安电子科技大学出版社)，内容上可以与本书相互补充。

(6) 免费提供资源包。为方便教师教学和学生学习，本书专门配备了电子课件、视频案例、课后习题答案，需要者可登录西安电子科技大学出版社网站（www.xduph.com）查询或联系作者本人索取。

本书由厦门城市职业学院郑彦、陕西邮电职业技术学院安宏博担任主编，内蒙古商贸职业学院霍霞、成都职业技术学院焦丹琳、桂林电子科技大学职业技术学院卫海英担任副主编，厦门城市职业学院创新学院副院长曾秀芬和屈臣氏个人用品商店福建区人力资源经理阮灵珊担任主审。大家共同讨论拟定了本书大纲及编写方案，郑彦负责对全书的统稿和各项目的协调。

本书的出版凝聚了国内一大批连锁经营及相关学科教育科研工作者的心血和成果，包括：全国教育科学“十三五”规划暨教育部重点课题(DIA190417)、四川省第三批现代学徒制成都职业技术学院试点项目(言几又店长班)、内蒙古高等学校科学技术研究一般项目“基于课程思政和创新创业融合的高职连锁企业经营管理课程重构研究”、广西职业教育教学改革研究重点项目“新商科背景下高职经管类专业社会服务能力提升路径研究”(GXGZJG2020A042)、广西职业教育教学改革项目“以‘创点—引线—构面’为路径的高职商科‘课程思政’教学改革及实践研究”(GXGZJG2019B131)、厦门市百年老字号研究院校企合作项目(KYPT2016-04)等，在此一并感谢！

本书是连锁经营管理教育工作者及实践者多年教学与实践经验的结晶，是西安电子科技大学出版社及广大连锁经营管理教师关心和帮助的产物。

由于笔者水平有限，书中难免存在疏漏和不足之处，恳请广大读者批评指正。

作者邮箱：56009597@qq.com

郑　彦

2021年1月于厦门

※※ 目　　录 ※※

项目 1　连锁经营的起源与发展 1

任务一　连锁经营的起源及背景认知 1

一、连锁经营的起源 1

二、连锁经营起源的背景 2

任务二　发达国家(地区)连锁经营的发展与现状 2

一、美国的连锁业 2

二、欧洲的连锁业 5

三、日本的连锁业 8

四、中国台湾地区的连锁业 9

任务三　连锁经营在中国大陆地区的发展 10

一、连锁经营的发展历程 10

二、连锁经营存在的问题 12

三、连锁经营未来的发展趋势 14

知识拓展　中国零售业的“新零售”革命分析 15

项目小结 20

课后习题 20

案例分析 21

实训操作 26

项目 2　连锁经营与传统商业模式 27

任务一　连锁经营的内涵 27

一、连锁店和连锁经营 27

二、连锁经营的 3S 特征 32

三、连锁经营的类型 36

任务二　连锁经营与传统商业模式的比较 38

一、连锁经营与传统商业模式的区别 38

二、连锁经营的竞争优势 39

知识拓展　连锁企业应当规避的五种风险 42

项目小结……44
课后习题……44
案例分析……46
实训操作……49
项目3　连锁企业组织结构与人员配置……50
任务一　认识连锁企业的组织结构……50
一、组织结构的重要性与设计原则……50
二、连锁企业组织结构与职能……52
三、连锁企业总部的业务管理与督导……54
任务二　如何对连锁企业进行人员配置……60
一、连锁企业的基本岗位设置……60
二、连锁企业人员配置的方法……64
三、连锁企业的人员选择……69
任务三　支持连锁经营战略的绩效管理……72
一、连锁经营战略概述……72
二、支持连锁经营战略的绩效评价体系……74
知识拓展　百安居经理人的快速晋升之道……75
项目小结……80
课后习题……80
案例分析……82
实训操作……83
项目4　连锁企业的网点扩张与选址……84
任务一　连锁企业的网点扩张……84
一、连锁企业区域扩张的两种模式……84
二、连锁企业网点扩张的途径……87
任务二　连锁门店的选址……88
一、连锁门店选址的作用与原则……88
二、连锁门店选址的步骤……90
知识拓展　大娘水饺的竞争对手跟进选址法……100
项目小结……102
课后习题……102
案例分析……103
实训操作……106

项目 5　连锁卖场的布局和管理……107
任务一　连锁卖场良好布局的意义和作用……107
一、良好的卖场空间布局可以有效引导消费者和聚集人气……107
二、宽松舒适的卖场环境可以增加消费者的购物欲望……109
任务二　连锁卖场布局设计的理念和原则……113
一、连锁卖场布局设计的理念……113
二、连锁卖场布局设计中的原则……114
三、连锁卖场的外部环境设计……121
任务三　卖场内部布局的类型和磁石点理论……123
一、卖场内部布局的类型……123
二、卖场内部布局的磁石点理论……125
知识拓展　商业动线设计……128
项目小结……129
课后习题……130
案例分析……131
实训操作……134
项目 6　连锁卖场商品陈列管理……135
任务一　商品分类管理与门店商品的配置……135
一、商品分类管理……136
二、商品统计分析……137
三、商品配置表管理……139
任务二　商品陈列的原则与方法……143
一、商品陈列的原则……143
二、商品陈列的方法……148
知识拓展　解析超市商品摆放的潜规则……151
项目小结……152
课后习题……153
案例分析……154
实训操作……156
项目 7　连锁企业采购、理货、收银作业管理……157
任务一　通过采购管理提升连锁企业的竞争力……157
一、连锁企业采购管理的作用……157
二、连锁企业采购的常见问题……157

三、连锁企业战略采购的对策......159
任务二 理货员的岗位技巧......162
一、理货员的工作职责和工作要点......162
二、超市理货员的作业规范......163
任务三 收银员的作业技巧......165
一、收银员的岗位职责......165
二、超市收银员的十六条工作规范......166
知识拓展 如何识别假人民币......168
项目小结......168
课后习题......169
案例分析......170
实训操作......171
项目 8 连锁卖场促销活动管理......172
任务一 连锁卖场促销的作用和方式......172
一、连锁卖场促销的作用......172
二、连锁卖场促销的常见类型......172
三、卖场生动化及其衡量指标......175
任务二 POP 广告促销、橱窗与专柜管理......176
一、POP 广告的概念及重要性......176
二、POP 广告的功能、设计与制作......176
三、门店的橱窗设计......179
四、专柜管理......181
任务三 销售人员的服务规范......183
一、营业前的准备......183
二、接待顾客的礼仪......184
三、送别顾客的礼仪......186
知识拓展 供应商应如何控制卖场的促销费用......187
项目小结......188
课后习题......189
案例分析......190
实训操作......192
项目 9 连锁企业信息化与新零售转型......193
任务一 认识连锁企业信息系统......193

一、信息系统的基本概念……193
二、连锁企业信息系统……194
三、新零售时代的连锁企业信息化转型……196
任务二 信息系统关键技术与电子货币……198
一、条形码技术与 RFID……198
二、POS……206
三、EDI 与 EOS……209
四、电子货币……212
任务三 新零售时代的连锁经营模式创新……216
一、电子商务对传统零售业的冲击……216
二、电子商务环境中实体门店存在的必要性……217
三、零售业和电子商务的融合与赢利模式创新……217
知识拓展 盒马鲜生——阿里巴巴的新零售业态……218
项目小结……219
课后习题……219
案例分析……220
实训操作……222
项目 10 连锁企业物流与配送……223
任务一 连锁企业物流管理概述……223
一、连锁企业物流的相关概念……223
二、连锁企业物流的常见运作模式……224
任务二 连锁企业物流配送的发展特点与趋势……226
一、物流配送中心的概念及其功能与作用……226
二、连锁企业物流配送中心的发展思路……228
三、未来我国连锁企业物流配送的发展趋势……228
知识拓展 沃尔玛物流配送中心的成功经验……231
项目小结……233
课后习题……233
案例分析……234
实训操作……235
项目 11 连锁企业防损与安全管理……236
任务一 连锁门店损耗产生的原因……236
一、门店防损工作的意义及损耗产生的原因……236

二、连锁门店的防损措施......237
三、现代防损科技的进展......239
四、其他防损措施......239
任务二　连锁门店安全管理知识......240
一、安全管理概述......240
二、门店安全事故发生的主要原因及其防范......241
知识拓展　“限塑令”引发的超市防损问题......245
项目小结......247
课后习题......247
案例分析......248
实训操作......249
附录一　连锁超级市场、便利店管理通用要求——术语规范......250
附录二　2019 年中国零售百强企业名单......254
附录三　课后习题部分参考答案......256
参考文献......259

连锁经营的起源与发展

项目 1

学习目标

- 了解连锁经营的起源与发展;
- 了解发达国家(地区)连锁经营的发展情况;
- 熟悉我国连锁经营的发展现状及趋势。

任务一 连锁经营的起源及背景认知

一、连锁经营的起源

今天，连锁经营几乎无处不在，并以它的标准化、规模化和可复制性的独特优势快速占领着市场，成为世界上最具竞争力的销售模式，也成为我们生活中不可缺少的部分。那么，连锁经营是如何产生的呢？

1859 年，世界上第一家颇具规模的连锁商店出现在杂货业，即乔治·吉尔曼(Gilman)和乔治·亨廷顿·哈特福特(Hartford)在纽约创办的“大美国茶叶公司”。该公司到 1865 年已经营了 25 家分店，全部在百老汇大街和华尔街一带，且只经销茶叶。1869 年，该公司改名为“大西洋与太平洋茶叶公司”，并开始把它的连锁商店延伸到美国东北部，越过了阿巴拉契亚山脉。这是世界上最早的正规连锁公司，因此连锁经营通常被认为起源于美国。

仿效它的脚步，美国胜家缝纫机公司在 1865 年首创了连锁加盟，采取特许经营形式，一举雄霸美国市场。1959 年，国际特许经营协会(IFA)成立，制定了连锁经营的道德规范和营运标准，进一步推动了其在全球的蓬勃发展。百余年来，连锁经营造就了沃尔玛、百思买、柯达、麦当劳等巨头成功的神话。

二、连锁经营起源的背景

任何一种经济现象的产生和发展与各种经营管理形态的演变和发展都可以从当时社会经济环境的发展变化中找到依据。在英美战争结束后的47年间(1814—1860年)，美国的资本主义工业化走上了快速发展的道路。这期间，生铁产量达到84万吨，钢产量达到1.2万吨，煤的开采量达到1818万吨，仅加工工业中的工人人数就达到了130万人，工业总产值增长了近9倍，仅次于英、法而居世界第三位。美国的城市化水平也随之迅速提高。1881年，纽约市人口已达120万人，商品化、货币化的消费方式也已全面进入美国的各个城市。快速发展的资本主义经济，以及城市化、完全商品化和货币化的城市居民的消费方式，给美国商业企业的发展提供了广阔的市场空间和机会。这在客观上诱导了美国当时的商业企业以不断发展分店的途径来达到扩大市场占有率和实现商业扩张的目的，而不断增强的品牌意识启发了某些商业企业家，他们按"克隆"同一种商号和同一种经营模式的方式来快速发展分店，达到降低市场投资风险、提高扩张分店成功率的目的。由此，连锁经营方式就从偶然到必然、从不成熟到逐渐成熟、从小规模到大规模逐步发展了起来。

综上所述，促使美国产生连锁经营方式的是两个相互关联的因素：其一，当时美国资本主义工业化和市场化经济的初期繁荣发展，城市化水平的快速提高和完全商品化的城市居民消费方式，造就了比较宽松的商业发展与扩张的市场环境；其二，美国商标保护法规的初步建立与消费者品牌意识的形成，为扩大消费者认知和接受以商号为代表的某些规范化、模式化的商业经营方式和服务质量奠定了基础。

任务二　发达国家(地区)连锁经营的发展与现状

一、美国的连锁业

从全球范围来看，美国连锁经营的发展始终充当着"领头羊"的角色。迄今为止，美国仍是世界上最发达的连锁经营国家。连锁经营在美国的发展大致经历了传统连锁经营创立期、超级市场导入期、现代连锁期和连锁加盟店全球化时代四个阶段。

(一) 传统连锁经营创立期(19世纪中期—20世纪30年代)

这一时期，直营连锁、特许连锁和自由连锁出现并迅速发展。

连锁经营模式的运用使得"大西洋与太平洋茶叶公司"赢得了对单个零售点的竞争优

势，它从 1865 年全部设在百老汇大街和华尔街一带，且只经营茶叶的 25 家门店迅速发展到 1880 年的 100 家连锁店，经营地区扩展到明尼苏达、弗吉尼亚等州，1900 年连锁店的数量更是猛增到 200 家，经营区域横跨太平洋和大西洋之间的整个大陆，经营品种也扩大到咖啡、可可茶、糖和各种浓缩果汁等，年销售额达 560 万美元。这家茶叶公司由于是以同一资本开办的门店来进行连锁经营的，因此其形式后来被称为直营连锁。

1865 年，美国南北战争结束，国内统一市场基本形成。美国胜家缝纫机公司为了在全国进一步扩大产品销售，在全美各地设立了有销售权的特约经销店，公司凭借产品特许经营权，把一批店铺组织起来，实行连锁经营，这就是世界上第一家特许连锁店。1887 年，美国 130 多家独立的食品零售商自愿联合，共同投资开办了一个共同进货的食品批发公司，对参加者实行联购分销，成为美国的第一家自愿连锁店。在随后的时间里，美国相继出现了 1879 年伍尔·沃兹兄弟开办的廉价杂货连锁店，1887 年开办的巴尔的摩杂货批发公司和纽约曼哈顿药品联合公司的连锁店，1898 年开办的辛辛那提杂货批发公司等一批连锁店。到 1900 年，全美连锁企业发展到 58 家，美国的传统连锁经营初步形成。其后的 30 年里，美国的连锁业得到了突飞猛进的发展，连锁商店开始成为美国零售业中重要的组织形式。

连锁商店的销售额占整个零售业销售额的比重从 1919 年的 4%上升到 1929 年的 25%，连锁店的数量在 1929 年已达到 16 万家，占当时零售店总数的 10.8%，其中食品零售额的 32%是由连锁商店提供的。但这一时期，连锁经营主要采用“商标商品连锁”的形式，连锁店借用总公司的商标名称和商品，而在经营管理制度上统一性较弱。

(二) 超级市场导入期(20 世纪 30—50 年代)

20 世纪 30—50 年代，由于世界经济大萧条和第二次世界大战的影响，美国连锁经营的发展速度变缓。但就在这一时期，超级市场的出现成为美国连锁经营甚至整个零售业发展历程的重要里程碑。1930 年 8 月，迈克尔·库仑(Michael Cullen)在美国纽约州开设了第一家超级市场——金库仑联合商店。迈克尔·库仑以连锁经营的方式开设分店，建立起了保证大量进货的销售系统，首创了自助式的销售方式，并采取一次性集中结算。之后几年，超级市场像雨后春笋般遍布美国各大城市。到了 1939 年，美国超级市场的数量已经迅速增加到 5000 多家，超级市场的食品杂货类销售额在总食品杂货类销售额的占比已超过 20%，并且出现了标准超市和大型超市。超级市场这一新的模式与连锁经营的结合，减轻了世界经济大萧条和第二次世界大战对美国连锁经营发展的影响。

(三) 现代连锁期(20 世纪 50—80 年代)

“二战”以后，美国高速公路网的建成、计算机技术的普及、自我服务的销售方式以及多种营销策略的兼容并蓄，促进了美国连锁商业的高速发展，这一时期被称为连锁商业的黄金时代。其特点是由传统的商品商标连锁发展成为全套盈利方式连锁，各连锁店已不只局限于使用公司的各种商标的名称，还承袭了公司总部的全套管理制度，包括统一进货、地点选择、店铺设计、广告促销、资金调剂等。

(四) 连锁加盟店全球化时代(20 世纪 80 年代至今)

20 世纪 80 年代以来，美国连锁业进入了全面开拓的时期，不仅表现为连锁加盟店数量上的增长，而且从零售、餐饮等传统行业渗透到旅馆业、不动产业、租赁业、健身美容业、清洁维护业、旅游休闲业、教育进修业、咨询服务业等其他多种行业。据美国《连锁店时代》杂志 1994 年 8 月的资料显示，1993 年全美最大的 100 家零售企业共有连锁网点 10 万个，平均每家企业有连锁网点 1000 个，共创销售额 5830 亿美元。

随着科技的进步、信息高速公路的建设、国家政策企业化、市场饱和等条件的出现，经济出现了全球一体化趋势。这时的美国连锁巨头凭借雄厚的资金、成熟的技术和现代化的经营管理理念开始纷纷抢占海外市场，连锁经营进入了全球时代。美国的连锁企业在雄心勃勃地开拓海外市场的同时，也重视协调国际化与本土化的关系，使美国的连锁企业在国际化发展中逐步走向成熟。美国连锁企业的国际化不仅为世界各国带去了商品，推动了商业经营的技术进步，而且在全世界范围内传播了消费文化，推动了世界文明的发展。

阅读链接 1-1　沃尔玛公司连锁经营的三大法宝

任何关于零售业连锁经营的讨论都绕不开沃尔玛(Wal-Mart)。沃尔玛的创始人山姆·沃尔顿于 1945 年在小镇本顿威尔开始经营零售业，经过几十年的奋斗，沃尔玛已成为全球最大的零售业王国。沃尔玛是美国投资回报率最高的企业之一，其投资回报率曾高达 46%。截至 2017 年，90%的美国人生活在距离沃尔玛门店 10 英里以内的地方，同时沃尔玛在全球范围内拥有 11 766 家分店，年收入达 5140 亿美元。

沃尔玛成功的三大法宝：

(1) 以顾客为导向。沃尔玛坚信“顾客第一”是其成功的精髓。沃尔玛这种服务顾客的观念并非只停留在标记和口号上，而是深入到经营服务行动中，这为沃尔玛赢得了顾客的好感和信赖。

(2) 天天低价。沃尔玛一直特别注重价格竞争，长期奉行薄利多销的经营方针。

① 争取低廉进价。沃尔玛避开了一切中间环节直接从工厂进货，其雄厚的经济实力使其具有强大的议价能力，而且非常重视与供应商建立友好融洽的协作关系，保护供应商的

利益。

② 完善的物流管理系统。沃尔玛被称为零售配送革命的领袖。其独特的配送体系大大降低了成本，加速了存货周转，成为“天天低价”的最有力的支持。

③ 营销成本的有效控制。沃尔玛对营销成本的控制非常严格，其营销成本仅占销售额的 1.5%，商品损耗率仅为 1.1%，而一般美国零售商店这两项指标的平均值分别高达 5%和 2%。这就使得沃尔玛实施低价策略的实力进一步加强。

(3) 激励员工。

① 员工利益与沃尔玛紧紧相连。除了让工资、奖金与员工自身的工作业绩挂钩外，沃尔玛还实行职工入股、利润分享等制度。

② 树立起员工强烈的归属感和自豪感。为提高员工士气，沃尔玛还设有一连串奖励办法，如地区明星奖、特殊区域明星荣誉榜、销售竞赛奖、百货销售荣誉、控制损失奖等。

③ 充足的职工培训。公司非常重视对职工的培养和教育，在总部和各级商店开设了各类培训班，并设有沃尔顿零售学校、萨姆营运学院等培训组织，利用晚间上课，讲解零售商业模式，解释工作背后的“为什么”，并帮助员工开发在任何领域都有用的软技能。沃尔玛还在 2018 年推出了一个项目，为工人提供机会，让他们可以每天只花 1 美元就能在三所不同的大学注册在线学位课程，即学习商业、技术和供应链管理等课程。此外，沃尔玛还引入了虚拟现实护目镜来培训员工，以及一款名为“Spark City”的应用程序——使用游戏模拟来向员工传授商店流程和客户服务技巧。

资料来源：Julia Hanna. 沃尔玛重塑未来劳动力. 董事会：2020(3).

二、欧洲的连锁业

欧洲的市场经济在发展模式、发展进程等方面与美国有比较显著的差别，所以，连锁经营在欧洲的发展必然带有欧洲浓厚的文化与经济色彩，其中以英国、法国和德国最具代表性。

(一) 英国连锁经营发展概况

英国最早的连锁商店是 1862 年由托马斯・利普顿创立的伦敦酵母面包股份有限公司。这家公司于 1898 年拥有 245 家分店和 3800 个茶叶经销处。英国的连锁经营在 20 世纪 60 至 70 年代发展很快，逐步形成了巨大的垄断销售网，营业额、就业人员数量等在英国整个零售业中有着举足轻重的地位。1987 年英国连锁商业的员工总人数为 149.7 万人，占整个零售业员工总数的 64.1%，营业额达 684.9 亿英镑，占整个零售业营业总额的 51%。进入 20 世纪 90 年代后，英国的连锁经营日渐成熟，80%的食品市场已由连锁商店控制，其中 5 家最大的食品连锁经营企业的市场占有率高达 50%以上。从业态上看，英国的超级市场连锁和方便商店连锁已成为连锁发展的主流，连锁商店从地区性发展为国内连锁，有些连锁店发展成为国际性连锁经营企业。例如，有着130多年历史的玛莎百货(M&S)是全球百货业的领导者。玛莎百货是经营自有品牌的成功典范，其店内销售商品的95%为玛莎百货自有品牌，优异的品质与富有竞争力的价格使其产品独具魅力，畅销全球。玛莎百货经营的“圣米高”(St Michael)品牌，于1928年注册商标，被世界公认为高品质和物有所值的象征。在英国国内市场上，圣米高服装占服装市场份额的15%，圣米高食品也是英国市场中最畅销的王牌食品。玛莎百货的利润之高也是无与伦比的，以每平方米销售额计算的利润率来看，位于伦敦Marble Arch的玛莎连锁店盈利率超过世界上任何一家零售店。玛莎百货在英国本土开设了600家分店，遍布英国各个城市和地区，在全球40个国家和地区共开设了285家分店。由于看好中国的市场潜力，2008年玛莎百货在上海开设了中国大陆地区的第一家门店。

(二) 法国连锁经营发展概况

在欧洲，法国的连锁经营发展仅次于英国。中小型连锁店数目占多数，零售商业网点呈现出密度大、规模小的特点。大型连锁店的数目虽然不多，但营业额所占比重却很大。1989年法国营业额在10亿法郎以上的连锁公司只有27家，营业额却占全国连锁营业总额的63.1%。法国家乐福股份有限公司是法国最大的国际性连锁公司。家乐福超市定位于广大中等收入的消费者，以经营日常生活用品为主。该层次消费者的特点是人员多且对商品价格敏感度高，针对此类消费者的特点，家乐福超市制订了保持商品低价的策略，该策略也成为其迅速开拓市场并稳固占有市场的重要竞争手段。

家乐福超市保持商品低价的经营策略一是从厂家统一大宗进货，采取买断式经营，做到购货付现金或按合同要求到期付款，不做代销，不再退货；二是家乐福利用自身宽大的商场面积和丰富的营销经验，帮助生产厂家进行促销活动，从而得到供货商提供的各种优质和低于出厂价的商品；三是精打细算，严格管理，多方面减少经营费用。

阅读链接 1-2　以“大”致胜的家乐福，缘何败走中国市场？

家乐福于1995年正式进入中国市场，是最早把“大卖场”概念引入中国的零售商，家乐福不仅给中国消费者带来了耳目一新的购物体验，还给中国零售业者带来了革命性的理念。作为中国零售市场曾经的霸主，家乐福在进入中国市场的初期，给人以深刻印象是其低成本的运作模式、专业的商品采购、先进的系统管理和高效运转的能力。截至2019年，家乐福已在中国市场开设了210家大型综合超市及24家便利店，覆盖22个省份及51个大中型城市。

不过，人无千日好，花无百日红。随着国内零售市场的风云变幻，家乐福在发展中逐渐显现颓势。2009 年之后，家乐福(中国)销售额、门店数量、单店业绩先后被大润发、沃尔玛、华润万家等竞争对手超越，近年来更是连续跌入亏损的泥潭之中。2017 年，家乐福在中国市场亏损高达 10.99 亿元人民币，2018 年继续亏损 5.78 亿元人民币。2019 年 9 月 27 日，苏宁易购对外发布公告称拟以 48 亿元人民币收购家乐福(中国)80%的股权。

家乐福败走中国市场，从特定角度看，可以说是家乐福高层管理者守旧的理念以及对过去商业模式过度依赖造成的。

商业模式即企业的商业逻辑，描述了企业能为客户提供的价值以及实现、创造、销售和交付这一价值并使企业具备可持续的盈利能力所需要具备的关键要素及其相互关系。

家乐福在中国市场的崛起与其“轻资产”的商业模式紧密相关，通过向供应商收取各种费用，延长账期，占用货款，赚取后台利润等，家乐福实现了低成本的快速扩张。家乐福似乎也很满意自己的这种商业模式，以至于很长时间都没有建立自己的供应链体系和配送中心，卖场的商品都是由供应商直接送到各个门店。

执着于自己过去的商业模式，忽略供应链的建设，让家乐福丧失了在中国市场上的竞争优势，而错失电商机会，则进一步加剧了家乐福的衰落。在电商已呈蓬勃发展之势的 2013 年，家乐福(中国)高层管理者还固执地认为，电商不足为虑，做好自己的大卖场就可以了。2013 年，时任家乐福中国区总裁兼首席执行官的唐嘉年曾对下属说，欧洲的最大电商以 1 欧元的价格卖给了别人。其对电商的不屑，溢于言表。有这样的观念，家乐福电商自然没有发展起来的道理。在新零售的赛道上，掉队的家乐福 2017 年、2018 年连续两年亏损。一代零售行业霸主，最终败走中国市场。

家乐福在中国市场的浮沉告诉我们：没有一劳永逸的商业模式。虽然商业模式来自企业长期的积累，也因此不会轻易变动，但切实可行的商业模式必须基于时代和企业实际发展状况的变化而有所变化，否则一个企业很难实现持续跨越的发展，只能在一个商业模式的生命周期结束后，走向衰落。

资料来源：张军智. 以“大”致胜的家乐福，缘何从中国零售之王到败走中国市场. 企业观察家：2019(8).

(三) 德国连锁经营发展概况

德国的连锁经营风格独特，并且已成为德国普遍的商业企业组织形式，规模也越来越大。成立于 1964 年的麦德龙是德国大型连锁超市之一，经营从食品、生活用品到建筑材料、电器等多种多样的商品，也是世界上第四大贸易集团，2006 年的销售额达 728.143 亿美元，排名世界 500 强第 56 位。阿尔迪是德国最大的以经营食品为主的连锁折扣商店，它自 1948 年开设于埃森以来，一直以薄利多销而驰名国内外，其成功之处在于严格的进货原则和长期的订货合同。阿尔迪连锁店的销售额过去曾占西德全部居民饮食方面支出的12%以上，2004年的销售额达到370亿美元，拥有7000家店铺，并且成为德国第三大受人尊重的品牌，仅次于西门子和宝马。此外，德国著名的连锁企业还有卡尔斯塔特百货公司和EDEKA(艾德卡)超市等。

阅读链接1-3　**麦德龙超市的中国攻略**

进入中国二十多年的麦德龙，不仅在技术创新上走在同行业的前列，在经营理念和方式上也有自己的独到之处。麦德龙不同于家乐福、沃尔玛等外资超市，它以餐饮业、酒店和中小零售商等专业客户为服务对象。麦德龙的中国区总裁蔡天乐表示："在中国的市场，我们始终坚持自己的定位。在全世界，麦德龙的现购自运都只为专业顾客服务。所谓的专业客户有三类：一是餐饮业客户，比如饭店，这也是我们的核心；二是企事业单位，包括政府机关、企业等；三是贸易商，包括小型批发商或者自己开小杂货店的老板。"

除了坚持自己的定位，麦德龙的另一个经营特色在于其C & C模式(Cash & Carry)，可以译为现购自运模式。这是全世界最为成功的自助式批发业态，起源于商对商领域。现购自运模式是指专业顾客在仓储式商场内自选商品，以现金支付并取走商品。其特点在于大批量、低成本、低价格、货真价实、采用工业大货架销售和存货，以及特有的会员制等。

作为批发零售行业的领军企业，麦德龙于1996年在上海开设了中国第一家现购自运批发商场。迄今，麦德龙已在中国的60个城市开设了97家商场，全国拥有超过11 000名员工及1700万客户。

资料来源：本书作者根据麦德龙官方网站信息整理编写(2020年4月)

https://www.metro.cn

三、日本的连锁业

日本是亚洲从美国最先引入超级市场这一零售业态，进而发展连锁经营的国家。1953年12月，日本东京开设了第一家超级市场——纪国屋，到1957年日本已有144家超级市场。20世纪60年代，战后日本经济迅速发展，日本的连锁商业伴随着经济的迅猛发展而得以快速成长，大体可分为三个阶段。

(一) 引入期(1970年以前)

1970年以前是日本连锁业的引进、摸索、尝试阶段。特别是20世纪60至70年代，日本经济经历了第二个高速发展期，为连锁业的引入和发展提供了有利时机。大荣、伊藤洋华堂都是在当时成立的，到现在已发展成世界上著名的商业连锁公司。

(二) 成长期(1970—1980 年)

1970—1980 年是日本连锁业的成长期。1970 年日本大阪举行了万国博览会，许多海外公司特别是美国的连锁经营企业，开始积极投入日本的餐饮、服务连锁业，如麦当劳、肯德基等，健全并巩固了日本的连锁体系。

(三) 成熟期(1980 年以后)

20 世纪 80 年代以后，日本的连锁业飞速发展，销售信息管理系统(POS)和企业内部通信网(LAN)在连锁业得到了广泛应用。日本的连锁经营行业分为零售业、餐饮业、服务业等三大类，其中零售业业态主要有大型综合超市、超级市场、便利店、折扣店、家庭服务中心、专业店等。

四、中国台湾地区的连锁业

在中国的台湾地区，连锁加盟业高度发达，2013 年中国台湾地区的连锁总部家数突破 2000 大关，达到 2264 家，年增 17%，连锁加盟总部密度位居全球第一，连锁门店总数超过 10 万家。台湾地区的连锁经营产业经过几十年的发展，品牌众多，业态丰富，涉及吃、住、行、育、乐等多个领域。

台湾省的面积约 3.6 万平方千米，仅占全国的 0.38%，相比中国大陆巨大的市场，中国台湾地区的连锁加盟市场已趋于饱和，加之中国大陆地区的经济迅速发展，因此 2000 年以后陆续出现了大批优秀的台湾连锁经营品牌进入中国大陆市场抢滩圈地，并且迅速风靡大陆市场的趋势，如大润发超市、85 度 C 咖啡、永和豆浆、天福茗茶等。目前，海峡两岸在连锁经营领域的合作空间仍然十分巨大。

阅读链接 1-4　中国台湾地区便利店连锁经营的成功经验

中国台湾地区零售连锁业的发展程度很高，虽然基本上都是日系零售业的风格，但便利店在中国台湾地区的发展比日本有过之而无不及。中国台湾地区便利店的一个特点就是很好地处理了市场竞争的关系。比如，7-11 与全家便利店(如图 1-1 所示)两者在中国台湾地区布局的一个很重要的特点就是毗邻开店，有 7-11 的地方不出 50 米，一定就有全家便利店。除了这两家便利店企业外，其他的如莱尔富、OK Mart 等一些便利店，也会穿插其中。

图 1-1　中国台湾地区便利店连锁前三甲

中国台湾地区的便利店市场很好地解决了竞争企业之间的共生问题，这一点与中国大陆地区的便利店市场是截然不同的，大陆地区的每一个便利店市场相对成熟的城市，基本都是一家独大，而其他企业只是点缀。便利店的区域性发展特点在大陆地区的城市中是很明显的。

中国台湾地区便利店在商品研发、商品结构的组合方面，也已经达到了很高的水平，尤其是生鲜食品的包装组合，同样的一种商品，在经过不同规格、不同材质包装之后，既增加了商品的销量，也提升了门店的毛利率。比如，同样是一种水果，可以是几个包成一盒，可以是切好块的包成一盒，也可以是用沙拉酱拌好的包成一盒，还可以是几种水果组合成一盒。也就是说，同样一种商品，经营者为其顾客提供了更多种的消费选择，而这意味着顾客的购买概率在成倍地增加。这就可以理解成是日系零售企业在商品经营方面精细化管理的一种体现，也是经营者在对商圈消费者的消费特点进行调研、分析基础上的一种管理创新。

即使这样，中国台湾地区便利店企业还时时充满了一种危机感，大了说是转型，落地来讲就是在细节上的创新，比如小型店大型化的经营理念，再比如积极进行新媒体营销的尝试。怎样让我们的消费者离不开我们，更多地被我们的商品和服务“粘住”，中国台湾地区零售连锁业的成功经验值得借鉴。

资料来源：为什么说便利店经营最应学台湾. 中国商报・超市周刊：http://www.topbiz360.com/web/html/newscenter/bld/150490.html

任务三　连锁经营在中国大陆地区的发展

一、连锁经营的发展历程

连锁经营在中国大陆地区的发展历程大体可分为初始期与成长期两个时期。

(一) 初始期(20 世纪 90 年代初期至中期)

1984 年 8 月首家以商标特许形式在北京落户的皮尔·卡丹专卖店的开业，被视为中国大陆地区连锁经营的开端。中国大陆地区出现最早的连锁企业是 1986 年由天津立达集团有限公司创办的天津立达国际商场，但由于百货店是当时零售商业的主导形式，其利润和成长性都非常好，因此连锁还只是个别现象，没有普遍意义。连锁经营在中国大陆地区的真正发展是在 20 世纪 90 年代。1990 年，广东省东莞市烟酒公司创办了“佳美”连锁超级商场；1991 年，上海市出现了第一家连锁企业——联华超市商业公司；两年后，上海另一家大型连锁公司华联超市公司的 6 家分店同时开业；1992 年 1 月，北京西城区副食品公司创办了“希福”连锁店，到 1994 年，分店发展到 30 家以上，年销售额达 1.25 亿元。随后，“希福”连锁店加盟“好邻居”连锁店，开创了我国连锁企业间的兼并先河。1993 年初，粮食企业加快改革步伐，也开始了连锁经营的试点。到 1995 年 6 月，粮食部门在国内 12 个大中城市开办了各种形式的连锁店 1166 家，为粮食系统全面推广连锁经营做好了前期准备。在餐饮行业，中国大陆地区第一家快餐连锁企业是 1991 年由上海新亚集团创办的上海新亚快餐食品股份有限公司，该企业是我国第一家上市的连锁公司。同期，一些名牌老店也加入连锁行列，如“全聚德”烤鸭店、“狗不理”包子店、“荣华鸡”快餐店等，国际上知名的连锁集团也大举进入中国市场，在北京、上海、广州等大城市相继出现了“麦当劳”“肯德基”“马克西姆”“加州牛肉面”等洋快餐的连锁店。这些连锁店的出现及初期运作的极大成功，带动了我国各地特别是沿海开放城市的商业、服务业连锁经营的全面推广。

(二) 成长期(1995 年至今)

1995 年 3 月，国务院在上海召开了全国部分省市连锁商业座谈会，李岚清到会并作了重要讲话，指出连锁经营是我国流通领域的一场革命，发展连锁经营在我国社会主义市场经济体制下具有重要意义和广阔前景。同年 6 月，原国内贸易部在成立了全国连锁店指导小组的基础上，颁布了《全国连锁经营发展规划》，加大政府扶持力度和宏观指导，这标志着我国连锁经营的发展进入了一个新的阶段。这一时期，连锁经营的发展具有以下特点：

(1) 在与百姓日常消费密切相关的零售业态，如超级市场、便民店，连锁经营已成为主导形式。1998 年，中国大陆地区超市、便利店、仓储商场的销售额为 600 亿元，占连锁企业交易额的 60%以上。全国上千家连锁公司、数万个连锁网点，多数为超市和便民店这类连锁企业。

(2) 作为零售企业机制转换的重要形式，全国粮食系统全面推广连锁经营，并取得了显著成效。以上海为例，1990—1992 年，全市粮油销售亏损 2500 多万元，国有粮食商业市场占有率仅为 35%。到 1995 年 6 月，上海市 800 家粮食零售网点已全部转为便民连锁店，商品销售额平均增长 50%以上，为 1992 年的 26 倍，国有商业市场占有率平均上升到 90%。

(3) 连锁业态规模扩大，连锁业种增多。连锁经营不仅出现在传统的餐饮、零售店，还发展到许多新兴的业态形式上，如折扣店、货仓销售、邮购、专卖店等。有些很有声势，如连邦软件专卖店，5 年间在全国 145 座城市建有 256 家专卖店，1998 年销售额为 3.5 亿元。连锁业种增多表现为由零售业、餐饮业扩大到服务业、修理业、咨询业、旅店业等行业，并显示出方兴未艾的发展势头。

(4) 连锁企业成长迅速，已由企业规模优势向产业规模优势转化。根据中国连锁经营协会《2018 年中国连锁百强榜单》显示，2018 年中国连锁百强销售规模为 2.4 万亿元，占社会消费品零售总额的 6.3%，连锁百强门店总数 13.8 万个，同比增长 16%。值得注意的是，2018 年中国大陆地区的零售业十强企业几乎全部被大型连锁企业和电商巨头垄断。

(5) 连锁经营本身也向多样化发展。连锁经营有三种形式，即正规连锁、特许连锁和自由连锁。在中国大陆地区连锁经营的发展初期，90%以上是正规连锁，但随着连锁经营规模的日益扩大，特许连锁因其更大的灵活性和低成本扩张优势而获得越来越多连锁企业的青睐。根据发达国家连锁经营发展的经验，特许连锁是最有发展潜力的形式，一般占到全部连锁企业的 2/3 以上。

二、连锁经营存在的问题

经历二十多年的发展，中国大陆地区的连锁经营虽然取得了一定的成绩，但是仍存在着许多不足，主要表现在以下几个方面：

1. 认识上的误区

认识上的误区主要表现在两个方面：一方面是理论界的一些学者及新闻媒体认为我国连锁经营的效益上不去的主要原因是规模小、速度慢，所以一味地强调追求连锁经营的规模，而忽视了连锁经营的内在要求；另一方面，一些连锁企业对连锁经营的本质不甚了解，重数量而轻质量，不顾条件地盲目发展，以为搞连锁经营靠扩大店铺数量就能见效益，所以一味地开店，一开就是四五家甚至数十家，同时由于人才、资金、技术、管理等各方面的问题没有得到有效的解决，因此最终难逃经营失败的命运。

2. 配送中心发展滞后

配送中心在连锁经营中处于核心地位，承担着连锁企业各个分店所需商品的进货、库存、分工、集配、运输、送货信息处理等环节的工作。发展连锁经营离不开配送中心。由于国内的连锁经营正处于起步成长阶段，对配送中心的作用缺乏足够的认识和重视，统一配送功能滞后，没有发挥出配送中心的核心作用，制约了连锁经营的进一步发展。其原因主要有以下几个方面：

(1) 配送中心徒有其名。许多人把配送中心的作用仅简单地看做配货，而与规模经济无关，有些人则错误地认为配送中心属于消耗部门，因此在改善配送中心物流管理方面不肯投入精力，使配送中心的物流管理水平无法适应现代化连锁经营管理的需要，于是出现了大量名不符实的配送中心。

(2) 配送中心规模小。连锁经营的优势在于统一进货，以降低成本，获取规模效益，而配送规模的大小对规模效益的取得起着关键作用。目前国内连锁企业的配送规模均较小，尚未形成规模优势。

(3) 配送中心设施落后，功能不全。目前国内的配送中心基础设施落后，物流作业缺乏规范，机械化水平低，计算机应用不全面，只限于配送中心业务。信息管理、路径规划、最优库存控制、物流成本控制等决策系统不健全，与现代化配送中心相差甚远。即使规模比较大的连锁企业的配送中心，到目前为止，还要依靠人力打码、拣货和配货。此外，连锁企业经常出现商品断档或库存积压等现象，降低了要货、送货的准确度，致使配送中心效益低下。

3. 资金和技术的制约

网络时代的连锁经营，实现了企业从劳动密集型向技术密集型的转变，即企业不仅要按照传统经营过程中的硬件条件进行改造，还必须按照网络要求进行资源配置，如条形码管理、销售进点管理系统、电子订货系统、通信网络技术的应用等，这都需要较大的资金投入，也给企业带来了较大的经济压力。

4. 管理基础薄弱

(1) 人才缺乏。连锁经营企业缺少真正懂得连锁经营现代化管理知识的中高级经营管理人才，一些经营管理人员素质偏低，缺乏竞争的危机感，采取过去的传统商业管理方法，使得公司的政策无法执行，制度无法正确实施，导致公司的经营方法和战略缺乏有效的内部交流，员工的思想跟不上连锁经营的发展。缺少专业的经营管理人才是许多连锁经营企业“败走麦城”的主要原因。例如，曾经在全国轰动一时的郑州亚细亚商业集团，在短短的两三年内就开设了十几家大型商场，但对人才的培养没有跟上企业发展的步伐。亚细亚商业集团在开设北京分店时，将没有任何实际经营管理经验的迎宾小姐委派为高层管理人员；在广州仟佰村分店开业时，临时“空降”了几十名服务员任中高层管理人员，其失败的结局当然在所难免。

(2) 管理不规范。连锁经营企业缺乏专业的管理知识，运作不规范。高水平、标准化、规范化的管理模式是发展连锁经营的必然要求，而目前我国大多数连锁经营体系都缺乏一套完整的管理运作机制，使得连锁总部对各连锁分店的监管显得力不从心。有的分店在各种不正当利益的驱动下自行进货，使产品无论在价格上还是在质量上都无法得到保障，从而使企业的名誉受损，又由于连锁经营的强连锁效应，严重时会导致整个连锁体系的崩溃。

(3) 品牌意识淡薄。品牌是连锁经营企业的生命，特别是特许经营的企业，必须在广泛的消费者市场上靠服务和商品质量树立良好的形象，但国内连锁经营企业在企业形象识别系统上缺乏深刻的认识和规范的操作，导致企业品牌形象不突出。商业定牌生产是欧美国家大型零售商在商品经营上的一大特色，自有品牌商品是连锁经营企业的差异化商品。由于零售商在供应链中的地位日益加强，它们也开始打造自己的零售商品牌，如美国的“西尔斯”、法国的“家乐福”、瑞典的“宜家家居”和英国玛莎百货销售的“圣米高”品牌商品，都是成功的典范。而我国连锁经营企业还很少有定牌生产的商品，或者在所销售商品中所占比例太小，绝大多数仍是千店一面，缺乏特色商品。有的连锁经营企业为了赶时髦，定牌加工的商品粗制滥造，结果反而损坏了企业的品牌形象。

三、连锁经营未来的发展趋势

(1) 连锁经营向多行业、多业态方向发展。中国连锁经营将沿着从零售领域向批发领域、生产领域和服务行业的方向不断发展。例如，生产企业开设的专卖连锁店，将从服装、包袋和鞋类向汽车、家用电器等行业发展，以批发商组织的销售网合作连锁将得到长足的发展。服务行业的连锁经营，将从旅游、餐饮、洗染、照相彩扩等迅速向服务、速递、运输、租赁、法律、中介服务、社会化家务等领域发展。在零售业中，连锁经营将迅速从超级市场向便利店、大型综合超市、仓储式超市、购物中心、折扣店、廉价店和家居中心等业态发展。便利店、大型综合超市和仓储式超市将成为发展最迅速的连锁经营业态。

(2) 连锁经营将实现跨区域发展的实质性突破。目前的连锁经营主要以在各地成立连锁分公司、建立配送中心的形式，集中在一个区域内发展连锁店。连锁店的业态也主要选择超级市场，以实现这些连锁企业在业态上向周边地区和内地的梯度转移，在新市场上取得追加效益。连锁企业实行跨区域发展是中国连锁经营向纵深发展的一个良好开端。

(3) 连锁经营更趋规范化。目前我国连锁业发展的规范性缺失现象在未来的发展中将会不断得到改进，连锁经营无论是在管理手段上还是在技术手段上都将更趋规范。首先，连锁企业的监管部门会加大对连锁企业经营和发展的监管力度，正确引导连锁企业朝着健康、有序的方向发展。其次，连锁企业在多年的实践中，已深刻地认识到规范化管理与企业生存发展之间的利害关系，因此，企业通过不断优化自身的管理体系和管理规范，实现经营的标准化、专业化和规范化，从而达到提高整体规模效益的目的。最后，外部的作用也促使连锁企业在未来的经营发展中更加趋于正规化。一些大的连锁企业，尤其是较为正规的连锁企业开始在管理方面下工夫，这不仅使企业内部的管理日趋规范，也促使其他企业朝着这个方向发展。

(4) 商业现代化技术手段将得到普遍推广和运用。连锁组织的有效运转和控制，与现代化技术手段的运用关系密切，如信息技术、物流技术等。现代化技术的运用将从根本上改变中国传统商业的面貌，也为国家市场管理部门(工商、财政、税收等)进行有效管理和控制创造良好的技术条件。

(5) 连锁企业的竞争将日趋激烈。21 世纪初，在我国沿海城市和主要城市中，连锁型的便利店、大型综合超市、仓储式超市之间的竞争日趋激烈，这种竞争随着这些企业经营区域和规模的扩大，将向内地和农村市场转移。2013 年天猫的销售额首次超过苏宁，这也是“电商”首次超过了实体“店商”。之后，电子商务对我国实体零售业的影响逐年增加。零售业实体店之间、“电商与店商”之间双重竞争的格局已经形成，未来我国连锁企业面临的竞争必将日趋激烈。

(6) 连锁加盟者出现多样化、复杂化趋势。因为加盟连锁经营对加盟者来说风险低、成功率高，所以加盟连锁业者越来越多。例如，有一些刚刚从大学毕业的年轻人，不愿当上班族、领固定的工资、看老板的脸色过日子；也有一些刚刚退休的人员，身体仍然健壮，不但有一笔可观的退休金，而且也有再创业的雄心；一些都市女性，不希望仅成为家庭主妇，而希望通过创业获得经济上的独立……这些群体的共同点就是他们有创业的愿望但是缺乏经商的技术和经验，连锁加盟则正好为他们实现理想提供了一个不错的选择。

知识拓展　中国零售业的“新零售”革命分析

在 2019(第十九届)亚太零售商大会上，中国商业联合会和中华全国商业信息中心正式发布了《2018 年中国零售百强榜》。榜单显示，天猫和京东分别以 2.45 万亿元和 1.68 万亿元的销售规模领跑中国零售百强。有 7 家企业销售规模过千亿元，依次为天猫、京东、拼多多、苏宁易购、大商集团、国美电器和华润万家。此外，67 家企业销售规模进入百亿团队，零售百强入围门槛为 45 亿元，比 2017 年提高了 0.2 亿元。

- 线上线下加速融合，催生零售业的“新零售”革命

2018 年，零售百强企业加快转型创新和信息技术应用，优化商品结构，提升品质，增强体验，呈现出平稳且较快的增长态势。2013 年天猫首次超过此前连续四年蝉联中国零售百强榜首的苏宁电器，这也是“电商”首次超过了实体“店商”，此后中国零售业的线上线下融合趋势日益明显，新兴科技的广泛应用以及零售行业数字化程度的加强，改变了行业的发展路径，也改变了消费者的消费习惯。2017 年被业界称为中国“新零售”的发展元年，

科技与零售的融合引发中国零售产业重大变革，让老牌和新兴零售企业有了重新起跑的机会。正如阿里巴巴董事局主席马云所言："未来十年二十年，没有电子商务这一说，只有新零售这一说。"中国零售业正在经历一场"新零售"革命。

所谓新零售，是指通过运用大数据、人工智能等先进技术手段，对商品的生产、流通与销售过程进行升级改造，对线上服务、线下体验以及现代物流进行深度融合的零售新模式。

2018 年 5 月 28 日，品途集团智库发布了《2018 中国"新零售"百强》榜单，呈现了当前零售企业经营现状和未来战略布局的种种变化(见表 1-1)。一方面零售市场格局风云变幻，传统零售纷纷站队阿里巴巴和腾讯，"两超多强"的新竞争格局逐渐形成；另一方面，各种模式创新的零售新物种不断涌现，为中国零售产业的发展创新注入了新的活力。

表 1-1　2018 中国"新零售"百强

序号	企业名称	业态分类	序号	企业名称	业态分类
1	阿里巴巴	综合电商	21	庞大集团	汽车专营
2	京东	综合电商	22	家乐福(中国)	连锁超市
3	苏宁	连锁、电商	23	宜家(中国)	家居连锁
4	小米	消费电子	24	沃尔玛(中国)	连锁超市
5	华为	消费电子	25	海澜之家	服饰连锁
6	苹果(中国)	消费电子	26	海底捞	餐饮连锁
7	优衣库(中国)	服饰连锁	27	迪卡侬(中国)	体育用品
8	百胜(中国)	餐饮连锁	28	百联集团	连锁超市
9	华润万家	连锁超市	29	周大福	珠宝连锁
10	国美	连锁、电商	30	红星美凯龙	家居连锁
11	麦当劳(中国)	餐饮连锁	31	阿迪达斯(中国)	体育用品
12	永辉超市	连锁超市	32	迪信通	手机连锁
13	当当网	综合电商	33	Zara(中国)	服饰连锁
14	唯品会	综合电商	34	物美	连锁超市
15	高鑫零售	连锁超市	35	屈臣氏(中国)	食品、美妆
16	居然之家	家居连锁	36	名创优品	时尚百货
17	五星控股	连锁、电商	37	亚马逊(中国)	综合电商
18	星巴克(中国)	餐饮连锁	38	无印良品(中国)	时尚百货
19	耐克(中国)	体育用品	39	聚美优品	美妆电商
20	万达商业	购物中心	40	尚品宅配	家居连锁

续表

序号	企业名称	业态分类	序号	企业名称	业态分类
41	银泰商业	商业百货	71	太古里	购物中心
42	全家(中国)	便利店	72	来伊份	食品连锁
43	天虹股份	商业百货	73	大商股份	商业百货
44	良品铺子	食品连锁	74	中石化易捷	便利店
45	李宁	体育用品	75	美宜佳便利店	便利店
46	H&M(中国)	服饰连锁	76	南京中央商场	商业百货
47	中粮大悦城	购物中心	77	百安居(中国)	家居连锁
48	石家庄北国人百	商业百货	78	友阿股份	商业百货
49	三只松鼠	食品电商	79	中百集团	商业百货
50	7-11 便利店(中国)	便利店	80	兴隆大家庭	商业百货
51	百果园	生鲜连锁	81	华联综超	连锁超市
52	步步高	商业百货	82	每日优鲜	生鲜电商
53	辽宁成大	商业百货	83	三江购物	商业百货
54	王府井百货	购物中心	84	欧亚集团	商业百货
55	农工商超市	连锁超市	85	家家悦	连锁超市
56	卜蜂莲花(中国)	连锁超市	86	南京新百	商业百货
57	万宁(中国)	食品美妆	87	昆化好客	便利店
58	寺库	奢侈品电商	88	武汉武商	购物中心
59	重庆商社	商业百货	89	供销大集	商业百货
60	宏图三胞	3C 连锁	90	合肥百货	商业百货
61	永旺(中国)	购物中心	91	郑州丹尼斯	商业百货
62	麦德龙(中国)	连锁超市	92	人人乐	商业百货
63	GAP(中国)	服饰连锁	93	银座股份	商业百货
64	安踏	体育用品	94	潍坊百货	商业百货
65	索菲亚	家居连锁	95	京客隆	连锁超市
66	新华都购物广场	购物中心	96	烟台振华	商业百货
67	特步	体育用品	97	大参林医药	医药连锁
68	利群集团	商业百货	98	首商股份	商业百货
69	茂业集团	商业百货	99	友好集团	商业百货
70	成都红旗连锁	连锁超市	100	宜华生活	家居连锁

天猫赶超苏宁，以及传统零售企业纷纷拥抱电商转型升级，都表明电子商务对传统零售业的冲击不可轻视。但笔者认为，电子商务不可能替代实体零售，更不会动摇连锁经营模式在中国零售领域的主导地位。从2018年中国B2C网络零售市场交易份额占比图(图1-2)来看，天猫占据中国B2C电子商务交易的半壁江山，其次是京东占整个市场的27.8%。这种“一家独大”的格局在电子商务中是普遍规律，例如微信在移动社交领域、支付宝在网上支付领域都是如此。新企业很难在这种“赢家通吃”的市场格局中获得较大市场份额，这就暗示了今后电商企业不可能大量替代传统零售企业进入零售百强榜，进而动摇连锁企业在中国零售业的主导地位。

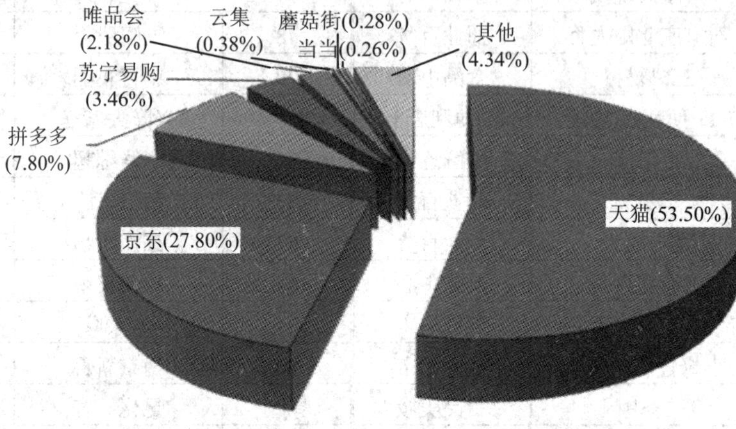

图1-2　2018年中国B2C网络零售市场交易份额占比

资料来源：本书作者根据网经社研究数据整理制作，http://www.100ec.cn

实体零售连锁企业有着与电子商务“赢家通吃”“一家独大”不同的法则，实体连锁企业的竞争更接近于“群雄逐鹿”“诸侯割据”的格局。竞争对手可以长期共存于同一个地域，比如沃尔玛和家乐福。也有的连锁企业在区域性市场“称霸一方”，但都无力“独霸”全国性市场，如上海地区的百联集团、大连的大商集团等。所以，未来中国零售的创业机会和市场空间仍然大量存在于实体连锁经营领域，而不是纯电商领域。

另一方面，越来越多的传统零售企业已经意识到电子商务的影响并开始进军网购市场，如2013年苏宁电器正式更名为“苏宁云商”，显示了苏宁转型创新的决心，2018年苏宁旗下综合网上购物商城——苏宁易购占中国B2C网络市场3.46%的份额，是仅次于天猫与京东的第三大电商平台。目前大量传统的零售商业形态都进驻了天猫(淘宝商城)，如UNIQLO(优衣库)、玩具反斗城、宝岛眼镜、银泰、海尔、鄂尔多斯、宏图三胞等。也有许多传统零售企业选择与腾讯、阿里巴巴等互联网巨头合作进行电商化，如天虹商场、南京中商、红旗连锁等。从这个意义上说，“新零售”的发展更像一场零售业的产业变革和营销渠道创新，而非简单的竞争关系。

- 多元化经营仍为主要方式

2007年以前，我国零售百强企业中，单一业态经营企业一直占据着比较大的比重。但随着零售市场的不断发展，零售企业“业态多样化”发展态势逐渐明显，特别是“百超模式”(即百货+超市)、“超市+便利店”等多业态形式，逐渐成为零售企业的主体业态。

2008年，零售百强企业中多业态经营企业首次超过单一业态经营企业，之后零售百强企业中多业态经营企业一直占据零售百强企业中60%左右的高比例，是大型零售连锁企业的主要经营方式。

- 以开展或扩展线上业务为目的的并购加速

随着我国网上零售行业的快速发展，越来越多的零售企业跃跃欲试网购市场，直接并购成型的网上零售企业是快速进军网购市场的捷径；与此同时，逐步发展壮大的网上零售巨头开始对外规模扩张，不断在线上和线下双向布局，以拓宽商品经营范围。

2019年是新零售发展具有深刻意义的一年，这一年，两大外资巨头家乐福(中国)和麦德龙(中国)分别被苏宁和物美收购，内资之间的并购整合也在不断加剧。其中比较有影响力的零售业并购案例有：苏宁收购万达百货、并购OK便利店，物美、步步高要约收购重庆百货，永辉谋求控股中百，成都工投举牌王府井等。

零售企业通过并购，一方面拓宽了自己的商品布局，另一方面整合了优秀的销售渠道，更有利于有实力的企业做大做强，未来零售行业将加速整合洗牌。

- 未来五年我国零售业发展环境分析预测

(1) 消费升级背景下，零售业将由数量增长向质量增长转变。2020年受到新冠肺炎疫情影响，我国内贸流通领域的消费习惯呈现许多新的转变，零售业加快提高“智能化”与“无人化”程度，转型升级趋势更加明显。一些新零售技术应运而生，如无人机配送、5G云端智能机器人等能够有效避免人与人的直接接触，具有广阔的市场发展空间，而且很大程度上反映了未来市场需求和技术创新的趋势。许多大型批发市场、商场超市等广泛应用平台、小程序、社群等网络工具，开展预约定制、网购店取、网购店送、网订自提、团膳直送和无接触配送服务，吸引更多消费群体通过线上购物消费，培育拼购、订购、社区直送到家等消费新模式。零售企业加快布局“网络直播”“社交电商”“网红带货”等新模式新业态，扩展网络销售渠道，打造网络售货、文创娱乐等新兴应用场景，培育发展网红经济，初步形成“商品+服务”“线上+线下”“体验+零售”“品牌+场景”全方位生活性服务应对格局，加快推进生活性服务业向智能化、在线化和清洁化发展。从长远来看，企业线上服务需求、数字化转型需求的不断增长将是我国零售连锁行业发展的必然趋势，加上我国在 5G 和移动互联网技术创新方面的优势，未来我国零售连锁业在受到新冠肺炎疫情的短期冲击后将有望迎“疫”而上，摆脱传统的土地、劳动力等要素限制，通过嫁接现代科技创新实现今后的高质量发展与繁荣。

(2) 零售业将适应买方市场的需求变化，进行深刻转型与调整。房地产价格，以及石油、煤炭等资源性产品价格暴涨的时代已结束，依靠垄断资源暴富的环境和机遇已难再现，同时，反腐败的措施也更加严厉。这就意味着，奢侈品消费和公款消费快速增长的时代已过去，进入面向大众化消费的时代；在经济增速减慢，社会节俭风气增强的环境下，消费者消费回归理性，量力消费、个性消费、节俭消费和绿色消费的观念和行为增强。

(3) 由于信息技术的快速发展，我国零售业已全面进入消费者为王的时代，零售业的竞争进入为消费者服务竞争的时代。网上购物尤其是移动购物将成为未来发展趋势；网上商品价格与实体店商品价格的差距将逐步缩小，甚至会出现网上商品价格加上物流及税后，高于实体店的商品价格；网络零售不再单纯依靠低价竞争，而主要依靠购物的方便、省时以及丰富的货品来吸引消费者购物。

(4) 市场竞争日益加剧。外资零售企业将加快网上销售渠道的建设，分食网购市场份额；外资零售企业将实现差异化发展，一、二线城市发展大型购物中心或城市综合体，三、四线城市发展中小型店，注重提升商品档次和经营环境；外资零售企业将在网购市场以及三、四线城市发挥其品牌和管理优势。

资料来源：本书作者根据中国商业联合会公布的 2014—2019 年《中国零售百强报告》数据整理编写

项目小结

本项目从连锁经营的起源及背景讲起，重点介绍了发达国家(地区)连锁经营的发展与现状和连锁经营在中国大陆地区的发展状况以及存在的问题，并对连锁经营的未来做出了展望。

本项目的主要知识点包括连锁经营的起源、美国的连锁业、欧洲的连锁业、我国大陆地区的连锁业、零售百强、新零售、商业模式。

课后习题

一、讨论题

1. 美国连锁经营发展经历了几个阶段？各阶段的特征是什么？

2. 比较国内外连锁经营的发展历程，谈谈给你的启示。

3. 你认为连锁经营的未来发展趋势如何？

二、自测题

1. 选择题

(1) 按照一般的观点，连锁经营起源于(　　)。

A. 中国　　B. 美国　　C. 英国　　D. 法国

(2) 被称为零售业第三次革命的标志是(　　)的兴起。

A. 超级市场　　B. 连锁店　　C. 百货店　　D. 电子商务

(3) 目前世界上销售额排名第一的零售企业是(　　)。

A. 凯马特(Kmart)(美)　　B. 沃尔玛(Wal-Mart)(美)

C. 麦德龙(Metro)(德)　　D. 家乐福(Carrefour)(法)

(4) 1984 年 8 月首家(　　)的开业，被视为中国大陆地区连锁经营的开端。

A. 麦当劳连锁店　　B. 联华超市便利店

C. 皮尔·卡丹专卖店　　D. 国美电器

(5) 世界上第一家颇具规模的连锁企业是(　　)。

A. 西尔斯百货商店　　B. 胜家缝纫机公司

C. 大西洋与太平洋茶叶公司　　D. 麦当劳

2. 判断题

(1) 连锁经营是现代流通商业发展到一定阶段的产物。(　　)

(2) 全球最大的自由连锁超市组织者是 1932 年创建于荷兰的 SPAR。(　　)

(3) 规模化是连锁经营方式产生的客观条件，能直接产生较好的经济效益。(　　)

3. 简答题

(1) 目前我国零售百强的发展有哪些特点？

(2) 谈谈我国的连锁经营存在哪些问题。

案例分析>>>

全聚德——中华老字号的连锁经营转型探索与实践

全聚德是一家有着国宴知名度的餐饮老字号。周恩来总理一生中有 27 次在全聚德宴请外宾，“全而无缺、聚而不散、仁德至上”是周总理对“全聚德”含义的解释。新中国成立以来，全聚德共计接待了 200 个国家的元首与政要。

创立于1864年的全聚德历经百余年的传承与创新，现已成为拥有全聚德、仿膳、丰泽园、四川饭店等110余家品牌成员企业、年销售烤鸭700万只、接待宾客2000万人次、品牌价值达163亿元的餐饮集团。“全聚德挂炉烤鸭技艺”和“仿膳(清廷御膳)制作技艺”分别被列入国家级非物质文化遗产项目，前门全聚德烤鸭店门面更是被列为“北京市文物保护单位”。

20世纪90年代，全聚德面对市场和消费环境的变化，围绕消费者需求开发多元化产品、实行连锁化经营，创造了卓越的企业业绩和知名的品牌影响力。中华老字号是指历史悠久，拥有世代传承的产品、技艺或服务，具有鲜明的中华民族传统文化背景和深厚的文化底蕴，取得社会广泛认同，形成良好信誉的品牌。在新的市场环境下，作为传统老字号企业如何在消费的变化中逆流而上？全聚德这家有着百余年历史的中华老字号的连锁经营转型探索与实践值得我们进行深入的思考。

- 全聚德连锁经营转型探索实践的两个阶段

第一阶段(1993年—2007年)：资本运营+连锁经营发展。

“在全聚德工作，我只做了两件事。第一是把连锁经营的理念引进到全聚德；第二是推动全聚德进入资本市场。”姜俊贤用两句话简单地总结了他在全聚德的工作时光。不难发现，这两件事都离不开一个核心，就是帮全聚德打造一个“金字招牌”。

1993年5月，姜俊贤受命组建中国北京全聚德烤鸭集团公司。一次偶然的机会，姜俊贤在美国了解到美国餐饮的连锁经营模式和资本市场。他认为每一个游客去美国吃麦当劳都不是只为了吃汉堡，而是通过去那里品尝快餐感受美国现代的餐饮文化。姜俊贤灵机一动，突然想到中国有很多历史悠久的老字号餐饮品牌，如果借助这种连锁经营模式，再加上资本的力量，是否能够让国内的这些老字号餐饮招牌走出国门，走向世界？全聚德是一个有着百余年历史的老字号品牌，在中国，烤鸭有很高的知名度。如果根据连锁经营的理念，把资本市场的推动运用到全聚德，全聚德的品牌会得到进一步的发展，全聚德会成为中国的“麦当劳”。姜俊贤认为，品牌是一个企业的灵魂，无论是做企业还是创业，如果想要进入资本市场，一定要高度重视品牌的建设。所以全聚德想要打开国门走向世界，进入资本市场并形成连锁经营，品牌的塑造是第一步。于是，他决定在全国餐饮业率先推出连锁经营的发展思路。

为了走规模化、现代化和连锁化经营道路的发展战略，全聚德通过学习国际著名连锁快餐品牌——肯德基的经验，制定了《全聚德连锁经营管理手册》，通过实行鸭坯统配、推广标准化炒菜、研发智能鸭炉等方式，以低成本实现规模化扩张，结束了百年老店长期以来手工操作的传统方式，改变了单店经营现状；同时积极引进工业化生产方式，完成了国内首条鸭坯开生、晾坯、冷冻连续作业生产线，研制出智能化电脑烤鸭炉，为烤鸭制作标准化以及连锁经营奠定了基础。

2004年为了宣传企业文化，重塑全聚德招牌，全聚德拍摄了第一部企业文化植入电视剧《天下第一楼》，还排练了同名话剧。《天下第一楼》在央视播出后，全聚德店营业额和接待顾客的人次净增了50%。姜俊贤也说，“拍这部片子并不是营销，而是在这个片子里面渗透了餐饮行业的一些规矩，一些制度，一些理念，所以企业文化招牌的塑造是很重要的。”

经过14年的经营运作，全聚德集团连锁经营事业取得了快速发展，2007年已拥有50余家成员企业，年营业额9亿多元，销售烤鸭300余万只，接待宾客500多万人次，品牌价值106.34亿元。2007年11月20日，姜俊贤敲响深圳证券交易所开市宝钟，143岁的全聚德终于上市了。

全聚德作为中华传统老字号品牌，能够在不断变化的市场中始终坚持品质，不断开发多元化产品，开展连锁经营，与知名品牌战略合作，实现资本化运作，最终成功上市，证明了其连锁经营转型发展的第一阶段无疑是成功的。

第二阶段(2008年至今)：互联网+连锁经营的转型发展。

创建于1864年的中华老字号全聚德，2007年成功在深交所上市，成为首家A股上市的餐饮老字号企业。凭借“国宴”标签，全聚德在上市后的前五年一路高歌猛进，2007年—2012年，全聚德的门店数量和业绩都保持着相对高速增长，尤其是2011年，全聚德的营收从13亿元猛增至18亿元，增长了34%，并在2012年达到19.44亿元的历史巅峰。但是2013年开始，随着外部环境的变化，全聚德开始走下坡路。2013年到2018年，全聚德营业收入分别为19.02亿元、18.46亿元、18.53亿元、18.47亿元、18.61亿元和17.77亿元。继2018年首次跌破18亿元的年度营收后，2019年，全聚德创造了九年来最差业绩。2020年第一季度，由于新冠肺炎疫情对中国餐饮经营环境产生重要且持续性的负面影响，全聚德的餐饮及食品业务均受到严重影响，第一季度营业收入大幅下降。数据显示，2020年1～3月，全聚德净利润预计亏损0.9亿元至1亿元。2020年之后，老字号全聚德的发展之路充满了挑战。

有人说，全聚德这只鸭，错在走得太“快”。也有人认为，全聚德的商业模式跑输了互联网时代。

截至2018年12月31日，全聚德的门店数量已经达到121家，包括直营企业46家、加盟企业75家，其中包括海外特许加盟店7家。尽管连锁店已经开到海外，但是全聚德的业绩几乎完全依赖于北京地区。2007年—2017年的10年间，全聚德北京地区业务营收占总营收的比例一直保持在80%以上。全聚德的北京烤鸭是一个地域名片，在消费者心中已经根深蒂固，因此当它走到外地，单一的烤鸭产品几乎都是昙花一现，外地营收、利润也无法支撑其业绩。全聚德面临着走不出北京的困境。怎么能让自己原汁原味的经典产品跨出北京，与当地相融合？这是全聚德在外地开店的一个纠结点。

在连锁门店数量增长的同时，全聚德却出现了较大程度的人员流失，2016 年—2018 年，全聚德的员工人数分别为 5201 人、5141 人和 4817 人，导致全聚德的服务质量饱受诟病。当顾客在用餐高峰期时到全聚德用餐，上菜速度明显降低，甚至出现超过半小时还无一盘菜上桌、顾客等待过程中无人问津的现象。这成为全聚德“卖不动了”的一个原因。面对快速扩张引发厨师不足的问题，全聚德想到最“快”的方式，用科技来替代人工。然而消费者却不买账，毕竟消费者跑来吃的是老字号和纯手工的味道，而不是冷冰冰的机器带来的“可复制化”的味道。有人曾经用广州著名连锁点心餐饮“点都德”来做对比，“点都德”打造老字号的方式让人叹为观止，一年研究几百款点心不在话下，最重要的是他们还专门培养厨师，花钱让员工专门到国外学几年厨艺，学成归国之后再返聘，为扩张做人才储备。所以，“点都德”的菜品是“机器做不出来”的味道。

这些年，餐饮商业模式已发生很大变化，三五人的轻餐饮成为主流，如今走进商场，风格各异的餐馆鳞次栉比，个性、时尚的年轻人们，对全聚德这样的老字号甚至觉得气场不合而渐渐疏离，跟朋友周末聚餐更多的还是选择火锅、西餐厅，或者到各式各样的网红店打卡。而全聚德主做全家大型聚会或商务宴会的大桌模式，跟现在的主流需求差距也越来越大。全聚德的定位一直是走高端餐饮路线，但是在消费升级浪潮席卷而来的互联网时代，曾经的高端餐饮业巨头早已经失去了以前的魅力，大众化餐饮以其经济实惠、方便快捷的特点越来越得到市场的认可和欢迎。全聚德最迫切的任务是重新赢得消费者对其的喜爱，特别是要赢得年轻人的心。年轻人更看重具有创新性的菜品，注重体验和轻食，而全聚德是大杂烩式的中式正餐，此外动辄几千、上万平方米的大店风格，也不讨年轻人的喜欢。

如果说全聚德没有做出改变，不免有些冤枉。2016 年全聚德发布了互联网战略，准备突破传统门店经营的模式，进行线上销售。2016 年 4 月，“小鸭哥”外卖平台在北京正式上线，全聚德希望通过包制鸭卷、配送上门、自动加热等方式覆盖更多人群。但是根据全聚德 2016 年年报，鸭哥科技 2016 年亏损 1344 万元；2017 年半年报显示，鸭哥科技当期净亏损 243 万元。业内人士认为，全聚德的价位并不低，外卖价格也比其他店铺高。例如，全聚德的整只烤鸭 250 元左右，半只 130 元左右，其他普通单个菜品也在 40～60 元，对于那些吃外卖的顾客来说，全聚德似乎并不是什么优质的选择，最终“小鸭哥”被迫停止营业。

- 百年老字号的文化魅力

尽管在 2013 年以后全聚德的连锁经营发展并不顺利，但是全聚德仍然抓住机遇尽情展示其餐饮文化的魅力。全聚德举办的“美食文化大讲堂”活动，邀请了业界专家向北京市民讲述全聚德是如何从一个老炉铺一步步壮大成为现代化的餐饮集团；全聚德面点师傅为观众现场表演糖艺绝活，将经过熬制的麦芽糖不断抻拉，捏成花瓣形状，再把各部分黏起来拼成一朵糖花；美食家为现场观众讲述了全聚德“京八件”点心的历史，还介绍了羊头肉、爆肚、龙须面、豆汁、烤肉等京味儿名小吃故事。通过这次活动，既让消费者走进全聚德，了解了全聚德深厚的美食文化和历史，也在全聚德和消费者之间建起了面对面沟通的桥梁，能够让全聚德了解当下消费者对新餐饮的需求和对全聚德的期望。2019 年 5 月 28 日京交会正式开幕，来自全聚德的 3 名金牌面点师现场表演了抻面绝活儿，可谓技惊四座，看到根根细如发丝的“龙须”能够穿过针眼，观众们连连称奇，活灵活现的小鸭酥和形神俱备的核桃酥，也让中外宾客对中国传统面点的精湛技艺交口称赞。除了现场表演外，全聚德还把真空包装烤鸭、全聚德五香珍礼装、全聚德入味鸭系列、全聚德京点系列、仿膳金玉六福以及粽子系列产品带到了京交会进行现场展卖，让全球客人品味地道的中国传统美食，感受中国深厚的饮食文化底蕴。

全聚德不仅是京粹文化的象征，更是中外文化交流的重要窗口，厚重的企业文化和品牌影响力形成了它独具特色的竞争力，未来既要更好地服务于北京市民，也要为北京的国际交往贡献自己的一份力量。文化与商业并不是互相排斥的，作为国家级非物质文化遗产的全聚德在发展老字号品牌商业的时候，还要注重对老字号文化的传承。或许精神交流更能拉近消费者与品牌之间的距离，全聚德似乎也意识到了这一点，不断推进历史文化传播，散发全聚德品牌的独特魅力。

- 疫情下的餐饮老字号加速转型

2020 年受到新冠肺炎疫情的冲击，百年老店全聚德选择了加速转型。一方面要由游客的地标性美食转向做好本土化服务，明确“做北京人的餐厅”的定位；另一方面，走年轻化、亲民路线，开通外卖渠道，试水社群运营，并尝试以全新形象的餐厅、菜品设计开拓年轻消费者市场。2020 年 2 月，全聚德部分门店试水外卖，目前其在北京的直营门店已全部上线外卖业务，还建立了多个微信群，借助社群向周边居民推广餐饮外卖及包装食品。此外，全聚德还在京东超市“618”活动期间启动首次专场直播合作，中国北京全聚德烤鸭集团总经理周延龙亲自直播带货，为网友们带来大折扣代金券，开启了一场百年老店的数字化转型新征程。此次活动全聚德在营销方面的创新也达到了新的高度：前门店厨师长肖宝林用在线直播的方式，现场为广大网友们操刀片鸭，同时，为大家介绍了制做烤鸭所需的 30 多道工序。“色、香、味”俱全的精彩讲解引得网友们纷纷刷屏“流口水”。数据显示，当天全聚德首秀 4 小时直播观看量超 175 万人次，点赞量超 170 万，单日成交额同比增长 22 倍，“百年经典烤鸭”礼盒成为明星产品，成交额同比增长 32 倍。此次疫情期间，全聚德通过上线外卖业务和到社区摆摊卖熟食的“自救”方式，让总经理周延龙对全聚德的客群定位有了进一步的理解：“作为游客打卡的北京名片没问题，但我们还要做‘北京人的餐厅’，做好本土化服务，转向年轻化、市场化。”作为北京老字号餐饮品牌，全聚德在服务本地消费者方面仍需改进，努力成为年轻人、老人外出就餐的便利选择和本地市民日常用餐的首选。目前，全聚德正在筹备一家全新形象的餐厅，走亲民路线，并在门店形象、菜品设计方面都更加符合年轻人的消费特点，同时收费项目、人均客单价也会有所改变。

- 善于“倚老卖老”，更要推陈出新

一家企业经营百年实属不易，个中滋味常人难以体会。在商业新常态下，老字号在经营过程中必须要有忧患意识，要在坚守特色的基础上勇于创新。“年长”却渴望接近年轻社会的全聚德身上始终闪耀着中华老字号品牌坚韧不拔的品质。回顾全聚德过去几十年的连锁经营转型探索与实践，全聚德正努力放下“身段”主动适应新零售关系，与时俱进，摸索出一条中华老字号专业化、标准化和系列化的道路，在坚守百年文化精髓的同时创新发展，传承京味美食，传播中华文化。对于老字号来说，“老”是一笔宝贵的财富，老字号拥有世代传承的独特产品、精湛技艺和服务理念，承载着中华民族工匠精神和优秀传统文化，具有广泛的群众基础和巨大的经济价值、文化价值，老字号品牌要保持充分的自信，敢于“倚老卖老”。同时，“老”也是一道无形的阻碍，老字号在追求突破创新的路上往往需要花费更多的时间，既不能跑的太远丢失“老”的固有财富，又不能止步不前错过潮流的快车。毕竟，老字号的价值在“老”，出路在“新”。

资料来源：本书作者根据全聚德 2008—2019 年年报及相关资料整理编写

★阅读上述材料，回答以下问题：

1. 请结合案例，谈谈全聚德在连锁经营发展中有哪些经验，同时存在哪些问题。

2. 你认为中国餐饮企业可以向肯德基、麦当劳这些外资连锁企业学习哪些方面的成功经验？

※ 实训操作 ※

1. 走访参观当地一家连锁零售企业，利用互联网了解其发展的历史，分析这家企业经营过程中的经验与教训。

2. 阅读本书的配套实训教程《连锁经营实训与案例》(西安电子科技大学出版社，2013)中的“二十世纪初上海滩四大百货公司传奇”案例，搜集相关背景资料，谈谈 20 世纪初和 21 世纪初的零售业经营有哪些异同点，并请展望 21 世纪的零售业经营将出现哪些新的变化。

3. 请调查本地一家老字号企业的发展状况，然后针对老字号企业连锁经营发展的利与弊，谈谈你的看法。

连锁经营与传统商业模式

项目 2

学习目标

- ◆ 了解连锁店和连锁经营的涵义;
- ◆ 理解连锁经营的3S特征及连锁经营的类型;
- ◆ 理解连锁经营与传统商业模式的区别及优势。

任务一　连锁经营的内涵

一、连锁店和连锁经营

(一) 连锁店

我国连锁经营协会1997年在《连锁店经营管理规范意见》中规定：连锁店是指经营同类商品、使用统一商号的若干门店，在同一总部的管理下，采取统一采购或授予特许权方式，实现规模效益的经营组织形式。

在国际连锁协会以及西方各国政府的规定中，往往把经营11个以上商店的零售业或餐饮业的组织称为连锁商店。

当前，连锁店在零售业、餐饮业、酒店业乃至许多其他服务行业中都得到了蓬勃的发展。通过比较上面两种关于连锁店的定义，我们可以看出：连锁店具有门店数量和行业上的特征，更重要的是具有经营管理方面的特点。当一个企业的门店数量发展到10家左右时，就会带来管理上的根本变化，必须采取与单独企业经营不同的管理方式。由此我们得出，划分连锁经营的标志不能单看门店的数量，还应考察其经营管理的特点是否符合连锁经营的内涵。

阅读链接 2-1　业种和业态

业种指所涉及的行业，如零售业、餐饮业、美容美发业、洗染等社区服务业、教育培训等其他服务业。业态则是指在某个具体业种中所采用的经营形态。以下是零售业、餐饮业的常见业态举例。

★ 零售业态指零售企业的经营形态，常见的零售业态有以下八种：

(1) 便利店，指以满足顾客便利性需求为主要目的的零售业态。

(2) 折扣店，指装修简单，提供有限服务，商品价格低廉的一种小型超市业态。

(3) 超市，指开架售货，集中收款，满足社区消费者日常生活需要的零售业态。

(4) 大型超市，指面积在6000 m^2以上，品种齐全，满足顾客一次性购齐所需商品的零售业态。

(5) 仓储会员店，指以会员制为基础，实行储销一体、批零兼营，以提供有限服务和低价商品为主要特征的零售业态。

(6) 百货店，指在一个建筑物内经营若干大类商品，实行统一管理、分区销售，满足顾客对时尚商品多样化选择需求的零售业态。

(7) 专业店，指专门经营某一大类商品的零售业态，如玩具专业店。

(8) 专卖店，指专门经营或被授权以经营某个品牌商品为主的零售业态。

★ 餐饮业态根据饮食消费需求、目标顾客、产品结构、店堂设施、经营方式、服务功能、技术条件等不同方面，划分为以下十种餐饮业态：

(1) 家常菜为主的大众餐馆类业态。

这一业态类型的餐馆目标市场定位为普通工薪阶层，菜单和菜式大众化、家常化，价格较低，菜量大、上菜速度快，能够满足百姓的日常饮食需求。在北京，这类餐馆星罗棋布，多分布在交通便利、流动人口多或居民区、机关企事业团体较为集中的地区。

(2) 满足快节奏生活的快餐类业态。

此类业态可分为中式快餐和西式快餐，中式快餐以价格便宜、菜品简单、简洁实惠为特点。西式快餐则因食品可口、服务快捷、环境个性化、营销手段新颖等特点而深受年轻人和儿童的喜爱。

(3) 满足商务宴请需要的高档正餐类业态。

此类业态也可以分为中式正餐和西式正餐。中式正餐主要是指具有鲜明菜系特征的高档次餐馆，分为国有老字号和新兴的民营餐馆。餐馆是中国饮食文化的代表和集大成者，无论是操作技艺、菜式，还是服务、环境都体现了较为浓郁的民族性和历史性，具有深厚的传统文化内涵。新兴的民营餐馆以服务周到、菜品多样、环境高档、促销灵活的特点吸引了许多高档消费群体。西式正餐主要以高层次、高收入群体为主，环境典雅、服务细致，是喜欢西餐人士的最佳选择。

(4) 依托星级饭店的饭店类餐饮业态。

(5) 张扬个性的主题类餐饮业态。

人们求新、求异的心态培育出一批极具个性的主题餐厅，这些餐厅或怀旧、或浪漫、或休闲、或运动、或冷酷、或激情，成为白领阶层聚会交友、放松消遣的绝佳场所。

(6) 自由选择的自助类餐饮业态。

自助餐厅类同于自选超市，消费者可以根据自己的喜好，对所有的菜品自由选择，随意享用，较受年轻人的欢迎。

(7) 浪漫轻松的休闲类餐饮业态。

这类餐厅菜品很少，而以经营饮料、点心、小吃、零食为主，主要以休闲环境为卖点。

(8) 餐饮娱乐相结合的娱乐类餐饮业态。

现代生活中人们已不仅仅局限于对餐饮的单纯需要，多彩的视听享受也赋予了餐厅更广泛的内涵。最典型的属“大铁塔”，一张门票包含了餐饮、音乐、舞蹈、表演等所有服务项目，让人们在就餐的同时，享受到舞蹈、音乐等声、光、色、味的一体享受。目前北京较为火爆的当属“量贩式 KTV”，因其自由性和价格魅力已成为人们消费休闲中的主流业态。

(9) 以规模取胜的餐饮街类业态。

经营者抓住消费者的从众心理，在商机深厚的地区扎堆经营，逐渐形成颇具规模的“餐饮一条街”。餐饮街上各餐馆各有所长，价格有高有低，菜品丰富多样，可以满足消费者对各种口味的需求。另外，在各大商场内形成的餐饮美食广场也与此类同。

(10) 移动消费的餐饮类业态。

目前的餐饮企业大多以座店经营为主，为满足人们快节奏的生活方式，移动服务和移动消费的移动餐饮业态应运而生。肯德基在北京推出的汽车餐厅无疑是餐饮业态的一个新亮点。汽车餐厅可谓是没有餐桌的餐厅，只要驾车人将车开到肯德基的窗口，就能在车内完成点单、取餐和结算的过程，大大节省了消费者的购物时间。另外，食品外送服务也是移动消费的重要组成部分。移动消费市场潜伏着巨大的商机，代表了餐饮业重要的发展方向。

(二) 连锁经营

连锁经营一般是指商业经营领域中的一种企业经营模式。它是以企业的总部、配送中心和若干数量的连锁分店组织机构为基础，在统一店名、统一采购、统一配送、统一财务、统一经营、统一价格、统一服务和统一管理等若干个统一的管理方式下，由若干数量的连锁分店构成一个规范、统一、规模化和连锁化的销售网络体系，从事商品或者服务销售的商业企业经营模式。

(三) 连锁经营四个层次的统一性

连锁经营四个层次的统一关系如图 2-1 所示。

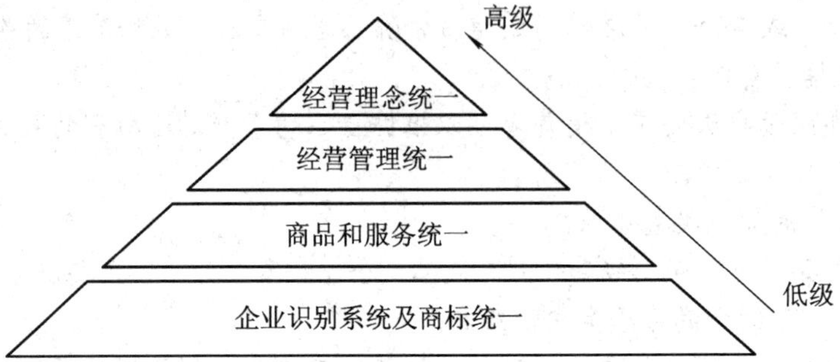

图 2-1 连锁经营四个层次的统一关系

1. 企业识别系统及商标统一

企业识别系统包括连锁企业的招牌、标志、标准色、装潢、外观、卖场布局、员工服装等，统一的企业识别系统有利于消费者对连锁企业产生深刻的印象。不过这只是连锁经营最基础的统一，是表面形式的统一，如果没有内在的经营管理、服务理念的统一，即使表面形式再一致，也不能体现出连锁经营的实质。

2. 商品和服务统一

连锁企业为顾客提供统一的商品和服务，有利于使消费者对连锁企业产生信任感和依赖感，也有利于提高消费者的忠诚度。

3. 经营管理统一

这是连锁企业内部管理模式的统一，或者说是制度层面的统一。旗舰店建设是连锁企业复制其成功经营管理模式的重要手段。所谓旗舰店，就是将连锁企业形象设计的所有元素都完美地体现出来的一个标准店或样板店。旗舰店一词来自欧美大城市的品牌中心店的名称，一般是某商家或某品牌在某地区繁华地段开设的规模最大、同类产品最全、装修最豪华的商店。“新活馆”是 2009 年以后新兴的又一种连锁商品经营模式，在对商品的体验之后，用户可以得到更加实惠，甚至能以极低的价格购买到商品，运用企业主要有国美、永乐等电器卖场。所以，当某家门店被冠以“旗舰店”“超级店”“新活馆”等概念时，并非仅仅是营销方面的噱头，这同时也意味着该门店在经营管理层面上必须达到某些统一的标准。例如，电器卖场中“新活馆”通常具备以下条件：① 卖场面积大于 15 000 m^2；② 年销售额大于 1.2 亿元；③ 卖场布局比传统的家电卖场更为合理化；④ 顾客在卖场中能够体验到最新的电器产品。

4. 经营理念统一

经营理念是企业的经营宗旨、价值观念，它表现为连锁企业全体员工观念上的统一，并且在此基础上形成企业基本设想、发展方向、共同信念和追求上的一致性。

阅读链接 2-2　**“史上最牛肯德基”其实并不“牛”**

在福建厦门有家“史上最牛肯德基餐厅”，该餐厅位于厦门的“闽南印象”旁，从外观上看这家肯德基汽车穿梭餐厅落户在一座厦门古厝中。餐厅设计上既保留了闽南古民居悬鱼饰、梁雕等建筑元素，又在外围增加了通透的钢结构玻璃墙，形成一个古典与现代融合的新空间，折射出一种身临其境的时空穿梭感。正是由于其新颖的外观设计，而被网友评为“史上最牛肯德基餐厅”，还荣获了厦门市景观绿化建设工程“白鹭杯”奖。

图 2-2　厦门“最牛”肯德基的外观及其内部一角

其实肯德基餐厅的外观上融合当地建筑风格的情况在我国的不少城市，如哈尔滨、大连、厦门，都有成功的案例(肯德基《感谢中国》广告中就有好几处这样的地方特色建筑，在线视频：http://v.youku.com/v_show/id_XMzMwMzE0MzA0.html)。但是除了肯德基餐厅建筑外观上的不统一，餐厅里面的商品组合、员工的服装、服务的标准和整个经营管理的理念，都与全国其他任何一家肯德基无异。毕竟企业形象识别系统只是连锁经营四个层次的统一性中最低级的一层。可见，从连锁经营管理的角度上看，“史上最牛肯德基”其实并不“牛”。

二、连锁经营的3S特征

1. 标准化(Standardization)

标准化是指连锁经营企业在经营管理的重要环节和重要方面实行统一、规范和制度化的管理。

采用连锁经营模式，可以使那些在市场竞争中表现出良好盈利性的商业项目和经营模式复制推广到更大范围以取得更大的成功，但现实情况远非这么简单。标准化是连锁经营的项目或盈利模式，通过一系列标准的管理、加盟、形象和商品操作形式来推广和拓展，使其达到管理和复制上的便利，以此来实现企业目标的一种手段。连锁经营的标准化不仅是推广成功与否的关键，更是今后是否获得持续市场利益的根本保障。连锁经营的标准化主要体现在总部加盟程序的标准化、单店管理方式上的标准化、企业形象的标准化，以及商品或服务操作上的标准化等四个方面。简单来说，连锁经营就是让不同的人、在不同的地点和不同的时间做一件相同的事情，在对其操作上是否标准化对于连锁经营的成败也有着重要的影响。

阅读链接 2-3　**如何在连锁企业中推广标准化管理**

首先是总部加盟程序的标准化。统一并相对稳定的加盟条件、严格的加盟步骤和不折不扣的实施就是一种标准化，但企业在制定和实施过程中总有各种差错，主要表现有：有统一的加盟条件，但企业总部授权部的相关员工在执行中随意性较大，并没有相关的机制来约束这种随意发挥；有看起来相对稳定的加盟条件，但在实际执行中，有许多员工总是习惯性地向即将实现的利润目标屈服，而表现出因不同人和不同地区的条件差异。企业制定加盟步骤的目的是希望每一个加盟者都能在加盟过程中了解企业和项目、了解加盟后的市场利润和风险所在，而现实中有的企业却十分的功利，他们尽可能地隐瞒潜在的市场风险，而极尽放大市场利益之能事，让严肃的加盟步骤被视作一种做秀的工具。上述这些加盟标准是否得到总部员工的不折不扣落实呢？在没有有效的制度保障下，企业主或加盟者的愿望都有可能成为一种奢望。毫无疑问，总部加盟程序的标准化严格来说是检验所有加盟者的综合素质，并为每一个加盟者的投资负责，以及为今后可能获得的推广成功所作的铺垫。

其次是总部和单店管理方式上的标准化。这方面的标准化是保障总部和每一个加盟单店的实际利益和降低管理成本所作的基础性工作。总部分工不明确、岗位理解不透彻、作业流程过于繁杂，缺乏时间观念，以及没有制定单店有效的管理模式和缺乏统一的督导方式等是目前连锁经营企业普遍存在的问题，若问题迟迟未得到解决，结果往往也会使加盟者或单店很快丧失应有的积极性，出现单店管理上的无序，从而导致总部对单店的实际失控。从实际的管理工作中解脱出来，投入更多时间和精力来做好产品、服务和营销，是每一个加盟者所期望实现的。然而总部在对单店的管理方式上，仍存在提供的手册过于机械、总部市场督导太主观、执行标准时时在变等问题。正确的做法应该是，总部不仅要确立基本的管理和服务理念，更要制定规范的总部管理模式，而且针对不同地区，所提供给每个加盟者的管理手册中也应体现不同的个性特点，同时让每一个市场督导都采用统一的标准来对单店实施督导。

第三是系统形象的标准化。系统形象的标准化是企业获得推广和日后经营成功的辅助手段，其目的是不断提升企业和品牌的市场形象，旨在使企业的连锁经营体系得到更大范围的认可和被目标顾客熟知。对形象理解的不同、制作和要求上的随意、展露位置的不恰当，以及日后督导不力等都可能是导致企业形象错乱的主要根由。特许经营体系中的形象不仅包括企业或品牌的标准字、标准图案，还应有连锁经营体系中所宣扬的服务或经营理念、企业或单店的使命、顾客所能感知到的品牌核心价值，以及上述要素的使用规范。加盟单店对加盟总部提供的形象要求在制作和使用上表现出的随意性，会导致顾客认知的紊乱，甚至导致品牌原有的市场定位变得不清晰而使顾客忠诚度下降。

最后是商品和服务操作上的标准化。这部分的标准化最富有利益性，也是所有标准化当中最为重要的部分。因为无论是制作商品还是提供服务，都是直接面向顾客，直接体现企业和加盟者价值的经营环节，任何一个失误都有可能使顾客丧失消费信心。因制作的不规范而使商品存在先天缺陷、因技术不到位而使商品质量流于一般、因操作流程的不标准而使商品外在和内在的差异较大、因个人性格或观念的差异而使提供的服务时好时坏、因缺乏统一规范的服务用语而总难让顾客心满意足等现象都是标准化缺失的直接后果。只有详细地对每一个操作环节加以规定，并在店员出错时有统一的纠偏标准及时纠偏，这样才能尽量使每一位顾客感到满意。

连锁经营体系中的标准化本质上就是一种推广手段。企业靠标准化来招商和对加盟单店实施管理，加盟单店靠标准化来满足顾客和对本店实施管理。因此，标准化可以很好地将企业和加盟者的利益统一起来，使得企业实现进一步的推广、加盟者为顾客提供方便且规范的服务，最终将使连锁经营体系更加充满生命力。

资料来源：郑会轩. 3S在特许经营推广中的作用. 连锁与特许，2008(7).

2. 简单化(Simplification)

简单化是指作业流程简单化，作业岗位活动简单化，由此可以使员工节约精力，提高工作效率，以最少的时间和体力支出获得最大的效益。在管理实践中，连锁经营企业一般都会对作业流程和岗位工作中的每一细节作深入的研究，并通过手册归纳出来。著名的麦当劳手册中甚至详细规定了奶昔员应该怎样拿杯子、开机、罐装奶昔直到售出的所有程序，使其所有的员工都能依照手册中的规定来操作，即使新手也可以迅速掌握操作流程。由于连锁经营企业的各环节、各岗位都实行了标准化和专业化的管理方式，从管理层面看，对每个环节、每个工作岗位的管理都实现了规范化和制度化，不需要“一事一策”，只要按制度要求进行管理即可。

1) 简单化对于连锁经营成功的意义

简单化就是尽力使连锁经营模式中的管理流程、岗位作业或业务流程简单化，这不仅有利于连锁经营企业总部推广和复制，更有利于所有分店或加盟者的经营和操作。我们都知道，连锁经营就是不断复制那些已经取得市场成功的品牌的价值、盈利模式、管理方式或操作技术，若这些经营要素在理解上、操作上或实际应用上过于复杂，往往就无法做到标准统一；同时又因为每个人或企业的个性差异、理解差异等，也严重制约这些经营要素在今后应用到加盟者身上的一致性。如不能实现一致性，这个连锁经营体系就是一个失败的体系。换一个角度来说，经营要素的简单化就容易实现标准化复制，进而容易被加盟者理解、操作和执行，最后就会使连锁经营体系获得统一，并取得成功。

首先，连锁店应该检查经营总部的机构和岗位设置是否精简且便于加盟者复制，将包括直营店管理在内的所有利于开展推广和复制的管理过程认真梳理一遍，将各个不同的工作节点逐一列出，再将这些工作节点按照不同类型进行归类，将相同或相近的工作节点归类到一个部门或机构中去。所谓工作节点就是必须由一个人来具体操作或实施的工作内容，也是工作岗位，如接受加盟者申请和审核加盟资格这两种工作，就应该归类为连锁经营总部的授权部。需要注意的是，并不是所有具体的、细节的工作内容都必须由专人去负责，应该是由一人兼多职的形式，但应遵循岗位间的相互监督、制约和配合，同时要防范官僚主义和腐败。如果一个人仅仅负责一项工作内容的话，总部的机构将十分壮观，既增加管理成本，也不利于管理的简单化，更会给加盟者的工作联系增添难度。

其次，连锁店应该检查现有的作业流程是否足以简单到刚好能够保持服务或产品的质量没有降低的程度。其实，这种作业流程设计是立足于满足顾客利益的角度来作全局规划的结果，试图找到满足简单化利益和顾客利益的平衡点，也就是在保证顾客利益的前提下做到最大程度的操作简单。它的改进思路是：去掉与连锁经营体系中核心价值没有相互关联的服务或产品种类；去掉在提供服务或生产产品过程中的无用或可以与其他环节合并的环节；去掉提供服务或生产产品过程中的那些多余或利用率不高的设备和设施；去掉作业流程中需要及时监督和现场指导的作业内容和步骤；去掉那些使加盟者降低管理效率、妨碍标准化实施、增加操作难度的一切内容和环节。

部分连锁经营企业并不十分懂得如何使自己的经营要素简单化，他们认为拥有一个不错的盈利模式或经营概念就能使整个体系获得成功，今后，这种想法将会变得越来越不现实。

2) 简单化与标准化的关系

简单化是为了即将实施的标准化工作而做的准备。简单化是基础，标准化是形式，大范围推广连锁经营体系和获得市场利益是目的。简单化将不仅是连锁经营企业获取市场利益的条件，更是未来加盟者监控加盟风险的依据。

阅读链接 2-4　麦当劳的标准化管理

麦当劳从一家为过路司机提供餐饮的快餐店，迅速发展成为在全球拥有三万家连锁店的快餐业龙头企业，同时也是世界 500 强企业之一。麦当劳为何能成为世界的路标？创始人雷·克罗克如是说："标准化，每一个细节都坚持标准化，而且持之以恒的执行，才能保证成功！"

连锁经营的标准化主要表现在：一是商品服务的标准化；二是企业整体形象的标准化；三是生产、操作流程和服务程序、设施的标准化。生产、制作、配制、加工某些产品或实施某项服务，要严格执行规定的生产、操作、服务程序和标准，保持最佳品质的商品和服务。

麦当劳在全世界的餐厅都有一个金黄色 M 形的双拱门。根据统计，最适合人们从口袋里掏出钱来的高度是 92 cm，因此麦当劳柜台是以 92 cm 为标准设计的。店铺内的布局也基本一致，其厨房用具全部是标准化的，所有薯条采用"芝加哥式"炸法。据测，可口可乐在 4℃时味道最甜美，于是全世界麦当劳的可口可乐温度统一规定保持在 4℃；面包厚度在 17 cm 时，入口味道最美，于是所有的面包都做成 17 cm 厚。诸如此类的细节管理贯穿于麦当劳经营管理的始终，这些不起眼的细节管理正是麦当劳迅速发展壮大的秘诀所在。

资料来源：赵博. 麦当劳——标准化管理的典范. 中国标准导报：2014(2).

3. 专业化(Specialization)

专业化是指连锁经营企业的营运必须在整体规划下进行专业分工，并在分工的基础上实施集中管理，从而将工作特定化和进一步专家化，追求独特和卓越，开发创造出独具特色的技巧及系统。近年来国内餐饮业中逐渐流行的私房菜馆便是餐饮业追求专业化的一个写照。例如，上海虹桥区的"汪姐私房菜"，不对外公开营业，只做相熟朋友介绍的生意，一顿饭只做两桌(坊间有 20 道菜 6000 元的价格之说)，而且没有固定的菜单，顾客想特别吃哪一道菜需要提早预约。即便如此，该餐馆却是上海知名的私房菜馆，并因纪录片《舌尖上的中国》而闻名全国。尽管如此高价与诸多限制，“汪姐私房菜”的食客仍然络绎不绝，据说影星刘德华预订了两年都没有位置。可见，专业化成就了“汪姐私房菜”的竞争优势。假设该店未来能对菜品进行标准化和简单化的加工和管理，便能脱离单店运作，实现公司化、规模化、品牌化运作，这样便可实现由单店专业化走向连锁经营发展的路径。

1) 专业化与分工的关系

专业化表现在各个环节、岗位、人员的专业分工上，使得采购、销售、送货、仓储、商品陈列、橱窗装潢、财务、促销、公共关系、经营决策等各个领域都有专人负责。专业化主要表现在以下三个方面：

(1) 连锁经营系统内部与门店之间的职能分工。

(2) 连锁总部设置了不同的职能部门进行业务分工管理。

(3) 连锁门店必须依据运营程序与作业特点进行岗位分工。

2) 专业化与标准化的关系

专业化与标准化的关系是对立统一的，专业化是标准化的前提，但标准化从某种意义上说是“反专家化”的，标准化要确保专业性能够传承。如果我们将连锁经营理解为“成功经验的复制”的话，专业化就是要追求卓越及确保商业模式本身是领先的。因此，专业化是为了将工作做好，这是该商业模式通过连锁经营进行“复制”的前提条件。然而，要确保“成功的经验”在复制过程中不走样，又必须将个人的专业知识(know-how)进行标准化、流程化，使之成为连锁经营企业共同的知识和财富。

三、连锁经营的类型

根据联结纽带和联结运作方式的不同，可以将连锁经营的模式分为直营连锁(RC)、特许连锁(FC)和自由连锁(VC)。

1. 直营连锁(RC)

直营连锁又称正规连锁(Regular Chain，RC)，就是总部和分店之间以资产为纽带，由总部全资或控股开设下属分店，体现所有制和经营权的高度集中。在这一体系中，可以统一调动资金，统一经营战略，作为整体有利于在采购和经营时提高自身的谈判地位，有利于发挥整体优势。直营连锁的缺点是分店自主权小，自身利益不紧密，积极性、主动性和创造性不高，并且这种连锁模式的发展需要相当的资金实力，无法迅速实现业务扩张。

2. 特许连锁(FC)

特许连锁又称合同连锁或特许加盟连锁(Franchise Chain，FC)，就是总部和分店的关系是以经营垄断权和经营技术为纽带，总部把自己的产品、服务和营业系统(包括商标、商号、经营技术、营业场所及管理技术)以合同或协议的形式授予其加盟店，加盟店的经营权属于总部。作为加盟店必须遵守合同规定并向总部交纳一定的特许使用费。特许连锁的优势是总部可以在不占用很多资金的情况下实现快速扩张，缺点是统一性较差，组织不稳定。

3. 自由连锁(VC)

自由连锁又叫自愿连锁或合作连锁(Voluntary Chain，VC)，是指分散的众多零售商，既维持着各自的独立性，又缔结永久性的连锁关系，使商品的进货及其他业务共同化，以达到共享规模利益的目的。各成员要接受总部领导并交纳管理费，统一从总部进货等。自由连锁的优点是总部投资少，布点快，发展潜力大，缺点是凝聚力不强，组织关系不稳定。

阅读链接 2-5　沙县小吃的转型升级之路

20 世纪 90 年代，沙县政府为解决农民和城镇下岗职工就业增收难题，采取一系列扶持措施，引导群众把小吃制作的传统工艺优势转化为产业优势。1998 年，沙县政府向国家工商总局商标局注册了“沙县小吃”服务商标，2002 年该商标被三明市认定为知名商标，2005 年被认定为福建省著名商标。沙县小吃目前有三种经营模式，一种是沙县本地人以特许经营方式开设的小吃店；另一种是沙县人在外地开设的个体门店，一般前面冠以自己的名称，如张三沙县小吃、李四沙县小吃等，为的是与其他同类型门店加以区分；最后一种是外地人投入资金，获取了沙县小吃协会的授权和技术支持后开设的连锁小吃店。据沙县小吃产业发展中心统计，2020 年全国沙县小吃店约 8.8 万家，其中 3.2 万家是沙县籍业主，从业人员 6 万余人，约占全县总人口的 23%和农村劳动力的 60%，并带动了周边数万群众创业就业。

随着沙县小吃在外影响力的不断扩大，经营业主中也存在一些经营不规范、标准不统一、品牌杂乱、竞争无序等问题。只有通过实力雄厚的、足够强势的市场主体整合企业资源，才能统一品牌，实现规模效应。另外如何在连锁经营中实现持续盈利，这需要在总部强有力的支持下，打造完善的特许加盟体系和管理体系。

为尽快实现沙县小吃业主从一个普通农民向现代餐饮业经理人的转变，同时提高沙县小吃的档次和知名度，沙县政府从从业人员素质入手，在县职业中专学校建立“沙县小吃培训中心”，创办“沙县小吃烹饪学校”，轮流对农村富余劳力、待业青年、下岗职工以及职业学校学生等进行小吃专业技术培训。2017 年以来，为了推动沙县小吃从传统的夫妻店向标准化连锁经营升级，政府背景下的沙县小吃集团积极推动各地的小吃店面加盟，注册统一的商标，实现统一的装修、管理和配送。目前，有着政府背景的加盟小吃门店已近 3000 家。2020 年为了帮助加盟店应对新冠肺炎疫情对餐饮业带来的冲击，沙县小吃集团决定减免所有加盟店 3000 元的管理费，这一块将减少沙县小吃集团 430 多万元收入。此外，沙县人开的小吃店当年如果要加盟，可免交3万元的加盟费。

尽管对于餐饮业来说，保证“复制不走样”是一个难题，但麦当劳和肯德基的案例告诉我们，餐饮标准化还是可行的，关键是如何去实现它。

资料来源：康善招. 解码沙县小吃的魅力. 上海商业：2019(3). 本书作者有修改

任务二　连锁经营与传统商业模式的比较

一、连锁经营与传统商业模式的区别

从经营方式上看，连锁经营是资源整合后的规模经营，而传统商业模式是灵活应变的特色经营。从管理方式上看，连锁经营是以制度为中心的规范管理，传统商业模式是以人为中心的经验管理。从组织形式上看，网络化的连锁组织可以快速渗透市场，而传统单体店的市场辐射范围有限。从管理手段上看，连锁经营可以借助现代信息技术进行精细化管理，而传统商业模式只能依靠手工操作进行粗放型管理。尤其是零售业，在连锁经营管理的复杂程度和现代化信用技术应用方面已远远领先其他连锁经营领域，因此，本教材主要以零售业作为连锁经营管理的主体进行教学内容设计。

连锁经营与传统商业模式的比较如表2-1所示。

表2-1　连锁经营与传统商业模式的比较

	连锁经营	传统商业模式
优势	① 资源整合，获取规模效益 ② 形象、商品、服务统一，易于维持消费者的忠诚 ③ 网络化组织带来迅速扩张 ④ 采用现代管理技术，实现精细化管理 ⑤ 制度化规范管理，消除人为因素的影响	① 门店自主性强，主动性高，能调动管理者的积极性 ② 门店具有高度的灵活性，能随时根据消费者的需求变化调整经营战略 ③ 管理层级少，沟通容易，能迅速做出决策 ④ 特色经营，能弥补市场空缺
劣势	① 门店独立性有限，缺乏灵活性，难以完全满足当地消费市场的特殊性 ② 门店无法单独核算，盈利水平难以体现，影响员工的积极性 ③ 容易出现总部与门店沟通不足和决策延误现象	① 辐射有限，难以获得规模效益 ② 无法采用现代管理技术，以人工操作的粗放型管理为主 ③ 经验管理为主，容易受个人因素的影响 ④ 规模小，难以吸引消费者和合作者

二、连锁经营的竞争优势

(一) 规模扩张优势

连锁企业在规模效益的驱动下不断追求规模扩张，而连锁经营的三种基本模式——直营连锁、特许连锁和自由连锁，能够迅速实现资本的大量集聚。实现规模扩张的主要方式有以下三种：一是采取投资自建、兼并、收购、租赁等形式大力发展直营店；二是采取发展加盟店的形式，在无需投资的情况下，在短时间内大幅增加门店数量；三是通过协商达成合作契约，实行大范围的自愿连锁。例如，联华超市是我国起步较早的连锁企业，创建于 1991 年，现隶属于百联集团。联华超市在 20 世纪 90 年代中期即通过发展加盟店的途径使公司门店数量急剧增加，联华商号遍布上海大街小巷，迅速成为我国连锁业早期的领军企业。在几十年的成长历程中，联华超市公司成功运作完成了多个重大并购项目，推动企业跨越式发展，始终保持了全国超市业态排名第一的业绩。2009 年 7 月，联华超市又收购了华联超市 100%股权，使联华超市的门店总数立即大幅提升至 5599 家。

(二) 市场拓展优势

连锁经营网点多，分布广，市场占有率高。伴随连锁企业门店数量的不断增加，市场空间范围的不断扩大，其市场份额也相应迅速而大幅度地集中。世界各国的零售巨头，如美国的沃尔玛、法国的家乐福、英国的乐购、日本的伊藤洋华堂、泰国的易初莲花等，无一不是连锁企业。全球零售巨头沃尔玛，自 1961 年创建以来一直保持了强劲的快速发展势头。1993 年沃尔玛以 673.4 亿美元的销售额超过了 1992 年排名第一位的西尔斯(Sears)而雄居美国零售业榜首。1995 年沃尔玛实现销售额 936 亿美元，创造了零售业的世界纪录，从此成为全球零售业的巨无霸。2002 年沃尔玛又以年销售 2445 亿美元的骄人业绩荣登《财富世界 500 强》榜首，并连续四年保持了霸主地位。此后又于 2007 年、2008 年分别以 3511.39 亿美元和 3787.99 亿美元的营业收入蝉联两届冠军。美国连锁百强企业的市场份额占全美年零售总额的三分之一。上海联华超市公司于 1999 年以 73 亿元的销售业绩彻底改写了长期以来单体百货店称霸中国零售业的历史。以此为开端，之后 10 多年来雄居我国零售业领先地位的均为大型连锁集团。在 2008 年之前，我国连锁百强企业的年销售额增长连续多年大幅度高于全社会消费品零售总额的增长。

(三) 成本控制优势

连锁经营将规模化经营与集约化管理有机结合，有利于降低成本、提高经济效益。连锁企业在大规模经营的基础上统筹利用人财物、信息及技术等资源，分摊进货销售、管理和财务成本，大大节约了各项费用。如：连锁企业集中采购的大订单，可取得价格谈判的主动权，适当压低进价，从而节约进货成本；连锁企业统一配送的专业化物流管理，可严格控制库存，减少流动资金占用，还可合理运筹仓储运输设施的利用及配送时间、路线，降低物流成本；连锁企业的新闻媒体广告宣传费用，可由十多个、几十个甚至成百上千个连锁店共同分摊，比起由一家单体店承担，可有效降低宣传成本；连锁企业在经营理念、市场营销技术、服务技术、商品配置及陈列技术、业务流程及操作技术等方面的研发成果，可由众多门店共享，可有效节约管理成本；连锁经营的科学管理也在促进高质量、高效率的同时，有效地减少了损失浪费。成本降低使企业利润相对提高，并且还可以低成本支持低售价而取得竞争优势，扩大销售。通过对同种业态、同类规模的门店进行调查，结果显示，连锁经营的费用成本与传统商业模式相比较，降低约 10～12 个百分点。

(四) 品牌成长优势

连锁经营高度集中的经营决策和高度统一的 CIS 企业形象识别系统运作，有利于内强素质、外塑形象，提升企业品牌价值。连锁经营突出强调“八个统一”的运营模式，使所有门店的商号、门面及店堂设计、商品组合、商品价格、商品陈列、服务设施和服务项目、促销措施、广告宣传、服务规程和业务流程等严格保持一致，形成了统一的经营特色及风格，维护了统一的服务质量和经营管理水平，从而树立起鲜明、独特的企业形象，达到深入人心的效果。同时，连锁经营的跨地域扩张也为扩大企业知名度和美誉度创造了有利契机。如美国的沃尔玛、麦当劳、肯德基，法国的家乐福，德国的麦德龙，英国的百安居等零售(快餐)商，因国际化的连锁经营，使其成为了几乎“地球人”都熟悉和信赖的知名品牌。另外，连锁经营还十分有利于开发自有品牌(即由零售商从设计、原料、生产、注册商标到经销全程控制的产品)。连锁企业可利用自身的企业品牌价值和声望优势开发定制自有产品品牌，并借助于自身跨地域扩张的市场优势迅速扩大销售，获得较高的利润。目前，世界上声名显赫的大型连锁零售商都热衷于实施自有品牌战略，所开发自有品牌的种类已由食杂品、日用品、厨房用品和服装逐渐扩展到小家电、电脑及配件等。沃尔玛拥有自有品牌 13 类共计 1000 余个，且设计新颖、品种丰富多样、包装精美、质量优良、价格低廉，销售额占其营业收入的 20%左右。世界第二大零售商家乐福超市拥有近 2000 个食品和非食品自有品牌，价格比同类商品便宜约 20%。百安居拥有 2000 多个自有品牌，涵盖各类家装、家居用品，并以低价格、高品质的竞争优势深受消费者欢迎，销售额比重可达到 10%～15%。在日本，连锁经营销售自有品牌的比重占 20%，日本最大的零售商大荣连锁集团自有品牌的数量占卖场内所经营商品种类的 40%左右。美国第二大超市西尔斯零售公司 90%的商品是自有品牌。英国玛莎公司销售的绝大部分产品都是玛莎的自有品牌。在伦敦，一提起玛莎的产品，人们的第一反应就是“品质好”。

(五) 科技化和现代化优势

连锁经营属于先进的经营方式和组织形式，它是流通方式现代化的重要标志之一，体现了现代流通业发展的必然趋势。连锁经营大大提高了流通业的组织化程度和产业集中度，造就出一个又一个的商业巨头，有效地改善了传统经营时代流通主体小、散、差，不适应现代化大市场、大流通的落后状态。连锁经营为政府产业政策的制定及其指导作用的发挥，以及市场经济条件下商业企业竞争公平性、有序性的实现创造了基础条件，对于引导和促进流通业的健康发展具有重大意义。当前，现代批发企业、现代零售企业、现代物流企业、现代服务企业的发展都必须以连锁经营为方向和重点，连锁经营在发达国家已处于明显的主导地位，其市场份额已占市场总额的60%以上。欧洲的连锁店在德国、英国、法国、比利时、荷兰等国家集中分布的现象说明了越是先进的国家，连锁经营越是发达。连锁经营的现代化取向还表现为对现代科学技术的迫切需求。就运行条件和运作手段来看，连锁经营必须依靠现代化的管理思想、方法和技术才能得以生存和发展，包括现代经营理念、现代管理原理、现代企业制度、标准化管理方法、计算机技术、网络技术、现代通信技术、现代物流技术、现代营销技术等。否则，根本无法保证机构庞大且门店分散的经营组织正常运转。其中，信息技术的引入标志着连锁经营进入了高科技时代，率先实施信息化战略的沃尔玛正是借此成就了其全球零售业霸主的地位。

(六) 商业贡献优势

(1) 连锁经营促进了社会再生产的顺利运行。连锁经营集中采购与分散销售相结合的运营模式，有效地化解了生产的集中化、大批量、少品种与消费的分散化、少数量、多品种之间的矛盾，真正起到了衔接生产和消费的作用。

(2) 连锁经营促进了流通产业的优化。一是连锁经营规模化与集约化相结合的本质特点，有利于平衡投入与产出之间、数量与质量之间、速度与效率效益之间的关系，有力地推动了流通产业经济增长方式的转变；二是连锁经营所形成的独特而显著的规模效应，大大提升了商品交换的功能和效率，拓宽了商品流通渠道，减少了流通环节，加快了流通速度，扩大了流通规模，节约了全社会的流通成本，提高了流通效能；三是连锁经营所具有的规模扩张和规模效益优势，大大增强了商品流通的组织化程度和产业集中度，从而为政府宏观决策和市场竞争向有序化发展提供了有力支持。

(3) 连锁经营促进了生产企业的发展。连锁企业商品采购的大额订单引导和扶持了一大批生产企业及其商品生产，国内外许多生产企业正是依靠大型连锁企业的大额订单从小做大的，一旦失去了订单就将面临倒闭的危险，可见连锁经营的发展在拉动消费的同时也促进了生产。

(4) 连锁经营促进了消费水平的提高。连锁经营的低成本带来的低价格给广大消费者带来了实惠，星罗棋布的连锁网点又为消费者就近购物提供了极大便利，到连锁超市和家电专业店购买食品、日常生活用品和家电商品已成为消费者的首选和习惯。

(5) 连锁经营促进了就业岗位的增加。连锁企业的快速扩张为社会提供了大量工作岗位，其中加盟连锁形式为自主创业提供了更多机会。

(6) 连锁经营促进了财政收入的增长。大型连锁企业良好的经营业绩使其成为各地的纳税大户，为增加国家和地方的财政收入做出了突出贡献。

知识拓展　连锁企业应当规避的五种风险

在连锁经营以其显著的优越性支撑其强劲的发展势头的同时，也潜伏着各种危机。除作为经营性组织普遍存在的自然风险、道德风险、决策风险、竞争风险等其他各种风险之外，从连锁经营的特殊性角度分析还将面临以下五种风险：

- 扩张过快风险

连锁企业往往通过不断扩张以图获得更大的规模效益。然而，扩张成功与否受到企业内外各种因素的制约。如果条件不成熟，增加门店就未必能收到理想的效果，有时甚至将原本优势的企业拖垮。扩张失败的原因多种多样，主要应从以下三大方面分析：一是企业内部物质资源条件是否具备，有的是因资源配置比例失衡，如门店增多而物流配送能力不匹配，或适合岗位要求的管理和业务人员不足，导致商品供应和服务质量下滑；二是企业经营管理能力是否相适应，有的是因管理手段和管理水平跟不上，在门店增多尤其是跨地域扩张的情况下管理失控，导致工作效率和经济效益下降；三是市场环境是否允许，有的是因市场饱和但仍重复建设，如不顾及地区的经济发展水平而超前兴建大型购物中心，在近距离重复开设大型综合超市，导致购买力不足或过度竞争使经营难以为继，等等。另外还有一个不可忽视的因素是，连锁企业以兼并、收购的形式扩张时因文化差异而难以融合，导致人员思想和经营秩序混乱。其根本问题是对规模的经济性缺乏理性考虑，片面追求数量和速度，从而忽略了客观条件的适应性。

- 选址不当风险

连锁企业在实施规模扩张战略中，新门店的选址策略十分关键，正确选址可以说是新店成功经营的首要条件。经常有新门店开张不久即关闭的现象，其主要原因往往与选址不当有直接关系。选址不当的风险性表现为多种情况：有的是盲目进入一个已经饱和或已被强大竞争对手控制的市场，由于过度竞争而导致赢利微薄甚至亏损；有的是商圈内消费者数量少或消费水平低，因缺少足够的购买力而导致销售额不理想；有的是门店所在位置交通不便或交通管制不利(例如，门前街道有栅栏封闭)，引起客流不畅而严重影响销售；还有的是在异地扩张尤其是跨国扩张时对选址地区的经济政策、治安状况、市政规划等情况缺乏了解而遭受重大损失。其根本问题是在选址决策前没有进行科学、充分的市场调查与预测，草率行事而造成无法挽回的重大损失。

- 人才流失风险

许多连锁企业的人员流动比例较大，这与商服行业人员流动性较大的原因相同。从高层管理人员看，虽然薪酬不菲，但与证券、银行、保险、石油等行业的管理人员收入水平差距悬殊，缺乏留住高级人才的诱惑力；从中层管理人员看，跳槽已成为帮助其职务升迁的一个捷径；从一般员工看，商服行业营业时间长，工作繁忙，节假日不能正常休息，收入不高，社会地位低，因而通过频频更换环境来改善工作条件。人员流动性大给连锁企业带来的不利影响比单体店更突出，可导致经营模式及管理制度方面知识产权的流失，技术人才和关键岗位业务人员匮乏以及技术和供应商或客户大量流失，新手比重增大、员工队伍素质下降、业务熟练人手缺少影响新店开设，较大的人员培训和培养投入因人员流失而损失，等等。其根本问题是企业欠缺科学完善的约束和激励机制，从而难以保证人员队伍的稳定性。

- 加盟失控风险

发展加盟店是连锁企业实现低成本快速扩张的有效途径，但随之而来的各种问题及状况也使其面临多方面危机。主要表现为：一是加盟店管理水平低、服务质量差严重损害连锁企业的形象和声誉；二是加盟店不严格执行统一管理规则，商品经营失控；三是加盟者道德缺失，恶意侵占供应商的货物及货款，甚至卷席而逃，造成极其恶劣的社会影响，等等。其根本问题是对加盟者的资格缺乏严格审查，对加盟者的经营行为缺乏严格监控。

- 监管不力风险

连锁企业机构庞大，门店多且分散，有的遍布世界各地，距离遥远，大大增加了管理的难度。因此，连锁经营对各种现代化管理方法技术的应用依赖性较大，对各层次管理人员和业务技术的素质要求较高。然而，达到经营管理的高水平和保证作业过程的万无一失也都存在很大难度。现实中，许多国内外赫赫有名的大型连锁企业都曾曝出不良新闻，如商品促销造成顾客拥挤踩踏事故、出售不符合食品质量标准的商品、保安人员殴打顾客、加盟商卷走供应商货款等。在退换商品方面刁难顾客、商品促销搞价格欺诈、对供应商极度盘剥、侵犯员工合法权益等此类现象在连锁企业中比较普遍。这些现象的存在表明，目前我国连锁企业的经营管理水平和人员素质水平距离社会和消费者的要求存在较大差距，有待改善和提高。

资料来源：伍海平. 连锁经营的优势与风险规避. 商业经济：2010(7).

项目小结

本项目界定了连锁店和连锁经营的概念，重点介绍了连锁经营的 3S 特征及连锁经营的三种类型，并对连锁经营与传统商业模式进行了比较及优势分析。

本项目的主要知识点包括连锁店、连锁经营、标准化、简单化、专业化、直营连锁、特许连锁、自由连锁、连锁经营的竞争优势。

课后习题

一、讨论题

1. 连锁经营有哪几种类型？各有哪些优缺点？
2. 连锁经营有哪些特征？
3. 连锁经营可能给企业带来哪些特有的风险？应当如何规避？

二、自测题

1. 选择题

(1) 以会员制为基础，实行储销一体、批零兼营，以提供有限服务和低价商品为主要特征的零售业态叫(　　)。

A. 超市　　B. 仓储会员店　　C. 便利店　　D. 折扣店

(2) 对特许经营的特点，下列说法有误的是(　　)。

A. 特许经营是授予人和很多独立商号之间经销商品的一种契约

B. 特许经营是一种流通的方式，特许经营权由母公司授予个人或小公司在某一特定范围及某一段时间内，按其规定方式经营销售的一种特权

C. 在特许经营权的存续时期中，提供一个经营权利的保证，并时时提供有关特许店在组织、训练、销售及管理方面的协助与辅导

D. 特许经营是一种高成本但效率也高的流通方式

(3) 关于连锁经营，下列说法正确的是(　　)。

A. 就加盟店的自主权而言，直营连锁是几乎没有的，自由加盟连锁则较大，而特许加盟连锁很小

B. 直营连锁的总部要承担分店的费用，享用其利润；自由加盟连锁的总部不分担加盟店的费用，但要分享其利润

C. 直营连锁与特许加盟连锁使企业较容易树立与维持其整体形象

D. 在直营连锁与特许加盟连锁下，总部对分店的约束力较强

(4) 根据连锁经营的特点及优势，具有以下特性的产业较适合以连锁形态来经营(　　)。

① 产品购买频率比较高

② 市场环境变动小，易于管理的产业

③ 产品在某地非常热销

④ 若产品获得不易，将降低顾客需求

A. ①②③　B. ①②④　C. ②③④　D. ①②③④

(5) 直营连锁又称(　　)。

A. 自由连锁　B. 特许连锁　C. 合同连锁　D. 正规连锁

(6) 百胜餐饮在中国大陆地区经营的“肯德基”餐厅主要是(　　)。

A. 自由连锁　B. 特许连锁　C. 正规连锁　D. 直营连锁

(7) 屈臣氏个人用品商店在大陆地区的所有门店是(　　)连锁店。

A. 直营　B. 加盟　C. 特许　D. 自由

(8) 连锁经营应当符合的 3S 原则有(　　)。

A. 专业化　B. 标准化　C. 规模化

D. 信息化　E. 简单化

(9) 直营连锁的缺点有(　　)。

A. 开店需要庞大资本，发展速度较慢

B. 易发挥整体优势，降低资金和商品成本

C. 门店的自主权较小，缺乏活力

D. 店铺分散，有利于占领市场

E. 利用高度集权管理与规模优势进行统一经营活动，可降低管理成本

(10) 连锁经营的标准化主要表现在(　　)都具有统一标准。

A. 门店外观　B. 工艺与操作　C. 考核评估

D. 商品与服务　E. 从业人员服饰

2. 判断题

(1) 连锁经营是指经营同类商品或服务的若干家门店，以一定的形式组合成一个联合体，由经营总部根据整体规划进行专业化分工和集中化管理，获取规模经济效益的一种经营方式。(　　)

(2) 经营同类商品的若干家门店可称为连锁店。(　　)

(3) 连锁经营的特征之一体现在内容与形式的高度统一，即标识、商品及服务、经营

管理和经营理念的高度统一。 (　　)

(4) 连锁门店的标识统一不仅有利于消费者识别，更重要的是能获取消费者对该连锁企业文化的认同，从而产生积极的消费行为。 (　　)

(5) 连锁门店在保证使用统一商号的前提下，具体的招牌、标志及装潢布局等各门店可依据自己的喜好自行设计。 (　　)

3. 简答题

(1) 简述直营连锁的含义及主要特征。

(2) 试比较直营连锁、特许连锁、自由连锁的特征、优缺点和适用范围。

(3) 试述特许连锁与直营连锁的区别。

案例分析

英国的玛莎百货

作为英国最大的百货公司，玛莎百货(Marks & Spencer)的国际化起步较晚，步伐也一直不大。尽管玛莎百货目前在英国与海外的分店数量分别为600家和300多家，但其海外业务的收入却仅仅占公司总收入的10%左右。玛莎百货已有百余年历史，它的不断创新，曾多次给英国百货业带来革命性的变化。在很长一段时间里，玛莎百货的单位面积盈利能力都是同行中最高的。1998年，玛莎百货更成为了英国第一个盈利超过10亿英镑的零售商。

可谁能想到，这家零售巨头却是从借贷而来的区区5英镑开始起家的。

- “便士市集”——“不要问价钱，每件一便士”的售卖方式吸引了不少顾客

玛莎百货的创始人米歇尔·马克斯，出生于俄罗斯一个贫困的犹太人家庭。由于生活所迫，19岁时他决定独自去英国闯荡。1884年，米歇尔辗转流落到英格兰北部的利兹市，但他身无分文，英语又说得不好，几乎没有机会得到任何工作。好在，当时利兹市聚集着很多犹太人，其中一位做批发生意的富商杜赫斯特很欣赏米歇尔忠厚诚实的性格，愿意借给他5英镑。

那个年代的5英镑已经足够作为一笔小生意的启动资金了。于是，米歇尔在利兹市的柯克凯特市场里租下一个摊位，销售指甲刀、螺丝钉、木勺、肥皂之类的商品，开始了小商贩的生涯。杜赫斯特则成了他的第一个供货商。时至今日，这个摊位仍在营业，是玛莎百货最小的分店。

米歇尔的销售方式不像别的商贩那样尽量将货物标上高价、然后通过讨价还价卖出，而是直接打出“不要问价钱，每件一便士”的招牌。这种新奇的方式吸引了不少顾客。其实，米歇尔是因为说不好英语而不得已采用了这一招，没想到却收到了很好的效果。

由于进货时，米歇尔总是尽可能挑选最优质的货物，这让顾客在他的摊位经常能买到物超所值的商品。因此，米歇尔的生意越来越红火。仅仅两年时间，米歇尔便将“便士市集”开到了约克郡。此时，他的零售生意已经初具连锁经营的味道了。

很快，米歇尔发现，光凭自己一个人的资金和精力，很难跟上业务的快速拓展。于是，他再次找到杜赫斯特。但杜赫斯特无意做零售生意，便把自己的出纳员托马斯·斯宾塞介绍给了米歇尔。1894 年，斯宾塞带来 300 英镑投资，成为米歇尔的合伙人，两人各持一半股份。

此后，“马克斯-斯宾塞”公司发展迅速。到 1900 年，马克斯-斯宾塞旗下已有 36 家“便士市集”和 12 家开在繁华商业街上的零售店。

• 变身专卖店——摒弃了价格低廉的各色商品后，玛莎百货将公司的业务集中于衣着、家纺类商品

斯宾塞和米歇尔在 1905 年和 1907 年相继去世。米歇尔去世时，其独子西蒙·马克斯只有 19 岁。于是，代表斯宾塞家族利益的威廉·查普曼成为公司董事局主席。经过 10 年的利益争夺和官司，西蒙最终在 1917 年取得了家族事业的掌控权。

与西蒙一同进入公司董事会的还有伊斯利·西夫。伊斯利比西蒙小两岁，两人是多年好友，互相娶了对方的妹妹为妻。伊斯利也是犹太裔，父亲是来自波兰的商人。由于常年协助父亲经商，伊斯利具备丰富的商业知识和经验。

1924 年，西蒙专程去美国访问了当时世界最大的百货公司——西尔斯公司。考察归来，西蒙决定通过集资的办法，加快开设新店的步伐。尽管此时，通过一些小规模的收购，玛莎百货已经成为英国最知名的零售公司之一。

此前，玛莎百货和其他许多杂货店一样，出售各种各样的商品。这些商品除了价格低廉这一点以外，没有其他共同之处。西蒙决定改变这种状况，将公司的业务集中于经营衣着、家纺类商品。

新改组的玛莎百货公司由杂货店转型为专卖店，并在几年内就在英国的衣着和纺织品销售业中占据了领先地位，这一地位一直保持到今天。

1930 年，玛莎百货开始在一些分店引进“咖啡吧”的服务，为逛店的顾客提供便宜、卫生的食物。这一服务大受欢迎，尤其在后来的二战期间，很多顾客甚至专程来到玛莎百货品尝美食。

只不过，从那之后，玛莎百货再也没有向其他任何领域拓展业务了。至今，服装(包括家居用品)和食品仍是玛莎百货仅有的两项业务，大约各占总销售额的一半。

在西蒙的带领下，玛莎百货迎来了数十年的辉煌发展。1964 年，西蒙去世，伊斯利成为董事长。三年后，伊斯利辞去董事长头衔，他的弟弟 J·爱德华·西夫接任。1972 年，

爱德华退休，伊斯利的儿子马可斯成为玛莎百货的新掌门人。马可斯在执掌公司13年后退休，在玛莎百货工作了32年的洛德·德里克·雷纳成为第一位创始人家族以外的董事长。

● “没有工厂的制造商”——虽然并未持有任何一家供货商的股份，但玛莎百货对产品质量却有着严格的要求

在业内人士看来，自有品牌是玛莎百货成功的最关键因素。1928年，玛莎百货公司的自有品牌“圣米歇尔”诞生。该品牌最初只限于小范围的纺织品，随后逐渐取代了店内其他品牌的商品。目前，在玛莎百货销售的商品中，80%都是“圣米歇尔”牌的，而这个牌子的商品在其他百货公司里绝对买不到。在零售行业，自有品牌往往意味着便宜但质量稍差，但在英国，“圣米歇尔”品牌一向是优质品的象征。顾客在玛莎百货购买商品，甚至不需要开发票，因为你可以在任何时候无条件退货(后来退货时间改为90天)。支撑这一信誉的，是玛莎百货独特的消费者研究工作和供货商管理体系。

早在1926年，玛莎百货就开始实行“从制造商直接进货”的政策，这样做不但能够减少中间环节、降低成本，而且可以最大程度地实现对商品质量的控制。此外，最重要的是，这能让玛莎百货针对消费者需求的变化做出快速反应，在第一时间抢占市场。

1934年，玛莎百货公司的科研实验室成立，这是英国零售商建立的第一个测试和研究创新面料的实验室。一般情况下，玛莎百货公司的做法是：各地门店先从顾客中收集第一手的意见和要求，由技术开发部门的数百位设计师进行产品创意和设计，然后交付制造商进行生产制作，最后通过玛莎的销售系统进行分销。这种独特的零售模式，被业界称为“没有工厂的制造商”。

近年来，随着沃尔玛、家乐福等平价超市的强势崛起，欧美传统百货公司的日子都不太好过。先是拥有145年历史的G·Fox百货公司破产倒闭，再是西尔斯百货被迫将企业标志西尔斯塔转手，而另一家英国零售巨头伍尔沃斯也在2008年圣诞前宣布倒闭。与这些同行相比，近10年来，虽然玛莎百货的经营也不见太大起色，但玛莎百货未现颓像，其创新基因也并没有消失。比如，玛莎百货建立起了自己的电子商务网站，加快了国际化步伐，甚至开始在海外采购和生产商品。作为欧美传统百货业的代表，玛莎百货的未来值得期待。

资料来源：罗声. 玛莎百货 英伦老妇人. 英才：2011(6).

★阅读上述材料，回答以下问题：

1. 玛莎百货在发展过程中，经历了哪几种经营业态的演变？

2. 作为英国百货连锁成功的典范，你认为玛莎百货有哪些值得借鉴的成功经验？

※ 实训操作 ※

1. 以小组为单位，根据连锁经营的本质及特征，调查连锁经营在本地某个行业的发展情况。结合调查，谈谈哪些行业(零售业、批发业、餐饮业、住宿业、洗染业、维修业、保险业、金融业、物流业等)适宜采用连锁经营。

2. 2008 年 10 月 2 日，销售“英国高品质商品”的玛莎百货在上海南京西路开设了中国内地市场第一家门店，最高峰时玛莎百货在中国内地共开设 20 间门店。但是到 2016 年 11 月，玛莎百货关闭了中国内地所有门店，这标志着玛莎百货的中国战略失败。进入中国内地市场仅 8 年的玛莎百货选择了退出。请通过网络调查并搜集相关资料，分析玛莎百货在中国市场水土不服的原因。

连锁企业组织结构与人员配置

项目3

学习目标

- 了解组织结构的重要性和设计的原则；
- 了解连锁企业的组织结构与职能；
- 掌握对连锁企业进行人员配置的定量和定性方法；
- 理解连锁企业的绩效评价体系构成及其对连锁经营战略的支持。

任务一　认识连锁企业的组织结构

一、组织结构的重要性与设计原则

(一) 组织结构的重要性

当一个连锁企业确定了其经营宗旨和战略目标之后，接下来就要设计与战略目标相匹配的组织结构。组织结构是指一个组织内各构成要素以及它们之间的相互关系，主要涉及企业部门构成、基本的岗位设置、权责关系、业务流程、管理流程及企业内部协调与控制机制等。

不同的组织结构有着不同的功能与效率。现代管理研究的最新成果认为，一个企业是否表现出色、是否可持续发展，不是看企业的领导人多么伟大，最重要的是看企业的组织结构是否能让平凡的员工通过不平凡的努力，创造出伟大的业绩，反之则会让优秀的员工做出平凡的业绩。那么，是什么原因导致出现这两种截然不同的效果，或者说，为什么会出现“$1+1>2$”或者“$1+1<2$”的现象呢？根本原因就在于组织结构不同，要素组合在一起的方式不同，从而造成了要素间配合或协同团队的差异。即使再优秀的领导人在一个

僵化的、漏洞百出的组织结构面前也会表现出无能为力。

阅读链接 3-1　从“七人分粥”看组织结构的重要性

话说有七个人曾经住在一起，每天要分一大桶粥吃，要命的是，粥每天都不够。一开始，他们抓阄决定谁来分粥，每天轮一个。于是每周下来，他们只有在自己分粥的那一天是饱的。后来他们开始推选出一个道德高尚的人来分粥。然而，强权必然产生腐败，大家开始挖空心思地去讨好他，贿赂他，搞得整个小团体乌烟瘴气。然后大家开始组成三人的分粥委员会及四人的评选委员会，互相攻击扯皮下来，粥吃到嘴里全是凉的。最后想出来一个办法：还是轮流分粥，但分粥的人要等到其他人都挑完后拿剩下的最后一碗。为了不让自己吃到最少的，每人都尽量分得平均，就算不平均，也只能认了。大家快快乐乐，和和气气，日子越过越好。

同样是七个人，不同的组织结构和分工，就会有不同的团队氛围。所以一个单位或团队如果有不佳的工作氛围，一定是管理机制问题，一定是组织结构和管理制度没有完全公平、公正，没有严格地奖勤罚懒。

在现实生活中，组织结构是千姿百态的，唯一、最好的组织结构是不存在的。管理者必须根据所面临的特定情况，选用一种最适合本企业的结构设计方案。现代管理学家提出的权变理论就是强调不同的企业以及同一企业在不同的发展阶段上，都应当根据特定的具体条件来选择和设计相应的组织结构。

(二) 组织结构的设计原则

连锁企业在设计组织结构的过程中，应当考虑如下原则：

1. 任务目标原则

组织结构设计要服从每一项工作的任务和目标，尤其是连锁企业在顾客价值创造环节上的目标，体现一切设计为目标服务的宗旨。

2. 分工协作原则

一家现代企业无论设置多少个部门，每一个部门都不可能承担企业所有的工作。企业部门之间应该是分工协作的关系，也就是说企业中有负责财务的，有负责人力资源的，有负责后勤保障的，还有负责业务流程中各个环节的部门。因此，把握好分工协作原则对于现代企业来说至关重要。

3. 统一指挥原则

无论公司怎么设计，都要服从统一指挥的原则，要在公司的总体发展战略指导下工作。门店的所有部门要按照总部的统一指导和方针进行工作，在门店内部，各门店也是在店长的统一指挥下工作。

4. 合理管理幅度原则

每一个部门、每一位领导人都要有合理的管理幅度。管理幅度太大，无暇顾及；管理幅度太小，可能没有完全发挥作用。所以在组织结构设计的时候，要制订合理恰当的管理幅度。

5. 责权对等原则

设置的部门或单位有责任，就应该使其拥有相应的权力。如果没有对等的权力，根本无法完成相应的职责。所以责和权应该对等。

6. 集权和分权原则

在整个组织结构设计的时候，权力的集中与分散应该适度。集权和分权控制要在合适的水平上，既不影响工作效率，又不影响积极性。

7. 执行部门与监督部门分设原则

例如财务部负责日常财务管理、成本核算，审计部专门监督财务部。执行部门和监督部门分设，也就是通常所说的不能既当裁判员，又当运动员。

8. 协调有效原则

组织内各部门之间的努力应当指向共同的目标，相互之间应建立有效的协调机制，从而避免出现组织运营机制效率低下的问题。

二、连锁企业组织结构与职能

(一) 连锁总部

连锁总部是为门店提供服务的单位，通过总部的标准化、专业化、集中化管理使门店作业单纯化、高效化。其基本职能主要有：政策制定、店铺开发、商品管理、促销管理、店铺督导等，并由不同的职能部门分别负责。连锁总部根据企业发展规模和速度的不同，应设立相应的组织结构，主要有发展部、营业部、商品部、财务部、管理部、营销部等。各部门的职能如下：

(1) 发展部的职能。包括：① 开设新店或发展加盟店时进行商圈调查；② 制定选址标准、设备标准和投资标准；③ 决定自行建店、买店或租店；④ 开店流程安排及进度控制；⑤ 开店工程招标、监督及验收；⑥ 新开分店的设备采购与各分店设备的维修保养；⑦ 新开分店的投资效益评估。

(2) 营业部(营运部)的职能。包括：① 各分店营业目标和总的营业目标的拟定及督促执行；② 对分店的经营进行监督和指导；③ 编制营业手册并监督、检查其执行情况；④ 营业人员调配及工作分派；⑤ 门店经营情况及合理化建议的反馈与处理。

(3) 商品部(采购部)的职能。包括：① 商品组合策略的拟订及执行；② 商品价格策略的拟订及执行；③ 商品货源的把握、新产品开发与滞销商品淘汰；④ 配送中心的经营与管理。

(4) 财务部的职能。包括：① 融资、用资、资金调度；② 编制各种财务会计报表；③ 审核凭证、账务处理及分析；④ 每日营业核算；⑤ 发票管理；⑥ 税金申报及缴纳，年度预决算；⑦ 会计电算化及网络管理。

(5) 管理部(行政部)的职能。包括：① 企业组织制度的确定；② 人事制度的制定及执行；③ 员工福利制度的制定与执行；④ 人力资源规划，人员招聘与培训；⑤ 奖惩办法的拟定及执行；⑥ 企业合同管理及公司权益的维护；⑦ 其他有关业务的组织与安排，也可与财务部合并。

(6) 营销部的职能。包括：① 分店商品配置、陈列设计及改进；② 促销策略的制定与执行；③ 企业广告、竞争状况调查分析；④ 企业形象的建立与推广；⑤ 公共关系的建立与维护；⑥ 新市场开拓方案及计划的拟订，既可单设，也可并入营运部。

(二) 地区分部

地区分部又叫区域管理部，即连锁总部为加强对某一区域市场连锁分店的组织管理，在该区域设立的二级组织机构。这样总部的部分职能转移到地区管理部的相应部门中去，总部主要承担计划的制定、执行和监督，协调各区域管理部的同一职能活动，指导各区域管理部的对应活动。区域管理部实质上是总部派出的管理机构，不具备法人资格，仅有管理与执行功能，总部在大多数问题上拥有决策权。

(三) 连锁门店

连锁门店是总部政策的执行单位，是连锁公司直接向顾客提供商品及服务的单位。其基本职能是商品销售、进货及存货管理、经营绩效评估。

商品销售是向顾客展示、供应商品并提供服务的活动，是门店的核心职能。进货是指向总部要货或自行向由总部统一规定的供货商要货的活动，门店的存货包括卖场的存货(即陈列在货架上的商品存量)和内仓的存货。经营绩效评估包括对影响经营业绩的各项因素的观察、调查与分析，也包括对各项经营指标完成情况的评估以及提出改善业绩的对策。

三、连锁企业总部的业务管理与督导

(一) 连锁企业总部对加盟商的支持

总部拥有一支集设计、管理、营销经验于一身的实战型团队，将为加盟商提供管理营销方面最有力的支持。具体而言，总部对加盟商的支持有以下五个方面：

(1) 开业支持。从签订合同至店铺开业，加盟商可以获得总部在开业筹备上全面、专业的支持。主要包括：总部专员在店铺选址、人员招聘、开业初期等方面提供的运营指导；财务专家提供的投资回报分析、税务等相关咨询服务。

(2) 品牌形象支持。总部为加盟商提供全套的品牌形象、店面设计支持，包括店面形象设计标准、店内装修标准、商品摆放布局、品牌宣传用品等。

(3) 员工培训支持。总部根据以往的成功经验，为加盟店员工提供专业化的培训课程，快速提高员工素质。

(4) 经营管理支持。针对行业特点，总部为加盟商设计了更高层次的经营管理课程，并在日常管理中提供专业化的指导和帮助。

(5) 广告宣传支持。总部为加盟商提供高层次的媒体与广告策划，使加盟商以最少的广告投入得到最大的经济效益。包括电视媒体合作、软文及题花、专业期刊、杂志广告、平面印刷品广告、网站广告、行业展览会等。

阅读链接 3-2　加盟商复制成功需具备的六项能力

加盟连锁店最大的好处是能直接借用总部的金字招牌实现快速盈利。但对于加盟商来说，仅仅通过“复制”总部经营场所的环境、气氛和产品，并不代表就可以高枕无忧。选择加盟，不仅需要加盟商投入一定的资金，还需要投入大量的时间和精力。毕竟商场如战场，任何一个闪失都可能导致加盟商的前期投入付之东流。

- 在前期，加盟商要注意合理筹措资金，合理投入资金

由于急于创业开店，有些加盟商为了筹措加盟金、保证金等，甚至借高利贷也在所不惜。一旦开店，虽然生意还算顺利，但是每天为了筹钱偿债，完全无心投入于事业的经营。本该在阵前领军的经营者，一旦因为资金的调度而离开第一线，店内的其他员工也会受到影响，服务品质随之下降。而顾客也是敏感的，慢慢地也会逐渐远离该店，业绩出现下滑，导致本来生意还不错的店面因此而垮掉。

加盟商要量力而行，选择适合自己门槛的加盟费用，否则债台高筑，整日忧心忡忡，对店面的经营也会造成很大的影响。

● 控制好经营成本，规划好进货策略

经营过程中的成本控制十分重要，少一分开支就等于多出一分利润，把成本压缩在较低的范围内是绝对必要的。但是，过分的节省也不一定是正确的。以饰品店为例，灯光效果对于饰品店的销售来说，是吸引顾客的必不可少的条件，那么，如果为了省电而将射灯关闭，则肯定会得不偿失。

同时，规划好进货策略，调节好周转速度，也是控制成本的有效方法。店面应尽可能避免压货情况的发生。许多新店经常出现资金占压严重的情况，资金运作捉襟见肘，于是很快陷入困境。加盟商应对季节性滞销货品及时降价清仓，用新货补充原有空缺。毕竟，商品只有卖出去的才是钱。

● 学会管理员工

虽然加盟后，总部会在员工管理上提供一系列的培训，会给加盟商提供相应的支持，但是，远水救不了近火，加盟商仍然需要从源头上发现问题所在，努力学习如何管理自己的员工。许多新老板正是因为没有正确认识这个问题，从惯常思维出发，依照自己的性情来做事，那么出现内部员工拆台的事情也就不足为奇了。

加盟商必须认识到管理员工是自己的事，而且是必须要做好的事。加盟商要充分了解自己的员工。作为管理者，能充分地认识员工不是一件很容易的事。尺有所短，寸有所长，每个员工在能力、性格、态度、知识、修养等方面各有优点和缺点，有的工作起来利落迅速，有的谨慎小心，有的擅长处理人际关系，有的却喜欢埋头在统计资料里默默工作。俗话说“士为知己者死”，一个能够充分了解自己员工的管理者，无论在工作效率，还是人际关系上都将会是个一流的管理者。

同时，要允许员工犯错误，对表现好的员工要实时表扬。作为一个管理者，若要求下属不犯任何错误，就会限制其创新，使其工作起来畏首畏尾。当然，对做出贡献的员工，要及时给予奖励和表扬，以鼓舞士气。

● 学会管理客户，建立良好的客户关系

一粒麦子有三种命运：一是磨成面，被人们消费掉，实现其自身价值；二是作为种子，播种后结出新的麦粒，创造出新的价值；三是由于保管不善，发霉变质，丧失其价值。换句话说，管理好了麦子，就会为人类创造出价值；管理不好，就会失去其价值甚至会带来负价值。客户也是这样，加盟商管理得好，客户就成为其忠实的消费者；管理不好，则会大量流失，并且影响其他的客户。

加盟商应学会管理客户档案，留住老客户，挖掘新客户。客户档案包括顾客的基础资料、交易状况等，是加盟商进行管理跟踪的重要资料。认真分析客户档案，会发现他们各自的喜好、眼光、购买力，从而可以更有针对性地为他们推荐商品、提供服务。

开发一个新客户的成本是开发一个老客户的6倍，所以留住老客户是加盟商生存的基础。为客户做好售后服务，加强与客户的沟通，是行之有效的方法。同时，通过会员优惠活动，比如，可以和附近的咖啡馆、电影院、网吧等具有共同客户群的商业机构形成联营，通过买一种规定的商品将可能获得一张电影票等方式，及时回报老会员，以提高客户的满意度和忠诚度。

● 与总部协调共进

加盟商与加盟总部有着很微妙的关系，既唇齿相依，又各有其利益轴心。因此，加盟商与总部难免会发生一些冲突。加盟商往往埋怨总部存在官僚主义，只懂得瞎指挥，对实际情况缺乏了解；而总部也会认为加盟商以自我为中心，一意孤行，对总部的工作不支持、不配合。出现这种情况，往往是因为加盟商对公司的政策或多或少地抱有怀疑或抵触情绪，或者至少是留有戒心的。因此，加盟商在选择加盟总部时，一定要选择一个能为加盟商提供切实支持和指导的加盟品牌，选择那些能很好与加盟商合作共赢的品牌。在通过一段时间与加盟总部的接触而增进对彼此的信任并加盟成功以后，加盟商就应该抱着“共创双赢”的心态，积极配合总部的工作。所谓过犹不及，怀疑、抵触与完全的依赖都不是加盟商的经营之道。加盟商应该在听取总部意见的基础上，积极与总部进行沟通，及时传递当地的信息，借助总部已有的经验和指导，共同探讨出适合当地情况的经营策略。

● 积极积累行业经验

行业经验对于加盟商来说，如韩信点兵，多多益善。所谓隔行如隔山，同行不同利，就是由于熟悉与否造成的行业经验很难从一本或几本书中得来，因此许多东西只能亲身体验后才能获得。

综上所述，加盟创业要成功，既要有总部的切实扶持，又要有加盟商自己本身的努力和经营，才能让付出产生倍数的回报，提高成功获利的可能。

资料来源：伊佳. 锤炼六项能力 加盟商方可“复制”成功. 现代营销(经营版)：2009(8).

(二) 连锁总部的业务督导

连锁企业督导就是对门店提供服务的员工进行监督和指导的人。他们要对被管理门店的标准执行、商品管理、促销活动等基础工作负责；同时，也负责满足员工的合理需求，而且不断通过奖惩的手段使门店员工各尽其责，使销售得到提升，使服务得到保障。因此，业务督导是连锁总部最重要、最主要的工作之一。

1. 督导人员的选择

当前，很多具备一定规模的连锁企业都设置了督导岗位。而根据各自组织模型、管理体系和门店数量的差异，不同企业督导的功能和职责是不尽相同的。但相同的工作原则都是将执行进行到底。因为督导工作意味着更多的工作量和更大的压力，督导比其他的员工责任更重大，工作更繁琐。无论督导是否参与所有的工作，也要对更多的结果负责——这就是督导的责任和挑战。

督导管理是连锁运营标准执行、改善的有效监督机制，一般在营销组织的基础上，通过职能丰富和岗位晋升来实现平稳过渡，让传统的销售队伍转化为连锁体系中的专业督导人员。所以，通常连锁企业的督导组成都是来自门店优秀的店长和员工，他们有着丰富的门店实践经验，以及较高的企业认可度和忠诚度，对公司的管理方式和工作流程较为熟悉，同时还具备了扎实的本行业专业知识。以上内部提升的督导构成方式，有利于门店实际操作的稳定性和公司执行文化的传承性。当然，外聘的督导可以带来活跃的思维和先进的经验，能够结合公司管理的实际情况，完善对门店管控的细节内容，从不同的角度发现门店管理中的问题，有效提升对所辖门店管理的效率。

千军易得，良将难求，优秀的督导是什么样的呢？有人说，优秀的督导就是天使和魔鬼的复合体，要让人既爱又恨：一方面他要成为门店店员和店长的良师益友，另一方面又要敢于直面问题，永不妥协。他要机敏如猎犬，对各种经营管理信息有敏锐的嗅觉；要明察如雄鹰，对存在的问题能明察秋毫、公断解决；要迅猛如猎豹，一旦发现问题就立即采取整改措施；要渊博如导师，能经常性对店长和店员的工作进行深入培训和指导。

2. 督导组织搭建

合理的督导架构是连锁督导体系的重要支柱。依据连锁门店运营模式、工作标准的繁简以及督导方法和督导工具的精细化程度，甚至门店所在行政区域的位置，连锁店设置的督导岗位分工也会有所不同。对于只有几十家店规模的企业，只需设置一个门店督导岗位，兼有标准执行检查、商品管理监督、促销活动抽查和员工培训辅导等多重职能。但根据门店数量的增减，该岗位的编制也须对应配备。而对于大型的连锁企业，特别是跨区域经营的全国性企业，由于实行矩阵管理模式和督导分级检查体系，很多督导岗位都是在公司总部的统一指挥下由专业的督导人员贯彻执行。同时在集团管控思想的影响下，愈来愈多的企业在总部之下的分部设置有更多的督导岗位。门店督导、营运督导、商品督导、培训督导等岗位层出不穷，应当说各类督导具有非常细致的工作分工、工作标准和操作工具。不同督导岗位的设置和发展，有力推动着连锁企业的管理标准化工作更加精细和完善。

根据门店数量和门店所在区域的分布情况，依照便于巡店、人力物力充分使用的原则，某一区域内所有的门店可划归同一个督导进行管辖，并在固定时间进行门店管辖范围的周期轮换。同时，鉴于企业不断的发展和管理幅度，每个督导管理20～25家门店是较为科学合理的配置，最多不能超过30家，否则会鞭长莫及。另外，对各位督导所管辖的门店区域一般每半年进行一次轮换管理，以便督导之间能统一标准、取长补短，互相交流，达成门店统一规范管理的目的。

3. 督导体系构建

督导的工作性质和完善的督导体系决定了其在零售连锁管理中的重要地位。连锁企业的运营系统是建立门店的操作标准与流程，训练系统则是让成型的标准和流程进行高效复制，而督导系统是运营系统完成标准复制的坚实保证。因此，连锁体系组织的建设必须从一开始就坚持强化完善督导体系的功能，并将其作为一项重要工作加以重视。

一般的督导体系主要由以下因素构成：

(1) 督导组织的设置，依据公司的组织架构和管理模式设立或调整；

(2) 督导标准的科学设定，主要指督导工作中经常使用的各种指令性执行标准；

(3) 督导方式的有效实施，如抽查监督、神秘顾客、跟踪整改、逐级检查等；

(4) 督导工具表单的设计，如检查表格、工作记录、文本报告、整改通知书等表单工具；

(5) 督导制度与流程的制定，如管理制度、作业流程、执行方案等；

(6) 督导结果考核的建立，如 360° 评估、MBO 考核、分级检查监督考核等。

4. 督导体系的优化设计和完善

处于连锁经营管理体系下的督导体系，只有将督导工作从准备、计划、实施、沟通、总结到改进形成一个良性的循环工作体系，将督导使用的标准、工具、表格等逐步升级完善，督导体系才会产生愈加明显的管理功效，才会成为连锁店管理体系中的中坚力量。

阅读链接 3-3　新零售时代的连锁店督导升级

众所周知，“门店多、分布广、人力众”是连锁店的重要特征。在 50 多年前，沃尔玛创始人山姆·沃尔顿特别喜欢做的事就是开着自己的小飞机去各个地方巡店；大润发则强调高层管理者 365 天亲力亲为巡店，其老总黄明端经常不定期巡店；单店之王伊藤洋华堂，其掌门人三枝富博十几年来坚持每天巡店。老板亲力亲为的精神固然可嘉，然而，对于拥有数百上千家门店的连锁企业而言，传统的督导巡店工作区域极广、涉及人力极多、成本昂贵，而且效率低、难于管控。因此，进入新零售时代的连锁企业有必要进一步提高门店督导的工作效率与效果，通过移动化、专业化、实时化的信息技术来解决巡店效率低、决策慢、难于即时管理等问题。

• 督导巡店应该“导为主，督为辅”

一张表格，N 个细分项，总分 100，督导员通过一支笔、一双眼给出的考核成绩直接关乎门店经理及店员当月的绩效工资。原本希望督导员帮助门店解决问题，却因为与绩效挂钩，门店玩起了猫捉老鼠的游戏，相互“通风报信”，督导员也被视为“找茬专业户”，并不受门店欢迎。

为了改变这种局面，督导应当做到“导为主，督为辅”。督导除了养成用数据说话的思维并发现问题之外，最重要的是能够帮助门店解决问题，改变过去督而不导的状况。例如，一家药品销售门店，去年8月份以来销售额以每月15%的幅度增长，毛利额却下降严重，直接影响了门店的业绩考核。督导员经过分析发现，是由某位员工离职所造成的。当遇上买感冒药的顾客，该员工关联销售习惯佐以具有提升免疫力、抗疲劳、抗衰老的螺旋藻，而其他店员则习惯推荐同样具有提升免疫力的某品牌维生素C。同样是关联销售的保健品，螺旋藻的毛利却相当于维生素C的零售价。督导是门店管理体系中非常重要的一个环节，也是弥补管理人才缺乏的一个有效途径。督导必须和门店所有人员一起，对门店的经营状况进行检核与评估，寻找和发现问题，拟定适当的改善方案，并在与采购、门店经理充分沟通协调的基础上进行指导作业，协助门店业务的正常运作，以达成更佳业绩。这个过程不但能锻炼督导发现问题、分析问题和解决问题的能力，同时也可快速提升店长的管理能力。

- 新零售时代的督导智能巡店

近年来，随着连锁企业发展速度的加快和新零售的加速普及，远程在线督导巡店已出现在一些先进零售连锁企业。例如，水星家纺就建立起高效督导巡店系统，实现从人工巡店到智能巡店的转型升级。

水星家纺是国内家用纺织品、床上用品、家居用品的领导者，共有2600余家直营店和加盟店，门店分布广泛，目前进入增长平稳期。作为连锁行业控制一线人员效率、改善门店现场管理的重要手段，水星家纺以前督导的工作基本上是现场人工巡店，但门店现场管理人员与督导之间缺乏有效的信息化沟通工具，还停留在依靠摄像机查看、督导，效率不高，大多门店各自为政，脱离总部即时监管，总部日常的巡店成本占据企业支出的一个大头，更重要的是，通过现场人工巡店掌握的数据并不直接、及时、全面，所见所得都会有所偏差，会给公司的重大经营决策造成影响。因此为了适应“新零售”环境，提升企业的市场迅速反应能力，全面提升企业管理水平，针对当前现状与未来发展需求，水星家纺启用了高效在线督导巡店系统，将各地门店都纳入到总部的统一管理中，打造线上线下统一管理的模式。

(1) 应用在线远程督导系统，通过实时监控视频，总部或区域督导可以随时抽查门店的营业状况、商品陈列、体验区的摆设、员工到岗和门店卫生等情况，甚至可以通过带拾音设备的摄像机清晰听到员工日常接待的话术和服务态度等情况。

(2) 通过自动巡店功能，帮助公司查访某个店面在特定时间内的现场状况。可通过设定指定的摄像机在指定的时间上传图片，公司管理层便可以快速、方便的批量浏览图片来了解店铺在关键时间点的运营情况，及时掌握店铺关键时刻信息。

(3) 推出一系列在线功能，例如，考核功能，通过系统采集员工行为数据，形成员工工作管理报表；警告功能，在门店现场出现任何异样状况时，系统将自动识别进行警告；云擂台功能，PK 各家门店的经营状况、员工的工作表现，真正实现高效科学管理。

(4) 通过客流分析，即时统计门店每天每个时段，甚至是特殊节假日的进店客流量，通过与每日的门店销售额进行比对分析，用数据告诉公司管理层隐藏在客流背后的门店真正的营业状况，并随时监督门店经理、店员改正和提升管理水平。

(5) 通过视频捕捉顾客在店内不同区域的驻足率，形成门店区域热力图，与门店销售情况相结合，了解顾客对哪类商品感兴趣，促销商品是否引起顾客注意，顾客对不同商品的关注度……所有信息最后都将形成实时的数据报表呈现在公司管理者的手中，通过大数据分析，给水星家纺在全面升级门店形象、改善营销策略等方面提供支持。

如今，无论是打开 PC 端还是手机后台 APP，公司管理者可随时随地查看多家门店现场动态画面，并可将视频转化为智能大数据，进行“安防管理+店员管理+客流分析”，实现企业从人工巡店到智能巡店的智能管理转变，有效减少督导巡店人员与资金的大量投入，提高运营效率，更有利于其保持行业领先地位。

资料来源：吴勇毅. 远程在线督导巡查，百店实情尽在掌握. 销售与市场(管理版)：2019(3).

任务二　如何对连锁企业进行人员配置

一、连锁企业的基本岗位设置

根据零售业连锁企业的管理需要，门店一般设有店长、部门主管、收银员、营业员、理货员等岗位。以下仅对店长、收银员、理货员三个岗位的职责进行重点介绍：

1. 店长

店长按照总部的要求，对门店的运作进行统筹安排和管理，对门店的整体运作负责，是连锁企业总部政策的执行者。店长的主要工作职责如下：

(1) 人员管理：指导员工作业，提升员工业务水平，使其发挥最大潜力；掌握当天门店员工的出勤、配置、休假等，执行员工奖惩制度；收集整理员工/顾客的资料及意见；开展为员工/顾客服务的各项活动，并进行总结、反馈及改善，指导、激励、评估员工工作；协调矛盾及对员工进行培训。

(2) 商品管理：掌握商品的进、销、存状况及赠品管理，控制商品和赠品的丢失和损耗；根据门店所属商圈、客流趋向、消费习性等因素，对门店商品结构进行调整，并对门店销售的商品进行美观陈列；严格控管商品的保质期及品质；严格执行总部下达的商品价格变动。

(3) 财务管理：严格管理门店收入和营业款；严格核准进场商品的数量、价格及质量；严格控制门店各项费用支出和各项可控费；遵守公司的现金管理制度、财务单据管理制度、财产安全管理制度等。

(4) 销售管理：了解公司为顾客提供高品质服务、良好的购物环境、物有所值的商品等经营理念；掌握营业目标、毛利目标、费用目标、利润目标等经营指标；分析商品月/周销量，并制订计划，领导全体员工完成目标；掌握门店的销售动态，向总部建议新商品的引进和滞销品的淘汰。

(5) 卖场管理：负责卖场布置、卫生、秩序和气氛的具体的管理；监督店员完成门店商品、货架、地面、橱窗、设备等的清洁卫生工作；控管店面整体形象、POP 广告、灯光照明等状况；处理商品缺货、订货、来货、陈列、退货、库存、异动等工作。

(6) 促销管理：执行总部下达的促销计划，安排促销工作，制定本店具体实施方案，反馈促销效果。

(7) 信息管理：传达并落实总部的指令、规定、信息等；执行公司的规范和要求，跟踪门店人员的执行情况，反馈门店信息和需求，发挥桥梁和纽带的作用；能熟练使用公司的销售系统分析和整理各种销售数据。

(8) 资产管理：掌握门店各种设备的维护和保养知识，保证公司财产和设备的安全以及规范使用各类设备。

(9) 安全管理：指导和教育员工做好安全防范工作，保障门店商品、现金、人员的安全，保证公司文件、数据、资料等安全；处理门店突发事件与顾客投诉事件，最大限度地降低公司的损失。

(10) 公共管理：妥善处理顾客投诉和服务工作中所发生的各种矛盾，站在顾客的角度听取顾客意见，对顾客表示感谢和道歉，并提出妥善的解决方法；积极参加各项公益活动和团体活动，与店铺周围的单位、学校、社区保持交流和和睦友好的关系。

(11) 其他：及时与公司相关部门、门店之间、员工之间进行有效的沟通，不断提升门店服务品质，努力创新；及时了解竞争对手的动态及相关信息，并有应对的方法及措施。

图 3-1 是对台湾 7-11 便利店店长一天的典型工作的记录。

图 3-1　7-11 便利店店长的一天

资料来源：本书作者根据台湾地区 7-11 便利店官方网站公布资料整理制作

2. 收银员

收银员指超市、商场、宾馆、酒店等经营场所给顾客提供结账服务的雇员。收银员的主要工作职责如下：

(1) 为顾客做好结算工作，以主动、热情、友善的态度接待每一位顾客，准确、快速地进行扫描结算，为每一位来店购物的顾客提供收银小票，并向顾客致谢；

(2) 为顾客提供商品信息，耐心解答顾客的疑问，并为顾客做好导购工作；

(3) 负责处理顾客退换货及其他售后服务工作，及时妥善地处理顾客的抱怨，收集顾客对门店或商品的意见及建议，为顾客提供各项便民服务项目；

(4) 接听电话，使用礼貌用语，热心地为来电人员提供信息，并记录电话订货明细；

(5) 整理并清洁收银区域内的卫生，包括烟、酒柜，功能台，各类设备(如蒸包机、电饭煲、微波炉、开水机等)的清洁，及时清理营业垃圾；

(6) 负责香烟、酒等贵重物品的订货、销售与损耗控制工作，负责所有单据包括直配单、退货单、内调单的保藏与管理工作；

(7) 负责所有自助食品的加工、销售与品质管理工作，确保为顾客提供卫生、美味的自助食品，同时控制自助食品的损耗工作；

(8) 正确使用 POS 机，及时查看公司下达的各类公告及指令，做好相关记录工作，并按公告内容及时执行；

(9) 负责做好现金及贵重物品的交接工作，保障所有现金(包括备用金、营业款及其他收入)的安全，大额现金及时入柜；

(10) 保持良好的服务心态，积极热情地接待顾客，根据节庆及时间段的变化播放舒适的音乐，创造良好的购物环境；

(11) 收集竞争对手的产品、价格、市场等方面信息，并将信息及时反馈给上级或公司，为公司的经营决策提供参考；

(12) 配合店长完成其他需完成的工作事项，积极完成门店的销售指标。

3. 理货员

理货员是指在敞开式销售的连锁店内，通过理货活动，依靠商品展示与陈列、POP 广告、标价、排面整理、商品补充与调整、环境卫生、购物工具准备等作业活动，与顾客间接或直接地发生联系的工作人员。理货员的主要工作职责如下：

(1) 了解公司的经营理念，熟悉门店销售的商品的品名、规格、用途及保质期等，掌握一定的销售礼仪及技能；

(2) 做好商品的陈列工作，保持所有商品及促销用品摆放整齐、整洁有序，并做好商品的陈列维护工作，及时整理商品排面；

(3) 保持良好的工作心态，积极热情地接待顾客，向顾客推荐商品，并帮助其做出适当的选择；

(4) 负责所有来货的清点与验收工作(所有统配与直配商品的验收)，并对来货进行及时整理及补货上架，严格把关来货商品的质量、保质期、数量及品质；

(5) 负责卖场、仓库内的卫生清洁工作，包括地面、天花板、冰柜等各类设备的清洁，店内销售的所有商品及货架的清洁，创造舒适的购物环境；

(6) 严格按照公司要求做好价格标识，保证所有商品一物一卡，变价及特价商品及时更换价格标识；

(7) 整理商品库存，对残次、破损、变质或过期的商品进行及时撤架，严格控制商品品质，对仓库或库存区的商品进行归类；

(8) 负责门店请货、补货工作，根据门店库存数及商品的畅销程度填写请货单，保障所有商品特别是畅销品有足够的库存数，并在货架上丰满陈列；

(9) 及时了解公司下发的公告及指令，对残次、临期、滞销、清场的商品进行及时清退，填写退货单并跟踪审核情况；

(10) 及时妥善解决顾客抱怨，收集顾客意见及建议，并反馈给公司，以帮助公司改善经营策略及服务水平；

(11) 了解竞争对手的状况，对商品的价格、品项、服务、市场等进行市场调查及资料收集，并及时反馈；

(12) 提高安全防范意识，加强责任心，确保店内商品、财产和人身安全，严格履行商品防盗、防抢、防骗的职责。

阅读链接 3-4　烘焙连锁店的基本岗位设置

焙客是厦门一家 24 小时现场烘焙连锁店，产品包括面包、蛋糕、咖啡、茶饮、炸鸡等。门店为顾客提供了贴心自在的茶座，可以细品美味的场所，还设有无线网络供顾客免费使用。根据岗位是否直接与顾客接触，焙客的岗位设置分“外场”和“内场”两大类。其中：

外场职位的晋升路径：见习营业员→营业员→训练员→员工组长→副店长→店长

内场职位的晋升路径：烘焙学徒→烘焙员→烘焙师→烘焙主管→烘焙长

可见，连锁企业的岗位设置因行业而异，在实践中必须结合企业的行业特点进行岗位分析。

资料来源：本书作者根据厦门市焙客连锁瑞景门店的招聘广告整理. 2011-12-25.

二、连锁企业人员配置的方法

连锁企业的人员费用占卖场营业额的比例通常是 6%～12%，占卖场的总费用的 30%～50%。因此只有做好连锁企业人员配置工作，才能有效运用卖场的人力资源，充分发挥每位员工的能力。

(一) 连锁企业人员配置的原则

1. 能级对应原则

合理的人员配置应使连锁企业员工团队的整体功能强化，使人的能力与岗位要求相对应。人员的配置应做到能级对应，就是说每一个人所具有的能力水平与所处的层次和岗位的能级要求相对应。

2. 优势定位原则

每个人都有自己的长处和短处，有其总体的能级水准，同时也有自己的专业特长及工作爱好。优势定位内容有两个方面：一是指企业人员自身应根据自己的优势和岗位的要求，选择最有利于发挥自己优势的岗位；二是指管理者也应据此将企业人员安置到最有利于发挥其优势的岗位上。

3. 动态调节原则

动态调节原则是指当连锁企业人员或岗位要求发生变化的时候，要适时地对人员配备进行调整，以保证始终使合适的人在合适的岗位上工作。如果搞一次定位，一职定终身，既会影响工作，又不利于企业人员的成长。

4. 内外兼顾原则

一般来说，企业在使用人才，特别是高级人才时，总觉得人才不够，抱怨本单位人才不足。其实每个单位都有自己的人才，问题是"千里马常有，而伯乐不常有"。因此，关键是要在企业内部建立起人才资源的开发机制和使用人才的激励机制。

(二) 连锁企业人员配置的方法

卖场中的人员配置数量取决于顾客流量，以及卖场希望为顾客提供的服务水平。卖场可以根据不同配置水平确定不同标准的卖场运营费用和成本，最终对卖场销售商品的定价产生影响。换句话说，顾客购买商品的成本包含了卖场人员配置比例的部分，员工和顾客的比例差别会影响到连锁企业的运营成本和产品定价。因此，根据卖场中各职务的工作量来科学、合理地确定员工配置的数量就显得十分必要。

阅读链接 3-5　通过工作量推算员工数量配置的步骤

(1) 确定各单位必要的工作。

(2) 将这些必要的工作分配到组织内的成员。

(3) 根据分工的结果设定职务，并明确职务内容。

(4) 通过工作量的测定、宽裕时间的计算来设定各职务员工的数量。

例如，某门店一天的客流量为1000人，购买商品的客户为30%，1名收银员1天可以接待100名顾客，那么该门店需要设置3个收银员岗位。

资料来源：陆影. 连锁门店营运与管理实务. 大连：东北财经大学出版社，2009.

为了使员工数量估算的问题具体化，本书的作者假设了一家卖场在过去 4 年中顾客购物人数和收银员配置的数据，并以此对未来 2 年的收银员配置进行数量推算。卖场每个月的购物人数和收银员的数量都可以直接从卖场中使用的 POS 销售系统中获取，简单易行。现假设该卖场 2011 年—2014 年顾客购物人数和收银员数量如表 3-1 所示。

表 3-1　某卖场 2011—2014 年顾客购物人数和收银员数量统计(单位：人次)

时间	2011.01	2011.02	2011.03	2011.04	2011.05	2011.06
购物人数	8986	9820	10383	11208	11299	11080
收银员数	86	99	108	112	113	121
时间	2011.07	2011.08	2011.09	2011.10	2011.11	2011.12
购物人数	13284	13405	12271	13196	11776	10942
收银员数	133	134	123	132	118	109
时间	2012.01	2012.02	2012.03	2012.04	2012.05	2012.06
购物人数	11443	11161	12527	13524	12932	12405
收银员数	125	131	127	137	128	126
时间	2012.07	2012.08	2012.09	2012.10	2012.11	2012.12
购物人数	15084	15676	14165	14535	13217	12328
收银员数	153	159	138	147	136	125
时间	2013.01	2013.02	2013.03	2013.04	2013.05	2013.06
购物人数	12417	13639	14830	15629	15466	14718
收银员数	129	136	132	156	166	138
时间	2013.07	2013.08	2013.09	2013.10	2013.11	2013.12
购物人数	17447	18211	16255	18640	15308	14426
收银员数	174	182	163	201	153	144
时间	2014.01	2014.02	2014.03	2014.04	2014.05	2014.06
购物人数	14820	15025	15813	16594	15362	14172
收银员数	148	144	158	166	150	136
时间	2014.07	2014.08	2014.09	2014.10	2014.11	2014.12
购物人数	17179	15957	16412	18344	16520	15672
收银员数	172	160	164	192	165	157

以 X 轴代表收银员数，Y 轴代表顾客购物人数，我们可以对卖场收银员与购物人数的数量关系在 EXCEL 2003 软件中生成 XY 散点图，并且统计出收银员与购物人数的比例关

系(一元线性回归法)。图 3-2、3-3 是在 EXCEL 2003 软件中计算收银员与购物人数关系的步骤，最终计算结果如图 3-4 所示。结果表明，在保证现有收银服务质量的情况下，该卖场每增加一名收银员，平均可以多接待大约 96 名顾客。

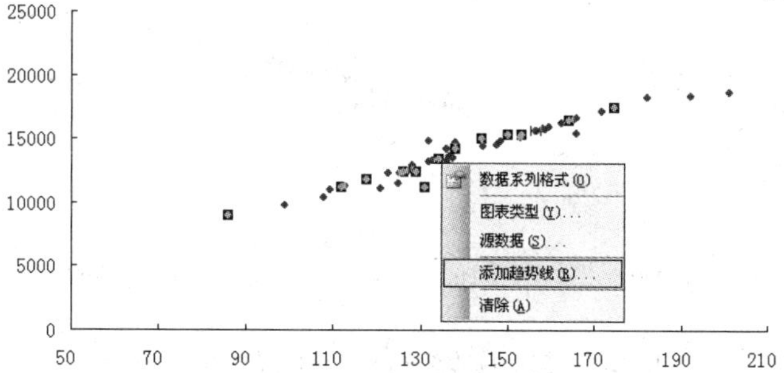

图 3-2　EXCEL 2003 软件中生成 XY 散点的关系趋势线

注：EXCEL 2003 软件中的操作步骤是：先用鼠标左键点中散点，此时散点发亮，按鼠标右键，在出现的选项卡中选择“添加趋势线”，如图 3-2 所示，然后按照图 3-3 中的提示对趋势线的选项进行设置即可。这样计算出的方程就是 X、Y 的一元线性回归关系公式，结果见图 3-4。

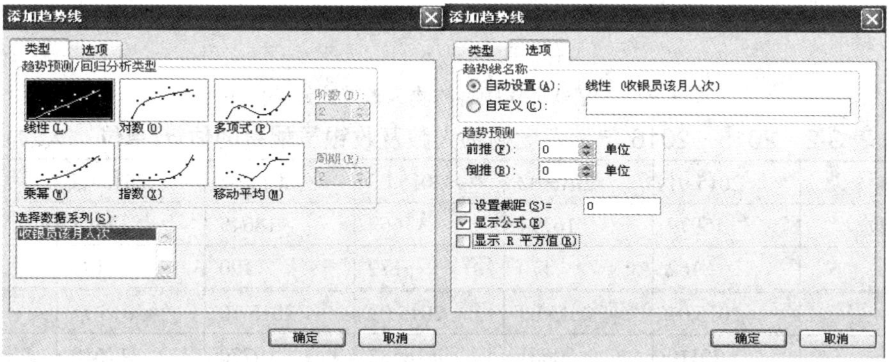

图 3-3　趋势线选项卡的设置

另外，由于该卖场中顾客的购物人数呈现季节性特点(例如，由于“十一”黄金周的影响，10 月份的购物人数往往较多)，我们采用季节调整软件 TSW(Tramo Seats for Windows)进行趋势预测。TSW 是一款自动化的软件，使用者几乎不需要专业的统计知识，就能够根据趋势自动生成未来的预测数据，其工作原理就相当于让计算机分析顾客购物人数的规律走势，并延续出未来 24 个月的预测走势图(如图 3-5 所示)。以下是 2015—2016 年顾客购物人数的预测结果，如表 3-2 所示(**注**：即使对于同样的原始数据，不同软件也可能会做出不相同的预测，因此企业应当根据实际情况选择适合本企业的预测软件)。

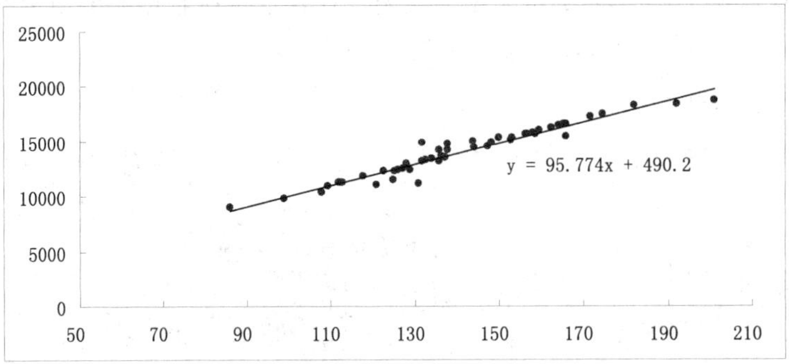

图 3-4　某卖场收银员与购物人数的数量关系

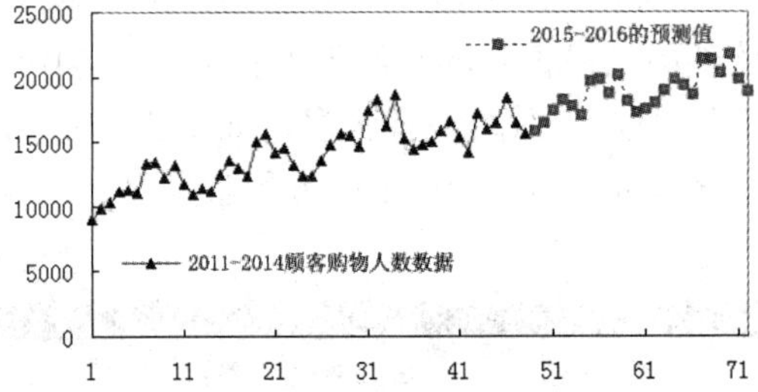

图 3-5　TSW 软件对顾客购物人数未来趋势的模拟图

表 3-2　2015—2016 年某卖场购物人数及收银员配置的估计(单位：人次)

时间	2015.01	2015.02	2015.03	2015.04	2015.05	2015.06
购物人数	15979	16794	17669	18645	17867	16846
收银员数	162	170	179	190	181	171
时间	2015.07	2015.08	2015.09	2015.10	2015.11	2015.12
购物人数	20110	20661	18582	19770	17610	16410
收银员数	205	211	189	201	179	166
时间	2016.01	2016.02	2016.03	2016.04	2016.05	2016.06
购物人数	16674	17465	18313	19259	18393	17283
收银员数	169	177	186	196	187	175
时间	2016.07	2016.08	2016.09	2016.10	2016.11	2016.12
购物人数	20562	21054	18871	20010	17763	16496
收银员数	210	215	192	204	180	167

最后根据前面建立的一元线性回归的估算公式(Y = 95.774X + 490.2)，我们就可以推算出未来 24 个月该卖场的收银员配置情况(见表 3-2)。

以上连锁企业人员配置推算的过程也告诉我们连锁企业信息系统对于连锁经营管理的重要性，卖场中的 POS 收银软件也可以为连锁企业的经营管理、顾客分析、市场预测提供情报。本书的项目 9 还将对连锁企业信息化与新零售转型做更详细的介绍。

三、连锁企业的人员选择

(一) 人员选择时应考虑的四个效应

1. 鲶鱼效应——竞争的实质并非完全是对抗

原理：挪威人爱吃沙丁鱼，他们在海上捕得沙丁鱼后，如果能让它活着抵港，卖价就会比死鱼高好几倍。但是，由于沙丁鱼生性懒惰，不爱运动，返航的路途又很长，因此捕捞到的沙丁鱼往往没回到码头就死了，即使有些活的，也是奄奄一息。在一群渔民中只有一位渔民的沙丁鱼总是能活着回来，而且很生猛，所以他赚的钱也比别人多。该渔民严守成功秘密，直到他死后，人们打开他的鱼槽，才发现只不过是多了一条鲶鱼。原来当鲶鱼装入鱼槽后，由于环境陌生，就会四处游动，而沙丁鱼发现这一异己分子后，也会紧张起来，加速游动，如此一来，沙丁鱼便活着回到港口。这就是所谓的“鲶鱼效应”。

启示：适当的竞争犹如催化剂，可以最大限度地激发个人的潜力。当压力存在时，为了更好地生存发展下去，畏惧者必然会比其他人更用功，而越用功，跑得就越快。竞争的实质并非完全是对抗。连锁企业可以在招聘员工的时候，有意识地引入一两条“鲶鱼”，激活连锁企业的员工团队。

2. 拉锯效应——团队协作 1 + 1 > 2

原理：日本有一家企业在招聘员工时，要进行一场特殊的考试，他们把报考的人带到一个农场，并随机将两个人分成一组，然后发给每组一把锯子，要求将一根圆木头锯成两段。在锯圆木头时，有的组两个人不能相互配合，快慢不当，费了很长时间才把圆木头锯开；有的组两个人很快就磨合好，能相互配合，用了很短时间就把圆木头锯开。结果，这家企业将“能否相互配合地很快锯开圆木头”作为是否录用的一个重要指标。在社会分工更加精细、更加需要协调的今天，一个优秀的人才要发挥作用，必须善于与他人相互配合，否则将一事难成。人们将此称为“拉锯效应”。

启示：“拉锯效应”对连锁企业的员工团队的管理与建设有很大的启示作用。总部和门店之间、门店各部门之间都要注重在各方面相互配合，形成“1+1>2”的局面，从而促使企业的经营管理工作不断迈上新台阶。员工的个性彰显当然非常重要，个人能力的作用也在其职业生涯中占有相当大的比重。但成功企业更看重的是团队和大家的力量，一滴水离开了大海，瞬间就会消失得无影无踪，离开了团队这个发展的平台，个体的力量将一文不值。

3. 懒蚂蚁效应——知己知彼方能百战不殆

原理：日本北海道大学进化生物研究小组对三个分别由30只蚂蚁组成的黑蚁群的活动进行了观察。结果发现，大部分蚂蚁都很勤快地寻找、搬运食物，少数蚂蚁却整日无所事事、东张西望，人们把这少数蚂蚁叫做“懒蚂蚁”。有趣的是，当生物学家在这些“懒蚂蚁”身上做上标记，并且断绝蚁群的食物来源时，那些平时工作很勤快的蚂蚁表现得一筹莫展，而“懒蚂蚁”们则挺身而出，带领众蚂蚁向它们早已侦察到的新的食物源转移。原来“懒蚂蚁”们把大部分时间都花在了“侦察”和“研究”上了。它们能观察到组织的薄弱之处，同时保持对新的食物的探索状态，从而保证群体不断得到新的食物来源。

启示：相对而言，在蚁群中，“懒蚂蚁”更重要；而在连锁企业中，能够注意观察市场、研究市场、分析市场、把握市场的人也更重要，这就是所谓的“懒蚂蚁效应”。美国《华尔街日报》有一篇文章这样写道：“没有别人比妈妈更了解你，可是，她知道你有几条短裤吗？然而，乔基国际调查公司知道！妈妈知道你往杯中的水里放了多少块冰块吗？可是，可口可乐公司却知道！”例如，可口可乐公司经过深入细致的调查后发现，人们在每杯水中平均放3.2块冰块，每人平均每年看到该公司的69条广告。

4. 保龄球效应——发现员工的优点

原理：行为科学中有一个著名的“保龄球效应”。两名保龄球教练分别训练各自的队员。他们的队员都是一球打倒了7只瓶。教练甲对自己的队员说：“很好！打倒了7只。”他的队员听了教练的赞扬很受鼓舞，心里想，下次一定再加把劲，把剩下的3只也打倒。教练乙则对他的队员说：“怎么搞的！还有3只没打倒。”队员听了教练的指责，心里很不服气，暗想，你怎么就看不见我已经打倒的那7只。结果，教练甲训练的队员成绩不断上升，教练乙训练的队员打得一次不如一次。

启示：希望得到他人的肯定、赞赏，是每一个人的正常心理需要。而面对指责时，不自觉地为自己辩护，也是正常的心理防卫机制。一个成功的连锁企业管理者，要学会看到员工的优点，鼓励员工的进步和成长。

(二) 员工招聘的标准

确定连锁企业人员的数量后，更重要的是选择合适的人才。要恰当选择岗位人才，必须确定员工招聘的标准和方式。在选择连锁企业作业人员时，最常用的标准包括应聘人员的性别、年龄、个性、知识、才智和文化程度、经历等。

1. 性别、年龄

要根据岗位的特点，确定对作业人员的性别、年龄的要求。例如，音像商店的主要顾客为

20岁左右的年轻人。因此，选用30岁以下的作业人员有利于与顾客进行沟通，促进销售。

2. 个性

例如，零售业一般希望营业人员待人友好、自信、稳健和富有神采。

3. 知识、才智和文化程度

通常，员工应当具备丰富的、专业的商品知识和行业知识。例如，销售人员的知识、才智将决定其与顾客沟通的效率和成交的可能性。

4. 经历

以往的工作经历是考察应聘者业务能力最可靠的依据之一。

(三) 员工招聘的方式

员工招聘的方式有内部招聘和外部招聘两种。由于连锁经营管理环境变化而对原来设置的部门进行重新组合，即对门店的组织结构进行调整，或是门店各部门的岗位需要增加人员，或是某些职位出现空缺时，应当首先考虑在现有的门店从业人员中调剂解决，也可以按照有关标准考核提拔。调剂、提拔解决不了的再从外部招聘。另一方面，员工来源的途径直接影响到所招收员工的素质和门店经营运转的效益。实际上，连锁门店的大部分员工都需要从社会上招聘。

(四) 员工的培训

培训内容主要包括技术性操作、经营管理知识和战略思维培养等。培训内容还应突出连锁门店的自有特色，如标准化设计、店内训练、便利性、利润的创造、专业性、实际操作等。

阅读链接3-6　苏宁电器的人才策略

苏宁电器是我国目前最大的家电连锁企业，是中国3C家电连锁零售企业的领跑者。苏宁电器之所以取得这样的成就，与他们坚持人才制度创新是分不开的。近年来，苏宁电器始终坚持“人品优先、能力适度、敬业为本、团队第一”的人才纲领，不断创新人才开发制度，先后开展了多项人才开发工程，为苏宁电器迈进更高的目标打下了坚实的基础。

• 欲造人才，先造模子

为了培养符合苏宁电器要求的人才，苏宁电器提出了“人品优先，能力适度，敬业为本，团队第一”的人才培养模式。秉承这样的用人理念，苏宁电器把一大批有经验的下岗工人锻造成了对企业有用的人才，实现了双赢。

• 培训先行，流程造人

苏宁电器建立了一个有针对性的快速“造人”流程来完成新进员工个体的苏宁化，保证苏宁文化的传承。

流程一：格式化。格式化是新人转变为苏宁人的第一步，即任何人自进入苏宁电器的那天起，就意味着你在工作过程中要按照苏宁电器的文化和价值观行事。

流程二：培训 + 考试。苏宁电器会对新进员工进行集中性、高密度的学习培训，培训之后，还会对新员工进行多方位的严格考核，没有通过的，要继续学习；仍然通过不了的，将不能有效地融入。

流程三：轮岗执行。新员工都要经过苏宁电器著名的销售旺季“大忙”的洗礼，并到各个岗位进行轮岗执行，在此过程中对苏宁电器的文化、具体岗位的操作方式深入进行了解、认同直至熟悉运用。

流程四：传、帮、带。由老员工点对点、人对人地指导、教练、督察新员工，帮助他们快速地成为一个合格的苏宁人。

- 自主培养，内部提拔

苏宁电器通过自己的培训体系育人，并遵循干部优先从内部提拔的原则。苏宁电器在具体落实这个原则时，会形成一个系统的人才梯队计划。在计划上，将清晰显示出人才培养任务和晋升目标，以确保有的放矢地选拔、使用人才。

- 用年轻人管理年轻人

随着 95 后进入职场，苏宁电器进一步加大整个干部队伍年轻化的建设，在更多的部门开始选择 90 后管理者。苏宁电器认为，对于老员工觉得很难管理的 95 后职场新人们，年轻管理者往往更有优势。而且这样的管理方式，实际上给苏宁电器提供了一个年轻化的梯队，不断地去传承公司文化理念，不断给公司增加后劲。

- 永远不变的是文化认同

苏宁电器在用人方面，最核心的是理念是认同企业文化。对员工来说，只有对企业的业务模式、发展规划、管理体系、人才理念等文化基因都能保持认同，才能融入企业，与企业一同成长。

资料来源：王爽. 苏宁怎样培养“95 后”？中外管理：2019(11).(本书作者有修改)

任务三 支持连锁经营战略的绩效管理

一、连锁经营战略概述

“战略”一词起源于兵法，指将帅的智谋。在现代企业经营管理中，企业的战略制定更是决定企业生命长寿与否的重要利器。连锁企业要想从商品、商标型连锁经营升级为成功商业模式连锁经营或成功伙伴型连锁经营，就更需要企业家们具备企业发展的战略眼光和战略思维。

首先，连锁经营战略是一种经营理念的内涵，它存在于规划战略的领导人的大脑之中，体现的是企业家的思维方式。它的重要实质在于企业的价值观、文化、理想等精神，为企业成员所认同并达成共识。连锁企业的经营理念包括连锁总部的企业愿景、企业文化、企业使命、经营理念、企业定位、经营者的人生观和经营动机。企业远景和企业愿景也是很多管理者容易混淆的概念。企业远景通常是经营者所描绘的企业未来的蓝图，而企业愿景是公司全体员工的心愿，是全体员工共同的目标。愿景是目标加上理想与价值观，在《孙子兵法·计篇》中有："道者，令民与上同意也，故可以与之死，可以与之生，而不畏威。"这里的"道"，就是企业愿景。连锁总部的愿景，是连锁体系的管理层、经营层和执行层共同的目标和理想，应使连锁总部的全体员工、顾客或者是加盟商都能清楚地了解总部的方向，以达成共识。

其次，连锁经营战略是一种定位。总部按照自己行业的特色、消费者需求和市场状况，进行品牌定位、产品定位、市场定位、价格定位、顾客定位和装修定位等。例如，肯德基成功地刷新了一个不错的标志——上校脱下了西装外套，穿上围裙——想必他已经准备好为您服务了。新 LOGO 的背景标识还增加了一个不错的动态感觉，意味着快餐的速度(见图 3-6)。

旧标识　　　　新标识

图 3-6　肯德基的新旧标识对比

最后，连锁经营战略还是一种竞争策略。在连锁经营中，连锁总部威胁和战胜竞争对手的最有力、最有效的方法就是提升顾客满意度。顾客满意度的提升，可以通过增强产品、市场的研究和开发能力、服务能力，扩大服务项目，发展加盟连锁店，提高品牌知名度、美誉度，以及提高产品质量等方式。顾客满意度的提升，可使连锁总部在市场竞争中保持长久的竞争优势。

二、支持连锁经营战略的绩效评价体系

绩效管理能否有效支撑企业战略，指标分解的准确性是关键。只有构建完善的指标体系，才能将战略目标进行准确分解，从而实现“千斤重担人人挑”。

第一步：明确各部门及岗位职责。各部门及岗位职责是企业组织体系的基础，通过找出影响企业战略目标实现的关键业务工作并确定它们之间的相互关系，以连锁企业内部“职责清晰、分工明确、事事有人做、人人有事做”为目标，为企业战略目标的分解提供决策依据。在进行部门职责梳理的时候，应首先画出公司的业务流程，按照相近、相似的职能划分到一起的原则，确保没有交叉、冗余、缺失、割裂、分散、错误、弱化等情况。在进行岗位职责梳理时，采用职责匹配表，确保部门职责被有效地分解到各岗位。

第二步：确定公司总部级指标。公司年度目标是企业绩效指标分解的龙头，公司总部级指标主要集中于公司运营效率和发展能力。在重点关注经济指标(利润额或投资回报率)的同时，对结构调整性指标也应适当关注，比如员工结构、品类结构、门店布局等。在确定指标的过程中，既要保证实现公司当年的经济效益，又要引导公司走向健康与成长，对此可运用关键成功因素法(见表 3-3)。

表 3-3　关键成功因素分类

关键成功因素分类	序号	公司总部级指标	指标定义
业务拓展	1	新增门店计划完成率	$\frac{实际开店数}{计划开店数}\times100\%$
	2	坪效增长率	$\frac{当年坪效-上年坪效}{上年坪效}\times100\%$
零售业务管理	1	销售额	当年实际销售额
	2	毛利率	$\frac{销售额-销售成本}{销售额}\times100\%$
	3	费销比	$\frac{营业费用}{销售额}\times100\%$
	4	人均利润	$\frac{2\times利润}{年初人数+年末人数}\times100\%$
物流系统	1	库存周转率	$\frac{销售成本}{平均库存}\times100\%$
	2	重点品类商品满足率	$\frac{1-缺货种类}{重点品类}\times100\%$

第三步：将公司的指标分解到门店及各部门。实际上，各部门的职责一旦明确，每项职责对应的考核指标也就相应明确了。在确定职责对应的指标时，通常首先根据相对的重要性确定各项职责的权重，然后确定职责的产出，最后根据顾客对产出的主要关注方面(时间、数量、质量、成本)来确定指标项。常见的连锁门店经营绩效的评价体系如表 3-4 所示。

表 3-4　连锁门店经营绩效的评价体系

评价体系构成	评价内容简介
顾客满意度	顾客在消费了相应的产品后，对门店的商品、服务、企业信誉等产生的心理体验
供应商满意度	供应商对连锁企业在费用(进场费、促销费、节庆费等)、合同履行信用、促销活动创意及效果、出样、货架布置等方面的评价
过程评价	过程评价是指总部对分店的经营过程的监督检查，包括对服务质量、商品质量及环境质量等的监督检查

第四步：将部门指标分解到个人。制定连锁企业的个人绩效目标时，应当符合 SMART 的要求。有关 SMART 的具体解释如下：

Specific：具体且可以评估。

Measurable：可以量化。

Agree upon：上下级协商一致。

Realistic：具有现实可实现性。

Time：有明确的时间期限。

知识拓展　百安居经理人的快速晋升之道

百安居隶属于世界 500 强的英国翠丰集团(King fisher Group)，是世界第三、欧洲第一的大型国际装饰建材零售集团。自 1999 年进入大陆市场至今，经营规模迅速扩大。商店数量每年以 30%的速度增加，需求的员工数量迅速增加，对管理人才的需求非常巨大。但因连锁经营在我国的发展历史较短，该行业的管理人才积累较少，这便导致连锁企业对外招聘管理人才时往往不尽如人意，内部晋升便成为企业填补管理层空缺职位的主要方法。那么如何在地域分布广泛、地区发展不平衡的企业中甄选出具有发展潜力的管理者？如何确保晋升后的人才持续创造优异的绩效？如何使内部晋升成为公司人员发展体系的重要组成部分？

- “Fast Track 未来经理人项目”的八个流程

为了解决快速发展中管理人才缺乏的问题，百安居设立了“Fast Track 未来经理人项目”。该项目是在内部甄选出那些有潜能，且已具备一定知识和技能的员工，对他们施以强化培训和锻炼的一套人才发展系统。该项目的突出特点是速度较快(6～12 个月)，晋升者素质均衡，可以较好满足连锁企业快速成长的需求。百安居提供四个级别的未来经理人项目(见图 3-7)。

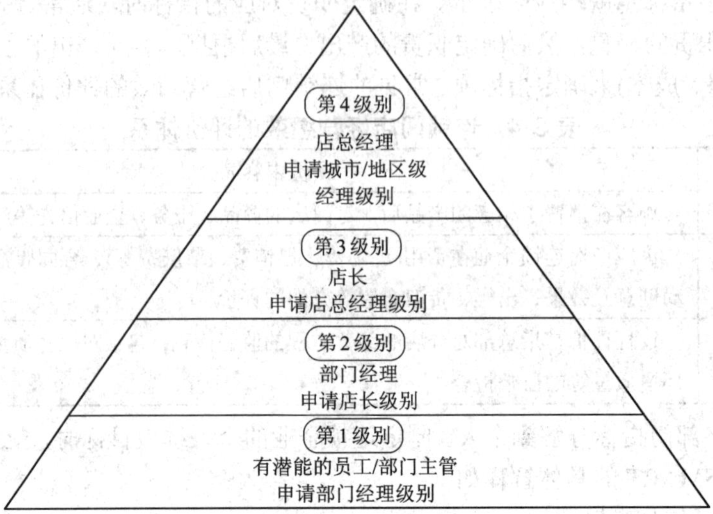

图 3-7　未来经理人项目的四个级别

具体来说，未来经理人项目的实施流程共分为八个步骤(见图 3-8)。

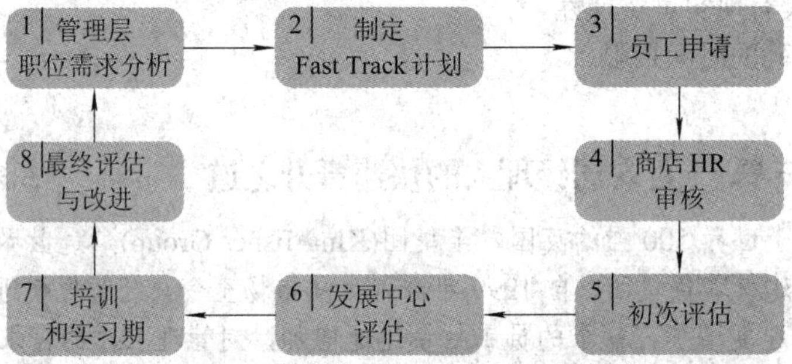

图 3-8　未来经理人项目的实施流程

(1) 管理层职位需求分析。管理层职位需求分析指的是企业根据其发展规划，考虑预期人才流动因素后，合理预测在未来一段时间内企业所需管理层职位的数量，包括外部供给数量及内部晋升数量。

比如，2004 年 6 月，百安居(中国)共有 40 家连锁店，由低到高共有部门经理 260 名、店长经理 124 名、店总经理 34 名、城市/地区经理 6 名。人力资源部根据历年的统计资料和市场竞争情况，预计 2005 年内将有 28 名部门经理、8 名店长经理、3 名店总经理离职。

企业的发展规划表明，2005 年将新开 15 家连锁店。根据人员配比，2005 年管理层所需管理职位为：部门经理 380 名，店长经理 170 名，店总经理 51 名，城市/地区经理 8 名。

(2) 制定 Fast Track 项目计划。根据资料分析，管理层职位出现空缺。遂决定 70%空缺的职位由内部晋升，30%的职位由外部招聘，内部晋升原则上不得越级。据此计算出了各级管理层晋升的数量：

晋升的城市/地区经理数量 $= (8 - 6) \times 70\% \approx 2$ 名

晋升的店总经理数量 $= [51 - (34 - 3 - 2)] \times 70\% \approx 15$ 名

晋升的店长经理数量 $= [170 - (124 - 8 - 15)] \times 70\% \approx 49$ 名

晋升的部门经理数量 $= [380 - (260 - 28 - 49)] \times 70\% \approx 138$ 名

(3) 员工申请。总部的人力资源部确定各级管理层晋升的数量后，就可以开始启动 Fast Track 项目了。各商店的人力资源部按照总部规定的项目启动日期，以各种有效方式向员工宣传，必须确保所有员工都知道此事。宣传中向员工讲明此项目的流程、目的和参加的资格。申请者在填写正式申请前，需先根据(资格申请表)进行能力自我评估。只有那些评估合格的申请者才可填写个人申请表，由其直接主管推荐给该店的人力资源部。需要注意的是，Fast Track 项目推荐资格必须由明确的考核结果组成，不能有一些模糊的、主观的条件，比如“该人对同事很热情”这样的评价就无法与其他候选者的评价相比较。

(4) 商店 HR 审核。商店人力资源经理在进行审核时，除了看申请者是否具备申请条件外，还需要考虑申请者是否已被商店列入“接班人计划”中(即有潜能在 1 年内晋升)。在商店提名前，需将计划提名的申请者名单在商店里进行至少一周的公示，接受员工的评议。凡有违反员工手册中的行为，并核查属实的申请者则不能列入商店提名表中。审核通过者由商店提名至区域。

(5) 初次评估。评估是 Fast Track 项目流程中筛选候选者的关键环节，主要考察申请者是否具备拟晋升职位的潜能。为了保证评估的公正性和准确性，将评估分为初次评估和发展中心评估。初次评估的考官主要由各商店的总经理和人力资源经理组成。申请者初次评估通过后，便进入发展中心评估。发展中心评估的考官为公司更高一级的管理层。评估的形式有面谈、笔试、小组讨论和情景模拟等，以保证评估的准确性。下面以第一级别和第二级别职位的初次评估为例进行说明。

第一级别的申请者为有潜力的员工和部门主管，考官为区域组织的商店总经理和人力资源经理。考试内容为营运现场管理和人员管理。在营运现场管理中，申请者与评估者完成 45 分钟的巡店，然后坐下来进行 15 分钟的提问与交流，最后 5 分钟由评估者对申请者的表现进行评分。主要考察其在建立良好的顾客关系、计划性和重要性、维护和拓展程序等方面是否具备相应的能力。在人员管理练习中，评估者根据所提供的个案与申请者就解决方案进行讨论，整个练习时间为25分钟，评估申请者是否具备自信的沟通、团队精神的建立这两项能力。接下来是小组讨论时间，申请者作为部门经理，和其他申请者组成项目组，在规定时间内讨论出提高服务水平或销售业绩的具体计划方案，以考察大家对商业的敏感性和解决问题的能力。

第二级别的申请者为部门经理，考官为区域组织的商店总经理和人力资源经理。在营运现场管理中，考官与评估者完成60分钟的巡店，与第一级别不同的是巡店范围扩大到整个商店，以测试申请者对整个商店的营运管理能力。然后依然是15分钟的提问与交流以及5分钟的评估打分。主要考察申请者在敏锐的商业反应、计划性与重要性、提供信息和分析等方面是否具备相应的能力。在人员管理练习中，考官根据所提供的个案与评估者进行角色扮演，整个练习时间为25分钟，主要关注申请者是否具有自信的沟通能力和领导能力。

需要说明的是，在初次跨店评估结束后，评估者需要确认哪些人可以进入下一轮最终评估。对于那些未通过的申请者，评估小组则要决定其再次申请的时间，并填写在评定表中，放入其相关的档案内，以便下次申请时使用。同时，评估者会将未通过者的整体表现反馈给所在商店的人力资源经理，人力资源经理会与其进行面谈，一方面为下一次再申请提供帮助，更重要的是让申请者明白此次评估中表现出的不足并协助其制定改进计划。

(6) 发展中心评估。初次评估通过者将会参加总部组织的发展中心评估。两次评估的形式是一样的，同样由面谈、笔试、小组讨论和情景模拟等多种形式组成。也同样是考察大家的营运管理能力和人员管理能力。不同的只是试题内容和考官的不同。通过第二次评估，可以有效保证最具资格的人才被选拔出来。

(7) 培训和实习期。凡是发展中心评估为合格的申请者，将会进入为期半年的管理培训和代理实习。半年培训和实习的宗旨是为那些有潜能成为管理者的人才提供一个加强型的个人培训发展体系，通过熟悉商店各方面的日常运作，加深对商业意识和管理工作的理解，同时有利于他们在6个月后向更高的职位挑战。

在3个月的岗位培训期间，要求学员将自己过去的工作经验扩大到整个商店，不仅仅局限于某几个部门的工作内容，更要关注到整个商店的销售、服务、库存管理、利润维护和人员管理等方面，从一个更高的层次来了解和学习未来工作所需具备的相关技能和管理技巧。公司将根据申请级别能力模型制订培训课程，课程包括业务能力和管理能力两部分。比如，对第一级别的申请者来说，沟通技巧、教练技巧、数据分析、巡店技巧、商业意识等课程都是必须要培训合格的；同时，学员们还需要配合课程阅读一些营运和人员管理方面的书籍，在指定时间内完成阅读后还要提交收获报告，以促进学员将学到的知识运用在工作中。

在此期间，教练(直属上司)为学员制定在岗培训计划并安排在新岗位上实习。在日常工作中给予其必要的指导，分享自己丰富的零售知识和管理经验。每个月教练会对其工作表现和管理能力进行评估指导并写评估反馈报告，评估成绩将记入培训记录中。

在目前岗位上完成在岗学习手册上要求的内容后，学员需要接受阶段评估，通过后会有2～3个月的时间去担任代理主管的角色。

(8) 最终评估与改进。当学员结束了为期六个月的未来经理人项目培训和实习，在即将结束前，将和教练及代理期间或项目实习期间的直属上司进行一次面谈，一起回顾过去6个月以来在业务能力和管理能力两方面所取得的成绩和进步，以检查培训成果，从而确认是否已具备了向上一级晋升的资格。结束评估分为以下四个步骤:

① 回顾学员在知识方面学习的情况，包括出席管理培训课程的情况。

② 回顾学员的工作目标达成情况，主要是其在代理期间/项目实习期间工作目标的完成情况。

③ 教练对学员的管理行为和技巧进行评估，必要时可以增加同事和下属的评价，以确认其是否已经可以成为受拥戴的管理者。

④ Fast Track 项目的相关者对项目的各个问题进行讨论，以改进下次的运行效果。

• 有效晋升的关键——公平合理的评估

公平合理的评估是决定内部晋升公平的重要基础。只有评估时做到了公平合理，才能保证晋升机制的有效性。Fast Track 项目之所以被证明是成功的，关键之一是评估的有效性。具体体现在以下七个方面:

(1) 在人员推荐上，商店人力资源经理对符合资格的申请者在店内进行为期一周的公示，以接受员工评议。通过公示，使申请者接受所有员工的监督，这从一开始便确保了选拔的透明性；而如果只是申请者由上级推荐，有时很难保证公平性。

(2) 从考官的组成来看，不论是在总部进行评估还是区域评估，考官都以来自营运一线的管理者和 HR 管理者组成，而来自培训部门的人员只担任协调者，不参与评估决策，以保证评估的客观公正性。同时，在评估前由区域培训经理对考官进行评估技巧和题目解读的严格培训，包括如何观察和记录申请者的真实表现、如何客观地评估申请者在各练习中的表现、如何对申请者进行提问、如何提供具体反馈以帮助申请者制订个人发展计划等，以保证评估在公正、保密和按流程操作的情况下进行。

(3) 从评估对象的安排上看，跨店初次评估原则上由店总经理和商店人力资源经理参与，但不得评估本店的和自己较为熟悉的申请者。发展中心评估原则上集中进行，由区域培训经理选择评估地点，由店总经理以上的相关部门经理组成。同时考虑到可能有一些员工会在一年里两次参加评估，故在其再次参加评估时建议安排不同的评估人。

(4) 从评估资料的保密性上看，手册只在培训或评估时分发。如需多日评估，也需遵守“当日收回，次日分发”的原则。公司保密政策规定，评估手册属于内部保密资料，如有私自复印或传播将受到处罚。同时，评估题目将每年根据实际情况进行修改，使试题更加贴近实际营运。

(5) 从评估的权重来看，考虑到申请者在参加评估时由于紧张或其他因素可能会影响到能力的发挥，所以该评估分值只占 60%的比重，平时的绩效表现占 40%，这样就避免了评估可能带来的片面性。

(6) 从评估的工具上看，此方法综合采用面谈、情景模拟、笔试、小组讨论等多种工具，避免单一评估工具带来的片面性，增强了评估的信度和效度，同时注重情景模拟，使评估更贴近实际，更能反映申请者的真实水平。

(7) 从评估后的反馈看，更注重应用。如果申请者没有通过评估，商店人力资源经理会对其本次表现进行面谈，提供反馈，指出需要改进的地方，帮助其进一步成长。如果评估通过了，则会有一套完整的在岗培训和代理实习体系，为申请者设立一个逐步适应的时期，使其一旦晋升到新岗位后，能够出色地胜任工作。

百安居综合应用以上几点，确保了整个评估体系的有效性，同时保证了晋升机制的合理性和长久稳定性，为公司的快速扩张提供了充足的人才储备。

资料来源：赵颖惠. 百安居经理人的快速晋升之道. 人力资源：2006(22).

项目小结

本项目从组织结构的重要性讲起，重点介绍了连锁企业组织结构设计的原则、主要部门及其职能。对于连锁经营的人员配置，可以从数量和质量两个方面入手，包括人员配置的方法和人员的选择。

本项目的主要知识点包括组织结构、组织结构的设计原则、连锁总部、地区分部、连锁门店、业务督导、神秘顾客、人员配置、员工招聘。

课后习题

一、讨论题

1. 结合“七人分粥”的故事，谈谈企业应当如何避免“三个和尚没水喝”的管理困局。
2. 谈谈鲶鱼效应对连锁企业的人力资源管理有哪些启示。
3. 谈谈餐饮业和零售业的连锁企业在基本岗位设置方面存在哪些不同。

二、自测题

1. 选择题

(1) 一般情况下，卖场中人员费用占卖场总费用的(　　)。

A. 30%～50%　　B. 60%～80%　　C. 10%～30%　　D. 不超过 5%

(2) 懒蚂蚁效应告诉我们：(　　)。

A. 分工协作的重要性　　B. 观察和分析市场动态的重要性

C. 连锁经营的规模经济性　　D. 统一指挥的重要性

(3) 当前百安居填补管理层空缺职位的主要方法是(　　)。

A. 外部招聘　　B. 内部晋升　　C. 猎头物色　　D. 国外派遣

(4) 公司全体员工的心愿，全体员工共同的目标可以称为(　　)。

A. 企业远景　　B. 企业愿景

C. 企业文化　　D. 企业经营目标

(5) 连锁经营企业人力资源管理的特征是(　　)。

A. 管理空间的分散性　　B. 岗位工作能力的复合性

C. 员工素质的多样性　　D. 管理对象的复杂性

E. 统一管理的协同性

(6) 连锁企业在实际招聘工作过程中，可通过(　　)及企业内部竞聘的渠道来选取合适的人员。

A. 职业中介机构　　B. 猎头公司　　C. 媒体广告

D. 网上招聘　　E. 校园招聘

(7) 连锁经营企业可以从(　　)等多方面对员工进行绩效考核。

A. 德，即思想政治、工作作风、职业道德水平

B. 能，即工作的综合能力，包括技能、学识、智能、体能、情商等

C. 勤，即工作中的表现，包括出勤情况、工作主动性和责任心

D. 绩，即工作中的效率与实际业绩

E. 形，即形象的受欢迎程度

2. 判断题

(1) 受传统职业理念的影响，连锁经营企业的从业人员的招聘工作非常困难，因此需要改革招聘的形式，除了提供合理的薪金外，要突出对良好的企业文化、系统的职业生涯等进行宣传，才能吸引更多的有志人才进入本企业。(　　)

(2) 连锁企业的人员配置既要考虑员工需求的数量，同时要注重员工的素质与人才的开发。(　　)

(3) 连锁企业推行“一职定终身”，能够确保企业内部管理的稳定性。（　　）

3. 简答题

(1) 如何通过连锁企业的工作量来推算员工配置数量？

(2) 连锁企业进行人员配置的原则有哪些？

案例分析——>>>

日本大荣公司的“人才盘点”

以经营连锁店而久负盛名的日本大荣公司，多年来一直实行人事安排不可动摇的一项原则，即每隔半年就让各层次的干部职工实行一次内部调动。他们把这叫做“人才盘点”。“人才盘点”包含了两层意思：其一，它打破了以往那种“职位高低、工作优劣”的等级观念，强调的是每一个岗位都重要，每一个人都可以适应不同的岗位，并经受磨炼；其二，它强调的是对人的实际工作能力的培养，一个人在一个岗位上待久了，容易麻木僵化，看什么都习以为常、反应迟钝，改变一下，换一个岗位，就可能萌发新的从未有过的想法。同时，在新的岗位上每个人还可能遇到新的课题，这就迫使他们要继续钻研学习，以使自己的实际工作能力得到进一步提高。“人才盘点”有以下三大好处：

一是培养了人才，有利于降低人才的培养成本。当前，企业最需要的是两类人才：一类是专才；另一类是通才。无论是专才还是通才，主要靠内部挖掘。而“人才盘点”是发现、培养和锻炼人才的必由之路。

二是能够实现人才资源的最佳配置。对于通才来说，必须把他们放到最需要协调和管理能力的岗位上去。对于专才来说，必须设法知道他们最胜任什么岗位，并妥为安排。人才资源的合理流动，为人才提供了展示才华的用武之地。这不仅可以使他们深化与企业的感情、激发他们的热情和内动力，为企业赢得丰厚的回报，还能减少因人才盲目跳槽而引起人才的资源流失。

三是调动员工的学习积极性。未来有竞争实力的人才是终身学习型人才。未来的企业管理是学习型管理。而长寿型的企业都是在学习中培育团队精神，以适应新的市场需要。德鲁克认为，人力资源管理的知识和商业知识的生命周期分别为 4 年和 7 年。也就是说，不管你取得了何种学位，你的知识有效期只有 4～7 年。因此，一个有远见的员工除了知道自己具备了什么知识，更需要及时发现自己还缺少什么知识，并主动去学习和补充。实行“人才盘点”无疑更能帮助员工发现长处，扬优弃劣。

资料来源：张国光. 企业要搞好“人才盘点”. 刊授党校：2011(3).

★阅读上述材料，回答以下问题：

1. 什么是“人才盘点”？有什么好处？

2. 你认为“人才盘点”是否符合中国的国情，如果连锁企业要实施“人才盘点”，应当如何开展？

※ 实训操作 ※

1. 实地扮演神秘顾客，对本地几家连锁门店的服务水平进行评价。评价的标准包括店员仪表、举止态度、待客用语、反应能力等四个方面，具体内容见下表。

项　目	表现描述	得　分
店员仪表		
举止态度		
待客用语		
反应能力		

2. 上机操作：采用在 Excel 表格中“添加趋势线”的方法，对某卖场收银员与购物顾客比例进行估算。以往的经验数据见下表。

收银员数	6	8	9	10	15	18	20
购物顾客人数	420	640	775	1001	1390	1409	1910

连锁企业的网点扩张与选址

项目 4

学习目标

- 了解连锁企业扩张的圈地模式和跳跃模式;
- 了解连锁门店网点扩张的途径;
- 掌握连锁企业选址的原则和步骤。

任务一　连锁企业的网点扩张

一、连锁企业区域扩张的两种模式

区域扩张是连锁企业的网点空间布局战略。区域扩张战略模式主要有两种，即圈地模式和跳跃模式。

(一) 圈地模式

圈地模式是指连锁企业在一个区域内集中资源开店，将可能开设的门店数量尽量开完，再寻找另外的开店区域，以便充分挖掘该区域的市场潜力，发挥资源整合优势，降低管理成本和后勤服务成本，增大宣传效果，以达到获取规模效益的目的。

圈地模式的具体操作方式有以下两种：

一种操作方式是以一个城市作为目标，集中资源在该城市迅速铺开网点，形成压倒性阵势，以吸引消费者的注意。这种网点布局战略对消费相对分散且区域性竞争不明显的便利店、冷饮店尤为适用。

日本 7-11 便利店通过特许经营方式拓展分店，其中一个重要策略是集中开店。当它在一个地区取得市场支配地位之后，再进入下一个地区，而不是追求全面开花，从而降低经营成本，迅速实现赢利。与日本同行业比较，在销售额、毛利率、总资本周转率、单位面积销售额、人均销售额等诸多经营指标中，7-11 便利店都居于日本便利店之首，而销售管理费用率、设备费用率、库存、工资占费用比率等指标却低于同行业的平均水平，这也使得 7-11 便利店有更多的优势参与同行业竞争，并从中脱颖而出。

另一种操作方式是连锁企业在考虑网点布局时，先确定物流配送中心的地址，然后以配送中心的辐射范围为半径逐步扩张。这种方式更注重配送中心的服务能力，以求充分发挥配送潜力。配送中心的辐射范围一般以配送车辆每小时 60～80 公里的速度，在一个工作日(12 小时/24 小时)内可以往返配送中心的距离来测算。

这种布局战略对要求商品配送快捷高效的标准超市等尤为适用。根据我国一些运转较正常的连锁超市情况来看，配送中心的成本一般要占整个连锁超市销售额的 4%，所以对配送中心的成本控制是整个企业成本控制的重中之重，尽力挖掘配送中心的潜力、降低配送成本是这些连锁企业在网点布局时不得不考虑的重点。

圈地模式的优势具体有以下五点：

(1) 可以降低连锁企业的广告费用。连锁企业的广告宣传媒介主要包括地区性的电视台、电台和报纸、海报等，无论宣传区域内的一家门店或者 100 家门店，广告费用都是相同的。因此在一个区域内开店越多，广告费用分摊到各门店后越低。

(2) 可以提高形象上的相乘效果。在同一个地区开设多家门店，会很容易树立该连锁企业的形象，提高知名度。如果某一个门店缺少某种商品，可以在很短时间内从邻近门店调配，顾客也可以马上到邻近的门店去购买。

(3) 节省人力、物力、财力，提高管理效率。企业总部管理人员可以在各个门店之间合理分配时间，不必担心由此所带来的不便和往来费用。可在同样的时间内增加巡回次数，增加对每家门店的指导时间，便于对各门店进行管理。同时，培训员工也变得更便利。

(4) 可以提高商品的配送效益，保证及时送货。为了使各门店的存货降至最低，通常要求配送中心必须采取多种类、小数量、多批量的配送方式。尤其是一些速食品和生鲜食品，如面包、糕点、饮料、蔬菜、水果等，为保证食品新鲜可口，每天要送货 2～3 次，因此采取集中开店战略，能够有效缩短订货到送货的时间，防止缺货，提高商品的新鲜度，降低流通成本。

(5) 可以充分发挥配送潜力，减少总部的投资压力。在目前我国缺乏社会化配送中心的情况下，连锁企业的商品配送主要是依赖供应商低效率而高成本的配送和依靠自建的配送中心。而建立一个配送中心，尤其是建立一个现代化程度较高的配送中心，企业的投资是巨大的。连锁企业在配送中心的辐射范围内不断开设新店，可以合理规划运输路线，统一采购，集中配送，在削减车辆台数的情况下，也能集中资源按时配送。这样就能尽量发挥配送潜力，收回投资，同时由于不需要分散建多家配送中心而减少了总部的投资压力。

圈地模式的风险具体有以下两个方面：

(1) 采取这一扩张模式，必须等待在一个区域开完计划的门店数量后才可进入另一个区域，则连锁企业要完成在全国的整体布点工作可能需要较长时间。

(2) 由于这一扩张模式是一个一个区域的渐进开店，因此有可能其他一些当前值得进入的区域或城市在等待中丧失了最佳机会，让竞争对手抢占有利地址。

(二) 跳跃模式

跳跃模式是指连锁企业在当前值得进入或竞争程度相对较低的地区分别开设店铺，即看准一个地方开一家，成熟一家开一家，可以同时不断跳跃式地在各区域开店。在投资领域也常用到跳跃模式，则是指大跨度地进行投资布局，通过在一个地域大量投资，使其经济得到迅速发展。连锁企业采取这种方式扩张主要出于两种目的：一种是企业希望占领某个大区域市场，先不计成本，不考虑一城一池的得失，而是先考虑整体网络的建设，对有较大发展前途的地区和位置，先入为主，抑制竞争对手的进入；另一种是希望避开强大竞争对手，先求生存，再求发展。

跳跃模式的优势具体有以下两点：

(1) 可以抢先占领有较高价值的地点，取得先发优势。这实际上是对未来行为的一种提前，对这些地区，该连锁企业以后一定会进入，而由于各种竞争关系，未来的进入成本远远高于目前，尤其是某些连锁企业的经营模式对地点有特殊要求，那么尽早在主要市场锁定理想地点将使连锁企业的扩张活动变得更为主动。

(2) 企业优先将门店开设在商业网点相对不足或竞争程度较低的地区，可以避开强大竞争对手，迅速站稳脚跟。这对于刚刚起步的连锁企业尤为重要。较偏远的地区或城市郊区往往被大型连锁企业所忽略，那里租金低廉、开店成本低，商业网点相对不足，不能满足当地居民的需要。企业在该地区设店能有效地避开与强大竞争对手的正面冲突，从而形成自己的优势，取得规模效益，以便后来居上。

跳跃模式的风险具体有以下四个方面：

(1) 对于那些对物流配送要求较高的连锁企业而言，在缺乏可供依赖的社会化配送中心的情况下，采取跳跃模式的连锁企业需要充分考虑自身物流配送的能力。如果门店之间跨度太大，企业物流配送跟不上，则难以满足各门店的配送需求。

(2) 由于不同地区的市场差异性较大，企业难以根据不同市场的要求选择适销对路的商品，无法满足消费者的需要，因而在发展初期难以有效整合企业资源，这些可能使连锁企业走进因战线过宽而带来的陷阱。

(3) 如果连锁企业设店的区域跨度过大，必然要求更多的权力下放来适应不同市场的需要，而如果连锁企业没有相应的管理控制系统，则容易出现一盘散沙的局面，不利于树立连锁企业的统一形象。

(4) 跳跃模式对门店的管理人员要求较高，在总部后勤服务不到位的地方设店，要求门店管理人员具备较高的能力素质，能够独立处理相关事务，否则会延长门店经营的摸索期或亏损期。对于创建时间不太长的连锁企业，多数专家建议不要将战线拉得太长，以免顾此失彼，得不偿失。

二、连锁企业网点扩张的途径

连锁企业的网点扩张路径主要有四种：自建、并购、加盟、合作。

1. 自建

自建是连锁企业借助自有资金开设新的连锁门店，通过自身力量逐步拓展市场。

优势：有利于帮助新的连锁门店迅速走上正轨；有利于企业的一体化管理；有助于树立良好的企业形象；前期的市场调查对新店开业后的经营策略调整有很大帮助。

风险：该方式的前期投入需要大量资金，企业必须有雄厚的资金支持，且对内部资源的应用要求较高；网点发展速度相对较慢。

2. 并购

并购是连锁企业采用资本运营的方式，收购现有企业，再进行整合，使其能与母体企业融为一体。

优势：可以共享市场资源；能使总部迅速占领新的市场；可以利用被并购企业的人力资源，扩张速度会加快。

风险：需要对兼并企业按母体企业的标准进行改造，有一个磨合阵痛期；寻找合适的被并购企业如时间过长，可能会贻误进入一个新市场的时机；并购本身及整合被并购企业需要高超的管理技术和专业知识。

3. 加盟

加盟(即特许经营)是总部将自己的无形资产，包括商标、商号、专利、经营管理模式等许可给加盟商，加盟商按照合同规定在总部的统一指导下从事经营活动。

优势：可以节省大量资金投入和时间成本，迅速提高市场占有率；可以节省总部的人力资源和财力，风险小；充分利用加盟者在当地的人缘优势和经营积极性，从而提高成功率。

风险：加盟更适合一些门面较小的商店，不能适合所有零售业态和服务行业；管理特许门店难度较大，加盟双方容易闹矛盾；不利于整体营销战略的实施和服务品质的整体划一；个别加盟店行为或经营的失败会对总部品牌形象造成损害，不利于树立良好的企业形象。

4. 合作

合作指连锁企业和有合作意向的伙伴进行多方面的合作，包括引入战略投资伙伴共同开发新市场、与合作方结成联盟体等方式共同开发某个地区市场。例如，大润发与肯德基合作，大润发开到哪里，肯德基就开到哪里。

优势：可以利用合作伙伴的人力、财力、物力等资源，减轻总部的投资压力；可以利用合作方的影响力占领市场，降低投资风险；双方可以互享顾客资源；相对于加盟形式而言，合作形式更为灵活，更容易被对方所接受。

风险：合作伙伴有权利参与决策，但不能独立决策，不利于统一管理；市场的开拓受到制约，不能按自己开店的一贯模式运作，时间和速度不能控制；合作方式不太稳定，由于其他因素影响，容易导致合作失败或合作终止。

以上四种方式在连锁企业扩张过程中可以综合并用。

任务二　连锁门店的选址

一、连锁门店选址的作用与原则

(一) 连锁门店选址的作用

选址是一个店面经营成功最关键的要素。连锁门店在筹备过程中，分析商圈是必不可少的步骤，最终目的是选定合适的设址地点。连锁门店的位置决定了吸引潜在顾客的多少，这也就决定了连锁企业在未来经营中销售收入的高低。具体而言，连锁门店选址的作用表现在以下四个方面：

(1) 连锁门店选址是一项长期性投资。不论是租赁还是购买，一旦确定下来，就需要大量的资金投入。当外部环境发生变化时，它不能像人、财、物等其他经营要素一样可以作相应调整，而具有长期性、固定性的特点。因此，零售商在对连锁门店地址作选择时要进行深入调查，周密考虑，妥善规划。

(2) 连锁门店选址是对市场定位的选择。连锁门店地址在某种程度上决定了卖场客流量的多少、顾客购买力的大小、顾客的消费结构、卖场对潜在顾客的吸引程度以及竞争力的强弱等。对于连锁企业来说，选址适当，门店便占有了“地利”优势，能吸引大量顾客，生意才会兴旺。连锁门店选址也侧面反映了连锁企业的服务理念。

(3) 连锁门店选址要以便利顾客为首要原则。从节省顾客的购买时间、交通费用等角度出发，最大限度地满足顾客的需要，否则会失去顾客的信赖和支持，门店也就失去了存在的基础。

(4) 连锁门店选址是制定经营战略及目标的重要依据。大量事实证明，店址是连锁企业确定经营目标和制定经营策略的重要依据，因为不同的地区有不同的社会经济、地理文化、人口特征、交通条件等因素，它们制约着其所在地区零售店的顾客来源和特点，以及零售店对经营的商品种类、价格高低、促销活动的强度等。对于任何零售业企业来说，店址的选择都是具有战略性的作用。

阅读链接 4-1　诗家董百货的逆思考式选址

新加坡著名华商董俊竞在创建诗家董百货集团前期，他在商场选址问题上力排众议，选择了一块被人们普遍认为风水不好又面对坟场的乌节路地段作店址。但几年以后，这块地方很快成为商家云集之地和世界上租金最昂贵的地段之一，诗家董百货的生意也越来越红火。董俊竞之所以敢冒商家大忌，不顾风水好坏选择这块地作店址，主要是注意到这个地方每天都有不少外国人通过乌节路到城里去，乌节路在未来有可能发展为交通要道。诗家董百货出奇制胜的选址策略至今仍作为一段佳话在新加坡广为流传。

资料来源：邬适融. 具有战略前瞻性的零售业选址策略透析. 上海应用技术学院学报：2006(1).

(二) 连锁门店选址的原则

1. 方便顾客购物原则

无论是项目所处的地理位置还是项目建筑的内部结构都应该方便顾客的出入。地处地下一层和地上二层的超市门店，还应考虑超市入口的设计，超市入口与卖场建筑入口的配合等。如果是越层的超市，超市内部的交通问题也是影响超市购物便利性的一个重要因素。

2. 交通便利原则

门店所处地理位置的交通环境是影响门店经营状况的重要因素之一，一般来说，门店位于街道的左边要比右边便利，两条街道的交叉口要比位于单一的路边的位置交通便利。比如，交通便利就是家乐福选址的首要因素。家乐福的法文为 Carrefour(译为十字路口)，1963 年开始营业的第一家门店就在巴黎南郊一个小镇的十字路口。为了给顾客提供方便和带动周边商圈经济，家乐福倾向于在道路主干道、轨道交通出入口附近以及高速公路出入口处设店。所以，家乐福开店选址的条件有三：① 交通方便；② 人口集中；③ 两条马路交叉口。家乐福在上海的第一家门店曲阳店是利用联华超市的原有场地改建的，面积虽然只有 4000 多平方米，但基本上符合这一原则，因此一举成功，成为上海超市业的领头羊。家乐福之后在上海开的 5 家门店都坚持了这一原则，也都取得了成功。

3. 商圈发展潜力原则

门店选址不仅要看当前的商圈情况，还要对商圈以后的发展潜力有充分的估计。这方面主要包括项目周围的基础设施规划、居民住宅小区规划等。

阅读链接 4-2　星巴克的选址眼光

星巴克选址首先考虑的是诸如商场、办公楼、高档住宅区等汇集人气、聚集人流的地方。此外，对星巴克的市场布局有帮助，或者有巨大发展潜力的地点，星巴克也会把它纳入自己的版图，即使在开店初期的经营状况很不理想。

星巴克对开店的选址一直采取发展的眼光及对整体规划的考量。因为现在不成功并不等于将来不成功。例如，1999 年星巴克在北京最大的咖啡店是星巴克丰联广场店。当初该店开业时，客源远远不能满足该店如此大面积的需要。经营前期一直承受着极大的经营压力，但考虑到周边几幢高档写字楼的入住率不断提高，以及政府对朝外大街的改造力度不断加大，丰联店一定会成为该地区的亮点。该店最终咬着牙关坚持了下来，现在其销售额一直排名北京市场前列。又如，星巴克的新天地店和滨江店，一开始都是冷冷清清，并非成熟的商圈，然而新天地独特的娱乐方式和滨江店面对黄浦江、赏浦西风景的地理优势，使得这两家店面后来都经营得风生水起，成为星巴克上海公司主要的利润点。

星巴克对店面的基本要求很简单，从十几平方米到几百平方米都可以开设，以租为主，可以在最短的时间内利用最少的资金开设最多的店面。

星巴克的选店模式更多倚重于当地星巴克公司。选店流程分为下述两个阶段：

第一阶段，当地的星巴克公司根据各地区的特色选择店铺。这些选择主要是来自三个方面：① 公司自己的搜寻；② 中介介绍；③ 各大房产公司在建的商务楼，也会考虑主动引进星巴克来营造环境。在上海，这三种选择店铺方式的比例大概是 1∶1∶2。

第二阶段是总部的审核。一般来讲，星巴克的中国公司将店面资料送至亚太区总部由他们协助评估。星巴克全球公司会提供一些标准化的数据和表格来作为衡量店面的主要标准，而这些标准化数据往往是从各地的选店数据建立的数据库中分析而来的。商圈的成熟和稳定是选址的重要条件，但选址的眼光和预测能力则更为重要。

资料来源：李晓辉，弓秀云. 连锁门店开发与选址. 北京：中国发展出版社，2010.

4. 最小改造原则

在选址中应该选找适用性最强的项目，卖场的出入口、水电消防设施等尽量要满足门店的要求，争取在卖场的改造中投入最小。

二、连锁门店选址的步骤

(一) 商圈分析

连锁门店选址首先要做商圈分析。因为它表明了未来连锁门店所进行销售的空间范围，以及该门店吸引顾客的区域范围。

商圈也称交易区域，是指以连锁门店所在地为中心，沿一定的方向和距离扩展，吸引顾客的辐射范围。所谓商圈分析是指顾客愿意到本专卖店购买产品的距离与相应的时间，通常情况与本店店面地址相距 500 m 左右的距离为佳。商圈一般由三部分组成，即主要商圈、次要商圈和边缘商圈，如表 4-1 所示。近年来，随着我国大中城市快递发展和送货上门服务的普及，许多连锁企业的潜在商圈半径可以辐射到 3000 m 甚至更远的距离。

表 4-1　商圈的构成及特征

商圈构成	商圈类型	距离	时间	人流率
主要商圈	核心商圈	500 米	7～8 分钟	50%～70%
次要商圈	次要商圈	1000 米	15 分钟左右	20%～30%
边缘商圈	边缘商圈	1500 米	20 分钟左右	10%～20%

商圈分析虽然有各种各样的规律可以遵循，但首要的是进行实地市场调查，根据实际情况来选址。一般来讲，商圈分析的市场调查包括：所处位置是否有吸引力，周围环境好坏，交通条件是否方便顾客，街道设施是否对店铺有利，服务区域的人口情况，目标顾客的收入水平、消费意识及品位等。市场调查主要从以下两点展开：

1. 开店可行性调查

开店可行性调查是基于成本效益核算为中心的起码调查，通过重点调查该地区的市场特性和消费特征，以估算出门店开店后的平均营业额，初步决定门店规模的大小。

2. 门店经营策略调查

通过重点调查周边消费者的生活状态、行为习惯等特点，以得出门店开店后，如何设计主打商品的范畴、价格、促销活动以及店铺大致格调的选用等经营策略。

只有通过市场调查，对于拟选店址周边的消费能力、购买水平及竞争店铺的营业状况有所研究，才能据此做出是否在此地开店、店铺今后经营的策略、利润设定、超市前期投入以及资金调配等方面的决策。

阅读链接 4-3　星巴克在澳大利亚缘何不敌本土咖啡馆

中国的消费者可能很难想象，全球咖啡连锁巨头星巴克居然也有败走麦城的时候，而星巴克的“麦城”便是澳大利亚。2000 年澳大利亚第一家星巴克在悉尼 CBD 开业，随后迅速在全国扩张到 87 家。然而好景不长，2008 年，星巴克一口气关掉 61 家店面，关闭门店超过其总店数的 70%，仅保留新南威尔士州、昆士兰州和维多利亚州的 22 家店铺。在国际上势如破竹的星巴克咖啡为何搞不定澳大利亚市场呢？这主要是由于澳大利亚特殊的市场特点和竞争状况。

在澳大利亚的许多重要城市，咖啡无处不在。除了咖啡馆和糕点店，餐厅、酒吧也会在白天卖咖啡，甚至也可以在冰激凌店、寿司屋、书店和花店买到咖啡，跳蚤市场里更是少不了露天咖啡摊。根据旅游网站 Booking.com 2014 年 3 月公布的一项全球用户调查结果显示，澳大利亚墨尔本击败了罗马和维也纳成为全球咖啡最好的地方。成熟的咖啡文化把澳大利亚人对于咖啡的要求提高了，在墨尔本，星巴克是排不上号的。墨尔本是移民城市，来自意大利、法国、土耳其和匈牙利等国的欧洲移民带来了浓厚的咖啡文化，与他们自身的咖啡文化相比，星巴克咖啡如同在“关公面前耍大刀”，“败走”是必然的。

不过，同样来自美国的麦咖啡(Mccafe)在澳大利亚的市场状况比星巴克则要好许多，这主要是因为麦咖啡的低价定位。据 2013 年的一项针对澳大利亚连锁咖啡的调查结果显示，人们对麦当劳的麦咖啡和星巴克的评价是两者都差不多烂，但是麦咖啡一杯咖啡只要 2 澳币，而星巴克同样一杯咖啡是 3.8 澳币，所以麦咖啡活了下来。

星巴克在澳洲遇冷的原因恰恰也是其在中国受欢迎的原因。中国并没有很成熟的咖啡文化，大部分中国人是从雀巢速溶咖啡开始认识咖啡的。因此，星巴克成为最受中国白领欢迎的连锁咖啡店。

资料来源：王燕. 星巴克败走澳大利亚的启示：不敌本土连锁. http://www.linkshop.com.cn/web/archives/2014/287944.shtml. (本书作者略有修改)

(二) 门店选址应考虑的因素

1. 人流量

只有拥有足够的人气，才能保证商铺的利润回报，足够的人气才能支撑起商铺购买量。比如，坐落在上海南京东路的永安公司，其创办者郭氏兄弟当年在选择永安公司的店址时，是颇下了一番工夫的。1915 年，永安公司的经理郭泉先生兄弟二人携港币 50 万元闯荡大上海，筹建永安公司。在繁华的闹市区南京路来回走了几次，两兄弟为把店址建在路南还是路北而犹豫不决。于是他们便派两个人带了蚕豆和布袋分别站在路南和路北，只要各自身边走过一个人，就往口袋里放一粒豆子。通过比较口袋里的豆子数，结果显示路南的客流远远多于路北，郭氏兄弟茅塞顿开，决定把永安公司的店址选在路南。公司开业后，客流果然比对面的先施公司多。在很长时间里，永安公司生意做得一直比先施公司更兴旺，这和他们的正确选址有很大的关系。

2. 可见度

可见度是商店被往来行人或乘车者所能看到的程度。场所可见度越高，门店越容易引起客流的重视，他们来店购物的可能性越大。因此仓储式门店选址时要选择可见度高的地点，如两面临街的十字路口或三岔路口。

3. 适用性

如果要征用土地建房子，就要考虑土地面积、形状与商店的类型是否相符。如果租用现成的房子则要考虑建筑的构造、材料、立面造型及其可塑性。仓储式门店的货架比一般商场的高，相应地要求建筑物的层高也比较高。同时还要了解有关城市建设发展规划的要求，详细了解该地点的交通、市政、绿化、公共设施、住宅建设或改造项目的近期、远期规划。

4. 项目交通便利性

主要了解两方面的情况：一是该地是否接近主要公路，交通网络能否四通八达，白天能否通过大型货车；二是该地是否有较密集的公交汽车路线经过，各条公交路线的停靠点能否均匀全面地覆盖整个市区。若当前门店的顾客仍然以自行车和公交车为主要交通工具，这点在门店选址时则显得尤为重要，因为这直接关系到顾客购物的便利程度。

阅读链接 4-4　赛百味的 PAVE 选址法

假如你有机会进入赛百味(Subway)快餐店，你一定会被它浓郁的意大利乡村设计风格所吸引。在广州建设六马路的赛百味快餐店的角落里，一对情侣正在透过窗户的斜阳照射下，品尝最原汁原味的三明治和饮料，食客们虽来来去去，但氛围安静。

进入全球任何一家赛百味餐厅，都可以看到统一的装修设计、统一的菜单，感受到统一的服务理念，品尝到全球统一、风格纯正的赛百味美食。

赛百味的成功秘诀就是它追求特色的理念。在消费者的脑海中，三明治即赛百味。

1965 年 8 月，三明治和沙拉店的创始人之一弗雷德里克·德卢卡还是一名 17 岁的高中毕业生，赚取学费和零花钱是弗雷德里克创立赛百味的初衷。他向人借了 1000 美元，在康乃狄格州的布里波特办起了第一家小店，出售新鲜的三明治。

作为经营计划中的一部分，他们制定了在营业的头十年里开设 32 家分店的目标，确立了连锁加盟的扩张模式，和其他人共同分享创业的机会。

结果证明他们是对的。一年时间，他们完成了开设 32 个加盟店的目标。1995 年，赛百味连锁加盟店已超过 15 000 家。目前，赛百味的全球加盟店超过 32 000 家，遍布于 90 多个国家和地区，已成为国际速食业当之无愧的大佬。连续 17 年被美国《企业家》杂志评选为第一名的连锁加盟机构。

在店址的选择上，赛百味独有的“PAVE”方案是它通行全球的一大保障。其中，P 是人口，必须要是附近具备一定数量的居民或流动人口；A 是容易接近，即交通是否便利；V 是可见性，即是不是能够被路人一眼看到；E 是顾客的有效消费能力。真正要开设一家赛百味餐厅不是一件简单的事，店址的选择会让很多投资者大伤脑筋，因为任何一家门店都必须同时具备上述这四项标准才能得到美国总部同意开店的批准。

资料来源：郭延江. 连锁经营管理技术. 北京：清华大学出版社，2010.

(三) 选择良好的地形

环境与地形在连锁门店投资中是极为重要的因素。一般说来，对于连锁门店的发展，主要选择以下四种用地形式：

1. 转角地形

转角是指十字路和岔路的交接地，如图 4-1 所示。在这种地理位置上，店铺的外观会显得十分突出，历来被认为是一个非常有利的店铺经营地点。但由于店铺位置面临两条道路，因此要仔细考虑选择哪一面作为自己的店面正门。对一般连锁门店而言，正门应是面向人流量较大的一面，这需要先做交通人流量的调查，然后选择人流量大的一面作为店铺的正门；而人流量小的街道一面作为侧门，或设置小型出入口，或干脆不设置出入口，只用一些透明玻璃、陈列橱窗来吸引顾客。

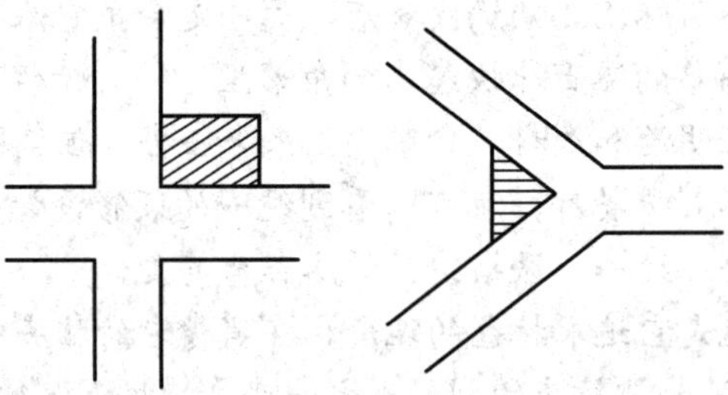

图 4-1　转角地形示意图

2. 三岔路地形

三岔路正面的店铺面对着几条路上的人流，门店店面十分显眼，所以被认为是非常理想的建店之处，如图 4-2 所示。处在这一有利位置的店铺应善于发挥自己的长处，在门店入口处的装潢、广告招牌、陈列橱窗等方面要用心设计，以便能很好地抓住行人心理，从而将行人吸引到店铺中来。

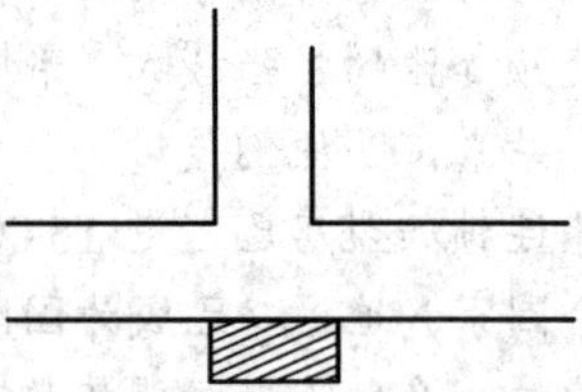

图 4-2　三岔路地形示意图

3. 方位地形

方位是指门店正门的朝向。店铺正门的朝向不仅与当地气候相关，还受到风向、日照程度、日照时间等因素的影响。在南方城市，面向西的店铺会有日晒，这样在夏季店内如果没有空调会很热，从而不利于顾客进店购物，而安装空调无疑又增加了开支。如果店外设立拱廊建筑、店内改善通风条件，影响则会减少。在北方城市，冬季寒冷，面向西北的店铺较容易受寒风的侵袭。

4. 街道两边地形

街道有两边，各有所不同，那么该选择哪一边来开店呢？通常可遵循以下原则：

(1) 分析调查街道两边行人流量。行人流量是顾客的潜在来源，所以在调查分析街道两边行人流量后，尽量选择行人较多的一边作为开店位置。

(2) 尽量选择靠近大公司、大企业的一边。一方面是可以吸引行人经过，另一方面是大公司、大企业有大量的客源，便于顾客记住门店地点，从而向别的顾客宣传介绍，比较容易吸引人光顾。

(3) 选择靠近人流量会增加的一边。门店选址时应有预见性。一般说来，企业、居民区和市政的发展会给门店带来更多的顾客，从而使门店在经营上更具有发展潜力。

(4) 要选择人行横道或障碍物较少的一边。许多时候，行人在横穿马路时，因集中精神去躲避车辆或其他来往行人，一般就会忽略了一旁的店铺。

(四) 门店店面与道路要有一定的关联性

门店店前道路与店面是具有关联性的，道路本身的状况与门店店铺的构造、陈列、设计等都有联系。一般情况下，店铺场所与道路基本同处一个水平面上，这种情况有利于顾客入店购物，但也有例外的情况。

1. 坡路的情形

不是迫不得已，一般企业不会将门店店铺设在坡路上。如果碰巧遇上了这种情况，就必须考虑到要在店铺与地面间设置适当的入口，并且妥善安排陈列橱窗的位置、通道、商品的排列等。

2. 店面与道路高度不同的情形

很多门店处于地下或是有几级台阶，这样的店面不是很理想的门店店面，但是在寸土如金的都市中，这又是常会遇到的。遇到这种情形，便需要特别注意门店店铺门面、入口、天花板和招牌等的设计，另外，还要注意引领顾客入店。

阅读链接 4-5　超市开店的禁忌地段

● 高速公路的快车道旁

由于快速通车的要求，高速公路和快车道一般都有隔离设施，两边无法穿越，公路旁也较少有停车设施。因此快速车道上尽管有较大的人流量，但都不成为客流，从而不宜将其作为新开店的地段。

● 居民、往来人群少，增长慢，但商业网点已基本配套的区域

这类区域经过漫长的发展，各类设施已基本配齐，在人口增长缓慢和缺乏人口流动的情况下，有限的固定消费总量不会因新开店而增加，故营业额不会很好。

● 高楼层

高楼层的房子不宜开设超市店铺，因为高层开店，一方面不便顾客购买；另一方面，高层开店一般广告效果较差，商品补给与提货都多有不便。例如开在二楼甚至更高层楼的店铺。

● 恶劣环境

有的食品超市开在公共厕所旁或其周边，或超市正处于社区垃圾堆一侧，或靠近生活废水排水的阳沟，或与怪味弥漫的化工厂相邻等。在这类环境下，商品在消费者心中不会有良好的印象，更无法引起消费者进店的兴趣，只要不能吸引客人进店，超市经营就基本宣告失败。因此，这些明显恶劣的环境周边，都是超市选址应当极力避免的位置。

资料来源：陈云岗. 浅析超市如何选择优良的区位. 中国商贸：2011(18).

(五) 分析门店的顾客接近度

顾客的接近度是指顾客是否容易接近门店的程度。接近度是测量待选地顾客是否容易接近门店的准则。对于超市而言，顾客接近度越高越好。一般说来，较好顾客的接近度应满足以下八点：

(1) 处于公交车站台(站牌)或地铁站旁；

(2) 店前路的宽度大、人流量大及停留性好；

(3) 人流的结构及行为特点适合薄利多销的零售业态；

(4) 往来到对面马路方便；

(5) 近期无基建干扰；

(6) 无竞争店存在或是竞争者明显处于劣势；

(7) 容易形成集市效应；

(8) 无噪音或其他污染。

阅读链接 4-6　地铁建设对于城市商圈的影响

随着我国城市轨道交通的加速发展，地铁对于城市经济的影响将日益突显。地铁会像抽水机一样，把客流迅速集中到一个商圈。因此，地铁经济是一种聚合经济，商机、财富都会随着地铁一起到来。地铁时代的到来会给城市的商业地产、餐饮、零售、旅游等高端服务行业提供一片更为广阔的天空。

从发达国家地铁经济上百年的发展经验可以看出，地铁发展对一个城市商业结构的影响很大，轨道线路的发展甚至会改变整个城市的商业结构。

首先，地铁促使商业资源向地铁沿线和枢纽站，或者说是城市的交通节点集中，围绕这些站点或枢纽，就会形成一批新的商业中心，使整体商业资源向多中心的趋势发展。哪里有地铁，哪里就有人流，区域人口就会增加。而地铁作为一种公共产品，背后一定有着政府规划，指明了城市未来发展的重点，这样商业资源会自然跟进，随后人口迅速增加，一些大型枢纽站附近会很快形成新的大型商业中心。

其次，地铁普遍构造模式是“市区网络+郊区放射线”，让市区的商圈得以链接，商业繁华区由点及面、由线而串，渐渐扩大。如上海的商圈就已经有成片趋势，一条南京路从东到西，随着地铁开通，整个商业区域也在逐步扩大。

第三，地铁使人的消费空间变大，路程花费时间变短，商业形态也因此更加繁复成熟。人们惯常印象里堆满特价处理品的地下商场如今成为潮流地，这重新诠释了传统商家津津乐道的“一站式消费”概念；此外，地铁站点凝聚而来的各类商场形成有性格、有特色的商圈，带动起“商圈式消费”；最后，大量人口被吸纳到轨道交通的沿线，商圈又因为地铁的串联而形成商业带。如今，地铁已超出了交通概念的范畴，全面催熟城市商业，地铁经济也逐渐从“一站式消费”过渡到“商圈式消费”“商业带式消费”的模式。

第四，地铁会使城市商业结构向立体化发展。在大型轨道交通枢纽下面，会有大的商业网点，比矗立在地面的百货大楼对消费者的影响力更大。

日本是将地铁与商圈完美结合的典范，在地铁周边的商业规划中，甚至要点明“站前店”和“站后店”。日本人将地铁商业带比作“躺下”的 Shopping Mall。如果是普通百货商店，其中每一店面对消费者的影响力辐射范围是以店门为圆心，半径 20～60 米的圆。而地铁作为“躺下”的百货商店，具有更大的人流与空间，对消费者的影响力辐射范围将被放大约十倍，也就是以地铁站入口为圆心，半径 200～600 米是黄金地段，600～2000 米是白银地段。同时，多条地铁交汇的枢纽站、换乘站则更成为日本聚拢人气的繁荣商圈，也成为商家必争之地。例如东京中央地区的新宿车站，其地下商业规模与地上几乎一样。

可以说，在整个中国，上海是将地铁与商业结合最完美的城市，如图 4-3 所示。

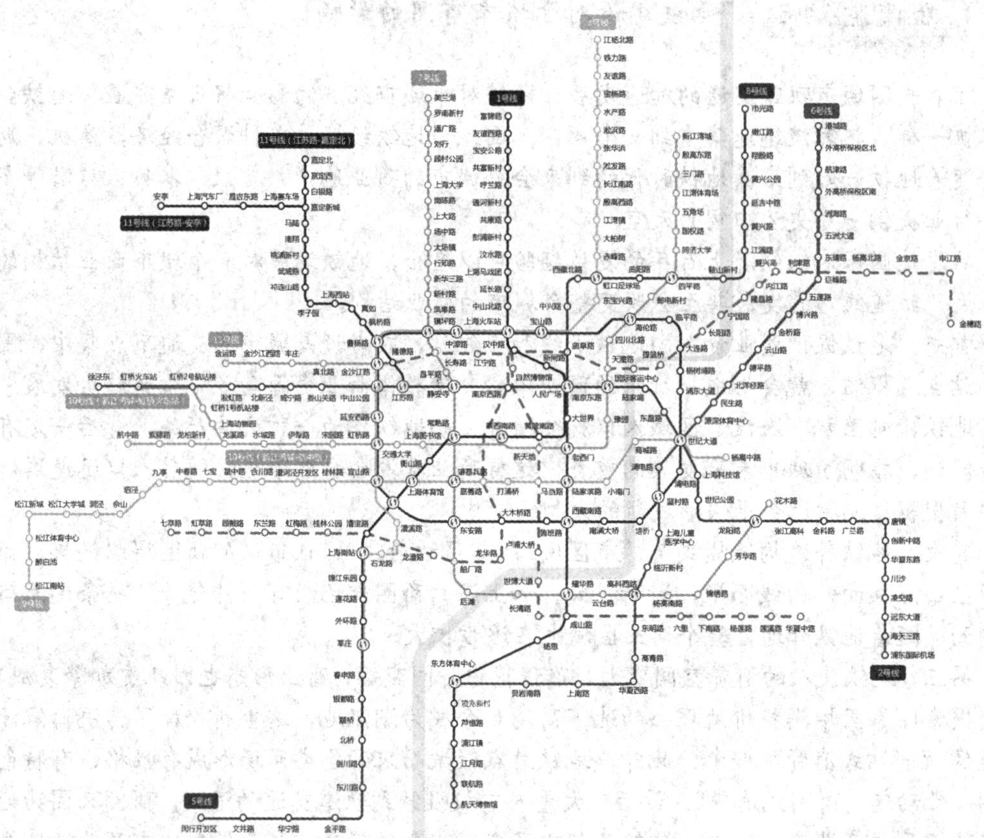

图 4-3　上海的轨道交通线路示意图

最初上海地铁 1、2 号线建设时，就有意穿越了徐家汇、人民广场、静安寺三大商圈，随后 3 号线又缔造了中山公园商圈。中山公园站是轨道交通 2、3、4 号线的换乘点，2002 年之前，该地区更适合用交通换乘中心来形容。此后，巴黎春天、新宁购物中心、玫瑰坊商业街、多媒体生活广场、龙之梦购物中心等一批商业、商务设施相继建成并投入使用，商圈也由此形成。目前站点途经人流量超过 60 万人次，未来，中山公园商圈内紧贴轨道 3 号线的三泾北宅地块项目以及东华大学原长宁分校地块上，将打造出上海国际版本的微型 CBD，届时将引进国际知名品牌，改善商圈内高端消费现状，这些区位条件的优化为日后租金增长提供了良好机会，其商业投资前景也将不可低估。此外，随上海轨道建设兴起的还有五角场、东方路、虹口足球场等诸多商圈。按照规划，今后上海轨道交通的站点将超过300个，将有17个两线以上换乘站点，一个四线换乘站点。有关部门曾联手进行“城市交通商业”规划，进一步推进商业布局和城市交通网络的紧密结合，其中明确指出，在轨道交通枢纽站、换乘站将进一步完善商业设施配套。大型的换乘枢纽，将形成一个个商业中心，更有助于形成上海“新中心”从单中心向多中心转变。有专家认为，地铁开通后，上海现有商圈会产生分化，重新洗牌。没有地铁作支撑的普通商圈，将会受到地铁商业的挑战，有的可能逐步变成社区商业中心，有的甚至会完全没落。而位于地铁进出站点的城市核心商圈或者郊区商圈将得到更好的发展，商业价值进一步提高。

但值得一提的是，上海围绕地铁兴起的新商圈中，除五角场、东方路、中山公园稍有作为外，其他商圈几乎都无法超越传统商圈的分量，距离上海“新中心”还有不小的差距，上海商业中心仍然集中在徐家汇、人民广场、静安寺等处。原因主要在于以下三点：

首先，上海地铁与商圈的结合还不够紧密。例如，莘庄作为浙江进入上海的门户，同时也是大型人口居住区和换乘站。莘庄地铁修建之初，日本商人曾一度蜂拥而来，预抢购地铁站周边的白金商铺，结果却扑了空。莘庄地铁站出口南北两侧分别是直径1千米的两大广场，并没有商业规划。这让熟悉地铁经济的日本人很是不解。还有身处内环线内、紧挨世纪公园并有四线换乘的世纪大道站，地铁站外也是“一览无遗”。

其次，经营缺乏经验。如目前曹杨路站是3、4、11号线共线的换乘站，未来，规划中的14号线将在这里形成一个四线换乘的大型换乘枢纽。目前的曹杨商业区是上海市第一个工人新村——曹杨新村的附属产物。随着大量居民的进入，以曹杨商场为代表的商业设施开始进入。不过，目前曹杨商圈给人的整体感觉过于凌乱，缺乏整体规划。

第三，缺乏特色。同百货商店每一层都有一个经营主体和特色相比，地铁商圈如果没有自身特点，就宛如没有灵魂的经济发展，只有自欺欺人的数字，而无可持续之后劲，永远成不了一个城市新的商业中心。在日本、中国香港等地铁经济成熟发达的地区，特色经营往往可以促使一个生涩的新商圈迅速成长为城市新中心。如，东京银座是中央区的主要商业区，以高级奢侈购物商店闻名，秋叶原则是与时代尖端产业同步的电器大街，赤坂由于身处大使馆，便成为官僚们的“内客厅”，多俱乐部与高档饭店；香港铜锣湾以饮食与娱乐为噱头，将民间风俗与现代潮流结合，而中环则以高档品牌购物闻名。在上海，各地铁商圈往往给人以千篇一律的感觉，这种缺少特色的经营使各个地铁商圈相互竞争，并没有将人流持续引入转化为人气，反而是你争我夺后，造成人气的分散。

由于乘坐地铁的人群复杂，因此地铁不同出口应该有不同的商业模式。有的是钻石级，可以开发高端商业；有的可以是亲民连锁店。乘客可以根据收入、爱好的不同在不同地铁商圈找到适合自己的消费场所。地铁乘客的多元化决定了地铁商圈在商业模式上的多元化。

资料来源：刘壹青. 地铁经济之商圈篇. 上海经济，2010(5).（本书作者有改编）

知识拓展　大娘水饺的竞争对手跟进选址法

一些业内人士常常开玩笑说：“假如你实在不知道怎么样选址，那就学你竞争对手的做法，他到哪儿，你就到哪儿。”这句话虽然是笑谈，但是其中却不无道理。

2009年度中国最受关注的十大快餐品牌中，全球最大的快餐连锁企业麦当劳名列第二，代表着中国饮食文化的大娘水饺位列第五(如图4-4所示)。

图4-4　2009年中国最受关注的十大快餐品牌

在南京的闹市区和火车站附近，有一个比较有趣的现象，中式快餐“大娘水饺”总是与麦当劳毗邻而居，而且两家店内常常都是人满为患。两家企业同属餐饮行业，分别代表着东方和西方的快餐文化。毗邻选址如果是因为他们的目标顾客相同，这样岂不是加剧了竞争？又或者他们采取的是优势互补的策略？

麦当劳对于选址已经形成了自己的一套成熟的规则，这也是它开店成功率如此之高的原因。大娘水饺选择与其毗邻而居，我们暂且将其称为“跟随”策略。企业的一切经营行为都是在战略的导向下进行的。企业战略安排对于设施选址有根本性的影响，设施选址必须体现对战略的支持性。那么大娘水饺选择“跟随”的策略究竟与其企业战略有何关联？

- 大娘水饺与麦当劳毗邻选址的原因

大娘水饺与麦当劳同属于具有制售快捷、食用方便、质量标准化等特点的快餐业。在经营理念、行业准则、要求等方面都具备很多的共同点。因此，导致大娘水饺与麦当劳毗邻选址的原因主要有以下两方面：

(1) 目标顾客有所重合。企业战略的核心是业务，而业务的根本是获得顾客。著名的管理大师彼得·德鲁克曾说过，企业经营的唯一有效的定义就是创造顾客。失去了顾客，企业便失去了存在的基础。麦当劳在全球的顾客定位于儿童和35岁以下的年轻人，而中式快餐由于口味适合中国人的饮食习惯，而且价格比麦当劳低廉，因此，在中国市场上，大娘水饺的目标顾客比麦当劳顾客的范围较广一些，从小孩子到老年人的各个阶层都可以接受。但是，由于其快捷、方便的特性，在大娘水饺的顾客里面，占比重最大的依然是工作一族的年轻人和学生一族，中式快餐在工薪阶层里的消费市场与供应市场就基本形成。由于拥有快餐业的共同特征，大娘水饺在年轻顾客这部分与麦当劳的目标顾客是重合的。

(2) 发展模式相似。中式快餐目前采取的经营方式主要是连锁经营，如大娘水饺和真功夫快餐。快餐业的行业特点及市场定位决定了中式快餐企业在目前的情况下只有采用连锁经营的方式才能发挥规模效益和规模优势，以满足现代都市人的生活需求，从而在竞争日益激烈的餐饮市场中占有一席之地。但是，在连锁经营的过程中，总部对各分店拥有所有权，对分店经营中的各项具体事务均有决定权，分店经理作为总部的一名雇员，完全按总部意志行事。这样一方面对于总部的管理能力要求较高，另一方面也不利于分部经营者积极性的发挥，特别是当企业的规模不断扩大时，直营连锁经营模式的缺点就更加突出。因此，随着中式快餐的市场逐渐扩大，大娘水饺由直营连锁向特许经营方向转变已经成为趋势。

- 大娘水饺与麦当劳毗邻选址带来的战略效果

大娘水饺与麦当劳毗邻选址为其带来的战略效果主要有以下三点：

(1) 降低了选址决策成本。麦当劳选址要经过3～6个月的考察，确保所在的商圈拥有长期的发展潜力，并且在聚客点的计算上也有着自己的一套成熟规则。因此，麦当劳选址的成功率是非常高的。大娘水饺与麦当劳的目标顾客有很大一部分是重合的，且两者的发展模式相似，跟随麦当劳选址的策略用一种通俗的语言来表达，就是“搭便车”的行为。大娘水饺利用了麦当劳对目标地区选址评估的结果，一方面降低了企业亲自去进行选址评估的成本，另一方面也避免了由于错误选址所带来的经营风险。

(2) 降低了营销成本。麦当劳每开一家新店，必然要进行广告宣传。当它的宣传成功地将顾客聚集到金色双拱门的时候，人们就会发现在麦当劳的旁边有着一家与麦当劳的布局、风格都极为相近的中式快餐店，同样的红色格调，同样的窗明几净。越多的人关注大娘水饺，就会有越多的人成为大娘水饺的随机购买顾客和未来可能顾客。落户于麦当劳旁边，大娘水饺利用麦当劳对目标顾客的高吸引力为自己做了广告，这样做的结果是企业在增强营销效果的同时降低了营销成本。

(3) 增加了营业收入。2009 年麦当劳的营业额在中国的快餐市场上仅次于百盛集团，位列第二，由此可见麦当劳的高客流量。虽然大娘水饺和麦当劳都属于快餐，但是中式快餐和西式快餐在品种、口味等方面都有着很大的区别，两种快餐的风格在一定程度上又形成了优势互补。顾客很可能在享用完麦当劳后，看到大娘水饺，便决定下次换一种口味。在生活中，我们经常会因为在一家餐厅一次就餐的不满意，而决定不再去光顾，即使以前我们曾在那家餐厅享受过多次满意的服务。在竞争激烈的餐饮业，人们由于有太多的选择而导致忠诚度不高，因此，麦当劳的年轻顾客有着很大的可能转化为大娘水饺的顾客。在从麦当劳转向大娘水饺的顾客中有一部分属于随机购买顾客，对于这部分顾客，我们可以采取特定的营销策略，使其逐步转化为品牌顾客。毗邻选址使得大娘水饺和麦当劳得以共享顾客，而其所带来的营业收入必然会大幅度增加。

资料来源：白璐. 从快餐行业毗邻选址引发的战略思考——以大娘水饺毗邻麦当劳为例. 市场周刊·理论研究：2010(8).

项目小结

本项目介绍了连锁企业网点扩张的模式与扩张途径，重点介绍了各种模式的优缺点及适用情境，同时还对连锁企业选址的作用、原则及策略做了介绍和分析。

本项目中的主要知识点包括圈地模式、跳跃模式、商圈、PAVE 选址法、转角地形、三岔路地形、对手跟进选址法。

课后习题

一、讨论题

1．连锁企业网点扩张的模式有哪两种？各有何优缺点？

2．结合实例，谈谈你对门店选址重要性的认识。

3．选址过程中应考虑哪些重要因素？

二、自测题

1. 选择题

(1) 商圈的范围一般可按销售额与人流量分为 3 个层次，主要商圈的人流量应占该店的(　　)。

A. 50%～70%　　B. 90%以上　　C. 10%～30%　　D. 60%

(2) 在店铺选址应避免的地域中，不正确的是(　　)。

A. 快速车道旁　　B. 同类商店集聚地

C. 高层建筑物内　　D. 店铺密度过大的地区

(3) 家乐福选址的第一准则是(　　)。

A. 十字路口　　B. 顾客集中　　C. 位于郊区　　D. 租金便宜

(4) 商圈分析对于连锁企业的生存与发展至关重要，体现在(　　)。

A. 是连锁企业人事管理的基础工作

B. 是新设门店选址的基础工作

C. 有利于调动企业内部积极性

D. 是新设门店制定经营策略的基本依据

E. 是加快门店资金周转的重要途径

(5) 连锁经营企业门店选址需考虑的经营环境条件主要包括(　　)等。

A. 消费群体特征　　B. 客流情况、竞争店数

C. 场地面积、租金水平　　D. 道路现状、停车条件

E. 员工招聘

2. 判断题

(1) 门店经营的活动范围通常有一定的地理界限，也即有相对稳定的商圈。(　　)

(2) 在连锁门店的网点扩张模式中，圈地模式是一种激进的开店策略，因此经营风险更大。(　　)

(3) 人流量是门店选址要考虑的重要因素，因此，只要是人流量大的区域就可以开店。(　　)

(4) 门店选址固然要考虑该区域的现状，但是更重要的是对该区域未来发展潜力的预测。(　　)

(5) 连锁门店在选址中，一定要注意避开竞争对手，另辟蹊径。(　　)

3. 简答题

(1) 全国最大、4 层楼、400 平方米的厦门首家星巴克咖啡鹭江道店于 2011 年 1 月 5 日正式开业，之后星巴克磐基中心店、星巴克瑞景店、星巴克 SM 店、星巴克万达店也在 2011 年密集开店。截至 2020 年 1 月厦门市已开出了 36 家星巴克门店，遍布厦门市各主要商圈，未来可能还将以更快的速度在厦门地区继续开店。

请问：星巴克在厦门市场的扩张模式属于哪种类型？为什么？

(2) 试述以对手跟进法进行选址的优点。

案例分析

肯德基的选址

地点是餐饮业经营的首要因素，餐饮连锁经营更是如此。快餐连锁店的正确选址是其成功的先决条件。20 世纪 80 年代，当肯德基派出调查人员对中国市场进行调查时，曾得出过这样的结论：中国拥有全球最大的快餐市场。如何让空间有限的门店吸引尽可能多的

消费者是肯德基一直在考虑的问题。除了产品和品牌效应，门店的选址也是关键因素。肯德基对快餐门店的选址非常重视，选址决策一般是两级审批制，通过两个委员会的同意，一个是地方公司，另一个是总部。历史数据表明，从肯德基在华开设的第一家快餐门店(北京前门大街店)到第三千家门店(上海漕宝路星星广场店)，肯德基的选址成功率几乎接近100%，尤其是肯德基经常把门店开在一些看起来并不十分繁华的地方，但往往都能达到门庭若市的效果，可见其选址的高明。

肯德基对门店的选址是从城市到区域，再到具体的点进行选择。在城市的选择上，肯德基首先在北京、上海等大型城市开设门店，再进驻周边城市，扩散销售网络。

区域选择上，肯德基主要按照商圈的划分来确定。在商圈的划分与选择方面，肯德基在计划进驻某个城市的时候会先通过相关部门或请专业调查公司收集该地区的资料，然后进行商圈的划分和选择。在进行商圈划分时，肯德基采用记分方式对该地区进行评价划分。如某地区，一个大型商场，商场营业额达到一千万元记1分，达到五千万元记5分，该地区有一条公交线路、一条地铁线路也分别记分，肯德基一般会统计一个地区多年的平均值来进行分析。统计完一个地区的总分后，肯德基按打分来将商圈分类，一般分为一级商圈(最容易吸引消费者的顾客活动区域，原则上是在顾客步行五分钟以内的范围)、二级商圈和三级商圈。商圈划分完后，肯德基将具体选择商圈，也就是决定重点在哪个商圈开店，目标消费者是谁。在餐饮业，企业的市场定位不同，目标消费者不同，所以选择的商圈也不同，肯德基、麦当劳此类的西式快餐在中国的目标消费群体是儿童青少年与年轻一族，所以在选择商圈时会重点考察此类人群的数量。此外，商圈的成熟度和稳定度也非常重要，有无聚客点是评价一个商圈成熟度的重要标准。对于一个不成熟、没有聚客点的商圈，即使其在未来几年内有很大的成长发展空间，肯德基一般也不会考虑将门店设在该类区域，肯德基一定要等到商圈成熟稳定后才进入，坚持比较保守稳健的原则，保证开一家成功一家。

确定商圈后，肯德基将最终选择具体的点作为门店地址，首先会进行商圈聚客点的测算选择。聚客点是指聚集客流的固定地点，这不仅意味着单位时间内经过该地点的人流量大，且说明人流量往往能聚集在该固定地点而做出停留。肯德基开店的原则是争取在选定的商圈中最聚客的地方(最优聚客点)和其附近开店，所以在确定开店商圈后，肯德基首先要确定其最主要的聚客点在哪里(如北京王府井是一个成熟的商圈，肯德基需要确定王府井的哪个位置的人流量最大)。在考察聚客点时，工作人员主要进行门前人流量测定，在计划开店的地点定时记录经过的人流，即测算单位时间内有多少人经过了该地点。除了经过某点的人流量测定，肯德基还对马路中间及马路对面的人流量进行测定。对马路中间的人，肯德基只记录骑自行车的人，不算开机动车的人。此外，在计算马路对面的人流量时，肯德基规定以路宽来计算，当路宽超过一定标准或马路中间有隔离带时，消费者一般不会来消费，所以肯德基把这类人群排除在外。

此外，肯德基在考察目标门店的时候还必须考虑人流会不会被竞争对手截住。广东省肯德基的负责人说：目前人们对品牌的忠诚度还没有达到这样的程度——“我就吃肯德基，看见麦当劳就烦”，所以一般消费者的想法是“只要在我跟前，我就不愿意多走几十米”。因此肯德基在进行门店选址时会尽量将门店设在消费者更容易接近的地方。

为了规划好商圈、测定好聚客点并最终成功选址，肯德基开发部门为此付出了巨大的努力。以北京肯德基公司为例，其开发部人员常年跑遍北京市各个角落，他们对这个每年建筑和道路变化极大而当地人都易迷路的地方了如指掌。

从门店选址初期的商圈考察选择到对目标人流量的测量，肯德基一直把握住了时空因素，合理地进行时间和空间的利用安排以及对时间与空间的统一管理，大大提高了选址的成功率。

如同一般连锁店一样，肯德基也从大型城市开辟市场。肯德基于1987年将第一家门店开在北京前门大街，这个决策中包含了许多时空因素：

时间方面，1987年的中国经历了将近十年的改革开放，正值对外来事物快速吸收的时代，且西式快餐尚未在中国出现，肯德基早于全球快餐业老大——麦当劳——首先进驻中国无疑把握住了先机，这种先天上的优势是肯德基在中国的发展一直快于麦当劳的一个重要原因。

空间方面，北京作为中国的首都有着许多优势，人口众多、经济实力雄厚等条件形成了一个极具消费潜力的市场。而门店的具体地点——前门大街——作为北京的旅游胜地，流动人群极大，西式快餐明快、方便的特点正符合以旅游者为主的流动人群的饮食需要。在时间和空间上的综合考虑和利用为肯德基在中国的第一步发展奠定了基础。

快餐店的人口流动极快，消费者在门店内用餐停留的时间相对短暂，具有顾客更新周期较短的特点，所以快餐企业在测算人流量时使用的单位时间不宜太长，因此肯德基在测算人流量时一般要求调查人员用秒表掐算，以分钟以内的单位时间测算目标门店的人流量无疑对实际运营情况更有参考价值。与一般快餐企业测算人流量比较，肯德基不仅仅只计算门前流量，还将一定空间范围(马路中间及对面)内的人流量也考虑到其中。肯德基扩大了测算空间，更准确地将目标门店一定空间范围内潜在的消费者计算在内，可见肯德基意识到了更大的市场空间，并希望快餐门店可以尽量地吸引门店周边一定空间内的潜在消费者进行消费。与快餐业自身特点及实际市场情况紧密结合，肯德基在人流的测算上精确地把握住了时间和空间因素，制定了准确的测量标准，从而采集了最为准确的市场信息，为肯德基的成功选址提供了强大支持。

肯德基是首个入驻中国市场的西式快餐连锁企业，为了在中国立住脚跟，它走的每一步都非常谨慎，门店的选址就是一个例子。肯德基在每一次选址时都将时空因素结合在一起进行精确的综合考量，这使得它在中国一路高歌猛进，飞速发展。

资料来源：刘畅. 基于时空视角的肯德基门店选址问题分析. 现代经济信息：2011(3).

★阅读上述材料，回答下面的问题：

1. 试分析1987年肯德基在中国第一家门店的选址有哪些好处？

2. 根据肯德基的选址案例，总结餐饮连锁企业选址的主要步骤有哪些？

※ 实训操作 ※

1. 以小组为单位，调查本地某家连锁企业的门店分布情况。根据调查的结果，总结出该连锁企业的选址规律。将调查的结果制作PPT，进行课堂报告。

2. 在本书的配套实训教程《连锁经营实训与案例》中介绍了“借助百度地图进行选址作业”的步骤与方法，若你所在的城市已经建成了轨道交通网络，请在选址作业中加入地铁线路及站点分布的因素后重新进行选址规划。谈谈地铁线路对于周边商业发展的影响。

连锁卖场的布局和管理

项目 5

学习目标

◆了解连锁卖场良好布局的意义及作用;
◆理解连锁卖场布局设计的理念和原则;
◆掌握卖场内部布局的类型及磁石点理论。

任务一　连锁卖场良好布局的意义和作用

卖场空间布局的成功对于引导消费者增加消费有着积极的作用，并可以促使卖场的销售模式由实施性转变为创造性，从而挖掘潜在的消费人群和消费能量，创造出意想不到的利润空间。在一项欧洲的商场调查协会报告中，关于顾客对卖场关注度的调查结果显示：顾客对卖场空间良好的环境和指引性的关注度最高，其次是卖场空间和光照的舒适度，最后才开始关注商场内商品的价格。由此我们可以看出，卖场的空间布置与布局对于促进商业消费行为有着重要的影响，合理的、引导性强的空间布局以及视觉感受舒适的空间、灯光布置可以拉近卖场与消费者之间的心理距离。如果再能把握住消费者的心理，对商品进行生活化的主题打造则会拉拢更多的消费者成为卖场忠实的顾客。

一、良好的卖场空间布局可以有效引导消费者和聚集人气

优秀的卖场空间布局设计会突出良好的购物引导性，而良好的购物引导性又体现在消费者能通过某种标志或指引迅速找到需要的商品。要做到这一点就需要室内设计师根据人的视觉习惯和视觉认知方式对卖场空间进行整体的布局设计。一般成功的卖场在空间布局

设计上都会遵循以下两个方面：

(一) 醒目标志及关联性物品布局可提升商品的指引性

首先，成功的卖场一般在每个区域都会悬挂醒目的品牌标志。从视觉认知角度分析，远距离更易宏观浏览，因此当人们在相对远的卖场空间距离观察时，能将高高悬挂起来的许多品牌尽收眼底，从而迅速找到需要的品牌商品。

其次，在顾客迅速找到需要的商品后，商品的关联性布局则是卖场获得成功的因素之二，因为商品的关联性布局对消费者的引导性购买也会起到重要作用。

阅读链接 5-1　卡迪威购物广场的空间布局

全球知名的百货大楼——德国柏林的卡迪威(KaDeWe)购物广场内的卖场空间布局设计就体现出醒目标志与关联性商品这一原则。走进卡迪威卖场，通透的、秩序井然的玻璃隔挡使顾客对商场货物一目了然，专柜上高高镶印着的品牌标志，使消费者将场内品牌尽收眼底。在二楼的男装部顾客可以看到，在男士服装专柜中穿插摆放着皮鞋、领带、牛仔甚至运动用品的售卖柜台，当男士们在购买了服装后或许顺便就会选择一双鞋子或领带来与服装进行搭配。这样不仅方便了顾客，而且卖场也在轻松、自然的状态下提高了商场的销售额，正因为如此，卡迪威卖场才当之无愧地被德国人誉为是“百货商场的女皇”，平均每天都能迎来五万人次购物。

资料来源：顾磊. 浅谈卖场空间的布置布局对商业消费的影响. 中国商贸：2010(17).

(二) 布局的整体性对视觉的引导性更强

如果一味地强调物品售卖区域的视觉差异性，反而会使整个卖场在远观时显得杂乱无章。色彩、造型繁杂的货品景象会使人看后产生视觉疲劳，因此卖场应在视觉布局上有更强的指引性。成功的卖场一般都将繁杂的品牌在视觉形象上尽量融入整体，如柜台的色彩运用尽量统一，或同型、同色的柜台归类摆放在一起等，只有这样才能为消费者打造出一个整洁的视觉景象。

美国纽约著名的电子产品卖场 J&R 由二十个独立的铺面组成，每一个铺面都售卖不同类别的电子产品，包括电脑、照相机和医疗电子产品等。对于 J&R 这一类型的卖场来说，铺面独立，售卖商品的大小、形状各异，这些都对卖场整体空间布局的设计构成了挑战，摆放不当容易产生视觉混乱，使消费者难以迅速找到需要的商品。而 J&R 卖场的整体空间布局的出色之处在于，卖场内每个独立铺面及区域以统一的柜子上摆放着不同类别的产品来进行视觉上的整体性归纳。大小、外形、颜色各异的商品在清一色的黄色柜子上显现出了秩序感，给卖场增添了视觉的整体性，更利于消费者找到需要的产品。

二、宽松舒适的卖场环境可以增加消费者的购物欲望

对于卖场内的空间布置，成功的卖场会非常精心地研究货物摆放的空间尺度、卖场光线和室内装潢对消费者心情产生的影响。当卖场内的货物空间尺度、光线、室内装潢得到恰当的处理时，就会给消费者营造出宽松舒适的购物环境，从而笼络人气，提高消费者潜在的消费能力。

(1) 卖场内合理的空间尺度、恰当的光线布置有助于放松消费者的心情。人类从心理上对环境就有着空间的距离感要求，卖场内过度密集的货物会给人带来心理上的压迫感，使人想迅速逃离，是不利于提升消费的。除了适度的货物摆放外，卖场空间内恰当的光线布置也尤为重要。对于一个售卖服装、饰品的卖场来讲，空间内过于明亮的光线会使物品显得苍白和单薄，柔和的光线则会为对象渲染出高贵感和浪漫感。但对于食品售卖的主题卖场来说，柔和光线的运用则适得其反，消费者要在这样的光线下看清商品包装上的生产日期以及配料说明则变成了一件很困难的事情。因此只有恰当地运用空间距离和光线，才不会使消费者感到疲倦。

(2) 舒适的卖场环境使消费者愿意在此多停留，从而增加了潜在的消费可能性。舒适的卖场环境布置是建立在民众的审美诉求上的，企业可以通过研究消费者的审美动机来营造出符合民众审美诉求的卖场空间，从而为消费者带来舒适感。有这样一则新闻：一家以人类学的法语名称来为自己命名的美国零售商，为了吸引更多的消费者，在其英国伦敦的卖场空间的布置中，特意在货物柜台的背后添置打造了许多植物墙，这个设计使得走进商场的人顿时感受到了大自然的清新。因此这个卖场的空间布置设计不仅引起了媒体的关注，更受到了消费者的欢迎。

阅读链接 5-2 日本商店的“六易”和“三字诀”

日本商店的高质量经营众所周知，有人对日本成功的商店总结出了“六易”和“三字诀”。

- “六易”

(1) 商店容易看到。商店的地点应选择在人流集中的街道和路旁。店铺的设计布局应具有直观视觉效果。

(2) 商店容易进来。顾客在发现商店之后，很快产生一种亲和力，能很轻松地踏入商店而不至有任何抵抗因素。

(3) 店内容易走动。店内布局合理，顾客进入之后有一种宾至如归的亲切感，可以自由地走动而没有任何束缚感。

(4) 商品容易看到。商品的陈列强调视觉效果，顾客很容易看到商店主营的商品，并从中发现自己所需要的商品。

(5) 商品容易拿到。货架的高矮适宜不同的消费者，男士商品、女士商品、儿童商品都伸手可及。

(6) 商品容易买到。店内货物陈列齐全，商品的品种、花色齐备，能满足不同消费者的需要，且价格适度，接近消费者的消费水平。

- “三字诀”

(1) 低。“低”指售货员姿态低，对顾客尊重，为顾客着想，使顾客高兴。

(2) 感。“感”就是售货员在顾客选购商品时，从商品包装、收钱、找钱到交货，都应把握时机，恰当地对顾客说谢谢。

(3) 欣。“欣”就是微笑。给顾客一种心理的安全感和亲切感，即使是顾客没找到满意的商品，也要微笑着送迎顾客。

资料来源：陆影. 连锁门店营运与管理实务. 大连：东北财经大学出版社，2009.

(3) 打造商品主题吸引消费者。成功的卖场一般都不忘在自己的卖场中打造主题情节，而被打造了主题情节的商品可以是自己卖场内的名牌或畅销商品，也可以是特价商品。无论是什么类型的商品，打造商品的主题故事都是为消费者展开生活的美好画卷，对吸引消费者的眼球有着积极的意义。作为日本零售业巨无霸的西武百货(Seibu)，西武百货东京店是建在地铁上面的一栋九层大楼，那里交通便捷、文化气氛浓郁，但以前的营业额一天仅为7～8亿日元。后来，该店的经理充分地利用了其有利的地理环境优势，在卖场内定期布置各种主题展览，同时推广自己店内的商品，吸引了路人前来参观并继而成为其潜在的消费群体，使得该商场的营业额迅速增加，创造出了一天50亿日元营业额的神话。

美国的零售巨头沃尔玛(Wal-mart)在中国北方连锁超市果蔬区的热带水果售卖区内，营造了以椰树、泰国寺庙建筑模型为道具的卖场主题，令消费者在大雪纷飞的冬季仿佛置身于充满异域风情的泰国，激发了消费者用购买商品来弥补心理上的缺憾。在全球著名的瑞典家具零售商宜家(IKEA)的卖场里，这种消费情绪也得到了印证。宜家秉承“为大多数人创造更加美好的日常生活”的设计思想，将卖场内的家具区精心地布置成为一个个主题房间，房间内大至书桌、衣柜，小至台灯、餐布、碗筷均来自宜家的卖场。这样的空间主题布置为消费者展开了一幅幅生动的生活画卷，极易打动消费者。当顾客第一次走进闻名中外的宜家卖场时，第一感觉仿佛走入了一个永无回头路的“迷宫式”八卦阵，本来只需要买一个简单的灯具或桌椅板凳，但却要经过很多和家相关联的产品区，绕来绕去后才可能找到第一需求的商品，而等到收银台付款时，却发现购物车中已多了许多和“家生活”有关的潜在需求商品。宜家卖场独特的设计，引导顾客在不知不觉中，一边愉悦地品味家的温馨，一边快乐地挑选随手可得的实用性商品。这种独特的卖场布局设计最大的特点是让那些自认为自主性强的顾客自然而然地解除心理防卫，并在“跟着走”的过程中将商品印入大脑，进而引发冲动式购物。宜家在 2003 年获得了 110 亿欧元的销售年收入和超过 11 亿欧元的净利润，成为全球最大的家居用品零售商，而它的产品也成了许多人心目中家居品牌的首选。

从以上这些卖场成功的例子不难看出，空间布置主题意境设计的恰到好处，能使销售从推广层次上升为创造层次。卖场空间的布置只有有了主题，商品才能生动起来，融入人们的生活。只有创造出消费者向往的生活意境，他们才会乐于接受此商品。

(4) 不同主题的卖场布局应有个性差异。从成功的卖场布局中我们还可以看出一点：不同的卖场在布局上也要凸显卖场的特点。如主营生活用品的超市卖场，由于售卖品种繁杂且是自选的形式，因此这类主题卖场在空间布局设计上不仅要考虑卖场的指引性、空间舒适性、特色商品的布置；还要考虑易损易丢商品的位置摆放，如瓷器、化妆品、电池等商品应在布局时多考虑摆放在接近收银台或服务台等有服务人员的地方，以避免破损或丢失等事故的发生。而对于售卖服装的商场来说，款式主题性布局分类摆放则是首要考虑因素。

阅读链接 5-3　屈臣氏季节促销主题的设计

- 春之缤纷

这种促销活动一般安排在春节过后的 2～3 月份，整个促销以绿意浓浓的春天为主题，以展示春色时尚用品为主。屈臣氏的店铺在本期促销期间，卖场内部布置以绿色为主，宣传牌、POP 广告、物价牌、色条以及促销商品都以“春”色为主，“炫色春时尚”展示春天时尚用品，“三月浓情关爱女性”展示绿色女性用品，“唤醒春之容颜”提供大量春天彩妆系列，“逍遥享春风”推荐清醒系列用品、“春节健康心选”提供系列有益的保健食品。

- 水润肌肤心动价

针对 10、11 月份气候干燥的秋天，屈臣氏主推秋季滋润护肤系列商品，推出“秋季护肤易”“健康新动力”“秋之魅力”“万圣节之夜”“护齿小百科”“贴身温柔享”“天天新欲望”等活动。针对秋天的另外一个主题是“秋之野性”，推出众多秋季应季时尚潮流物品，充分体现时尚潮流魅力。

• 冬日减价

在每年的12月至次年1月，屈臣氏都会举行以冬日产品为主题的促销活动。这个促销活动包括两个方面：一是针对冬日应季商品促销，展示大量冬季特价商品，"冬季护肤系列"是其中非常重要的主题；二是根据公司部分积压的商品做一个年终清仓，大幅度折价销售。

• 全线八折

这个促销活动一般以两个主题为核心：一是屈臣氏自有品牌商品全线八折，店铺会换上所有自有品牌全线八折的宣传标识，促销力度非常大；二是夏季的应季商品促销，以"绽放身体的魅力"为主题，推出大量清凉的护肤产品、护齿用品，渲染"炎炎夏日，清凉购物"的感觉。

• SALE周年庆

每年的3～4月是屈臣氏的周年庆祝期，这期促销活动对各系列商品进行全面特价促销，使顾客"惊喜不断"。活动主要包括"即买即送""独家优惠""美丽加分""健康生活每一天""潮流热浪"等。精明的顾客都知道，这是一次"淘宝"的好机会。

• 加1元，多一件

加1元，就可以获得一件商品。其方式有两种：一种是加1元送同样的商品，譬如一件商品是20元，21元即可以买两件；另一种是加1元送不同的商品。这个促销活动非常容易让顾客动心，但也容易让顾客产生误会，所以这期促销活动的工作量非常大，除了准备大量的POP广告、标价牌外，还要打印大量的文字指示，店员要对送同样商品的产品贴"鱼蛋"(小圆标贴)标记。由于近乎买一送一，而且一买就是两件，因此商品的订货量非常大。卖场挂满了很多黄色圆圈标识，写有"加1元，多一件"字样，非常引人注目。

• 10元促销

大量10元、20元、30元精选商品震撼出击，冠以"抢购价""惊喜价"等宣传字样，这一招完全捕捉了消费者心理，使消费者觉得10、20、30元的商品非常实惠，一件、两件、三件地购买，却不知不觉"满载而归"。

• 60秒疯狂抢购

促销活动期间，每个店铺每周会抽出一位幸运购物者(以购物小票及抽奖券为凭)，得奖者本人可以在屈臣氏店铺的指定时间进行抢购(部分指定商品不参与，如药品)。同样商品只能拿一件，60秒内拿到的商品只需要用1元钱购买，商品总金额最高不超过5000元。

• 红唇明眸魅力

这是一个较小型的专题促销活动，主要以"艳丽红唇"为主题，与厂商合作推出系列特价名牌唇膏和彩妆，如美宝莲、露华浓、卡姿兰、雅芳、Up2U等品牌。

• 健与美大赏

从2000年开始，屈臣氏每年都举办一次健与美大赏活动，这是由其自创举办的健康与美容护肤产品的盛事。根据产品受消费者的欢迎程度，在数千种产品中，挑选出各个组别中的最佳产品，有“至尊金奖”“银奖”“铜奖”“最具潜质新产品奖”“最佳部门销售奖”“最佳品类大奖”等，并加入“健与美群英榜”，给顾客消费以指引。这既是对获奖品牌及产品的肯定，同时也能帮助消费者做出选择，让顾客以最优惠的价格买到最优质的产品。在屈臣氏，健与美大赏已经成为时尚消费的风向标。

资料来源：袁耿胜. 屈臣氏门店促销战略揭秘. 医学美学美容(财智)：2010(3).

任务二　连锁卖场布局设计的理念和原则

一、连锁卖场布局设计的理念

连锁卖场布局设计的理念主要有以下四个方面：

(1) 便利顾客，服务大众。连锁卖场环境设计必须坚持以顾客为中心的服务宗旨，满足顾客的多方面需求。今天的顾客已不再把“逛商场”看做一种纯粹的购买活动，而是把它作为一种集购物休闲、娱乐及社交为一体的综合性活动。因此，连锁卖场不仅要拥有充足的商品，还要创造出适宜的购物环境，使顾客享受最完美的服务。

(2) 突出特色，利于经营。连锁卖场环境的设计应依照经营商品的范围和类别以及目标顾客的习惯和特点来确定。以别具一格的经营特色，将目标顾客牢牢地吸引到卖场里，顾客一看外观就驻足观望，并产生进店购物的愿望，而一进店内就产生强烈的购买欲望和新奇感受。位于福建厦门长青路的天福茗茶旗舰店(见图 5-1)，门口高悬着一个巨大的茶壶，源源不断地向下方的茶杯中冲水，造型新颖，动静结合，别具一格。这就是一个通过店外设计突出本企业特色而吸引顾客的例子。

图 5-1　厦门天福茗茶旗舰店外观设计

(3) 提高效率，增加效益。连锁卖场环境设计要科学，要能够合理组织商品的经营管理工作，使进、存、运、销各个环节紧密配合，使每位工作人员都能够充分发挥自己的潜能、节约劳动时间、降低劳动成本、提高工作效率，从而增加企业的经济效益和社会效益。

(4) 符合 CIS 理论。连锁卖场的设计要充分体现 CIS(现代企业经营战略)理论的应用，坚持做到 VI(企业视觉识别)、BI(企业行为识别)、MI(企业理念识别)三者的有机统一。

二、连锁卖场布局设计中的原则

(一) 出入口的设计原则

能否吸引顾客入店是卖场设计的第一关，门店出入口的设计是店铺客流量的重要决定因素。因为店门的作用是吸引消费者的注意，并产生兴趣，激发其想进入的参与意识。怎么进去？从哪里进去？需要正确引导消费者，使消费者一目了然。在入口区域，店门的设计是非常重要的一环。

出入口的设计原则应遵循以下四点：

(1) 店门宜宽不宜深。正面宽度大的店门更容易吸引消费者，让消费者有一种开阔之感。过深的店门，由于消费者要进入门店深处，再出来时会感到距离和时间过长，产生不舒适感，甚至影响消费者的购买欲望。

(2) 店门的入口应设置于右侧。这是综合考虑视力上右眼比左眼好的人、习惯使用右手的人占多数等原因而得到的综合结论。

(3) 店门设计还应考虑门店前路面的平坦度与倾斜度。

(4) 采光条件、噪音影响及太阳光照射方向等。

(二) 货架的设计原则

货架的设计原则应遵循以下七点：

(1) 货架的高度可视卖场顶高而定，高度最好选择 1.5 米至 2 米(符合亚洲人的身高)，能使货架最上层的商品正好持平或略高于顾客的自然视线，不会令顾客产生疲劳。

(2) 连锁卖场要保持形象统一，尽可能采取同一货架标准和形式。

(3) 货架的基本尺寸可根据实际店面情况，做相应的调整。

(4) 货架设计可根据目标客户的不同而采取相应的设计风格(如办公群体、学生群体)。

(5) 货架尺寸要兼顾人体的高度、活动幅度、视觉范围和规律等。

(6) 要考虑货架的安全性、稳固性。

(7) 采用可调式货架，充分利用陈列空间。

(三) 通道的设计原则

进入卖场后的主通道是欢迎消费者的重要通道，消费者一进入主通道就能明确了解门店的特点。为此，主通道必须呈现出细致差别。

通道的设计原则应遵循以下六点：

(1) 足够宽。所谓足够宽，即要保证消费者能与同样的消费者并肩而行或顺利地擦肩而过。相反，狭窄的通道有只欢迎少数人的意思。以大众为对象的零售商应该在宽广的主通道两侧摆放富有特色和吸引力的商品来欢迎消费者。

一般来讲，营业面积在 600 m^2 以上的卖场，其主通道的宽度要在 2 m 以上，副通道的宽度要在 1.2～1.5 m。最小的通道宽度不能小于 0.9 m，即两个成年人能够同向或逆向通过(成年人的平均肩宽为 45 cm)。

(2) 笔直。通道要尽可能避免曲折设计，尽量设计出笔直的单向通道，使消费者在购物过程中尽可能地依货架排列方式，以商品不重复、消费者不回头走的设计方式布局。

(3) 平坦。通道地面应保持平坦，不可有坑坑洼洼的状况。

(4) 少拐角。事实上从一侧直线进入，沿同一直线从另一侧出来的店铺并不多见。这里的少拐角是指拐角尽可能少，即整个通道可拐弯的地方和拐的方向要少，有时需要借助连续展开的不间断的商品陈列线来调节。

(5) 照明好。通道的照度应比卖场柔和，要充分考虑消费者走动的舒适性和非拥挤感。照度即光照强度，是指单位面积上所接受可见光的能量，单位为勒克斯(lx)。

(6) 没有障碍物。通道是用来诱导消费者多走、多看、多买商品的。通道应避免死角。在通道内不能陈设、摆放一些与陈列商品或促销无关的器具或设备，以免阻断卖场的通道，损害购物环境的形象。

(四) 收银台的设计原则

收银台的设计原则应遵循以下四点：

(1) 结账通道(出口)可根据店铺规模大小设置若干个，然后根据对营业规模的预测，分别为每条结账通道配置 1 到 2 台收银机。

(2) 在条件允许的情况下，还可以设置一条“无购物通道”，作为无购物顾客的专门通道，以免造成拥挤。一般而言，顾客等待付款结算的时间不能超过 8 分钟，否则顾客会产生烦躁的情绪。

(3) 可设置快速“黄金通道”，专门为不超过 3 件单品的顾客服务，以加速顾客缴款速度。

(4) 通道宽度一般设计为 0.9～1.2 m，这是两位顾客可正常通过的最佳尺寸。一般长度为 6 m，扣除收银台本身约 2 m 长度之外，收银台与最近的货架之间的距离至少应该有 4 m

以上，以保证有足够的空间让等候的顾客排队。

(五) 卖场照明的设计原则

勒克斯(lx)即 1 m^2 所照的光亮，例如 100 W 白炽灯正下方的亮度为 100 lx。

在设计卖场照明时，并非越亮越好，具体要求如下：售货现场是消费者活动的公共场所，保持售货现场内光线充足，为消费者创造一个舒适的购物环境，对卖场设计来说，是很重要的，也是很必要的。售货现场的采光来源有自然采光和人工采光两种，二者可以相互结合利用。

自然采光能够使消费者准确地识别商品的色泽，方便消费者挑选和比较商品，从而使消费者在心理上产生真切感与安全感，不至于因灯光使商品的色泽产生差异而购买到不如意的商品。因此，在采光方面，要尽可能地利用自然光源。

由于售货现场规模、建筑结构形式不同，自然采光所占比例不大，而随着照明技术的进步，人工采光灯光设计在售货现场设计中的地位日益重要。先进的灯光设计能够增加店容店貌的美观度，突出商品显示效果，从而吸引消费者参观选购，刺激消费者的购买欲望。因此，在研究售货现场的灯光设计时，要以方便消费者选购、突显商品为主，灯具装置和灯光光源均要符合这一要求。可灵活采用不同的人工采光方式，如暗射灯光，能使整个售货现场光线柔和；聚射灯光，可突出显示陈列的商品，从而使消费者在柔和、愉悦的氛围中挑选商品。卖场照明的设计原则应遵循以下六点：

(1) 灯光应使用纯白日光灯，因为日光灯的照度最为均衡，能够还原商品的原始色彩。

(2) 日光灯应安装在购物通道上方，距离货架的高度约等于购物通道宽度的一半。灯管的排列走向应与货架排列一致，保证能够从正面直接照射到商品。

(3) 通道照度为 100～200 lx。

(4) 卖场内一般照明、一般性的展示的照度为 500 lx。

(5) 店面和卖场内重点商品、POP 广告区、展示品、重点展示区、商品陈列橱柜等的照度为 2000 lx，其中重点商品的局部照明，照度最好为普通照度的 3 倍。

(6) 在营业场所最里面或边角的地方，照度要求略高，一般要求照度在 1500 lx 以上，保证店内光线始终高于室外光线，使门店对行人有足够的视觉吸引力。

(六) 卖场的色彩设计原则

在人们获知的外界信息中，87%是靠眼睛获得的，而 75%～90%的人体活动是由视觉主导的。人的视觉接收的信息主要是由事物的色彩及其形态所组成的，所以顾客会更多地优先通过色彩来辨别商品。

在卖场陈列设计中，色彩是最重要的设计元素，一个卖场若是离开了对陈列色彩的设计与规划，必定是一个没有多少吸引力的卖场。在卖场中，不同的色彩及其色彩规划会给顾客带来不同的感觉，同时由于不同品牌在商品设计时采用不同的颜色或色彩组合，因此不同品牌的卖场其色彩陈列设计的方法与技巧都有所不同。男装卖场中，商品色彩基本是暗色调，给人沉稳的感觉；童装卖场中，商品色彩都带着许多粉色调，让人感觉活泼可爱；许多休闲装卖场商品的颜色较明亮，让人感觉丰富多彩。

要想做好卖场色彩规划设计工作，陈列设计师必须具备专业的色彩知识与很强的色彩运用能力。这也是成为一名优秀陈列设计师的基本条件。

所谓颜色的搭配，是指进行商品陈列时，为了实现整体上的统一，而有机地组合不同颜色，从而使具有反差或不够协调的颜色统一在一个基本的色调中，达到和谐一致的目的。

在进行色彩组合时，一般需要考虑以下问题：

(1) 同色系或类似色组合时，会令消费者对商品产生商品品质优良、格调高雅的印象。

(2) 补色的组合会形成明显的对比，因此，常常需要加入其他过渡色，使反差相对弱化，使消费者能够接受。

(3) 在组合同类色时，为使其产生变化，不至于过分呆板，可加入少量的补色，但要保证整体感不受到破坏，这样留给消费者的印象就会趋于强烈。

(4) 色彩组合要体现色相、明度和彩度的平稳过渡，在稳定中表现一定的韵律和节奏。

(5) 多数情况下，店内的装饰用色一定要避免同时使用多种颜色，尤其主色以不超过三色为宜，以免杂乱无章而破坏主导色的效果，还要避免大面积使用高彩度的颜色，以免顾客产生排斥感。

卖场中色彩的运用，还要考虑适时、适品、适所和适人的原则。

所谓适时，是指颜色要适合商品销售的季节。例如，出售夏季用品时，店内可采用天蓝色进行装饰，以表现海水和天空，突出清凉的感觉。

所谓适品，是指商店的装饰色应该与商品相协调，避免造成不和谐之感。

所谓适所，是指店内的色调应该与商店的性质、风格相一致，否则影响商店的形象，使其失去个性。

所谓适人，是指商店在进行色彩规划时，务必充分考虑目标顾客对色彩的偏好和敏感程度，使顾客进店之后能够产生一见如故的感觉，从而有一种轻松、愉快的购物心情。

阅读链接 5-4　沃尔玛用色彩划分卖场区块

门店档案

名称：沃尔玛北京大郊亭店

访店时间：2011年7月17日

地址：北京市东四环中路189号西南角美罗城地下一层

概况：卖场的营业面积约为10 000 m^2，每天的营业时间为7:30～22:30，该店开设5条免费班车线路，并设有地上和地下停车场，但要凭购物满100元的购物小票才能在出口处换取停车券。

商圈：美罗城购物中心位于北京东四环大郊亭桥西南角，2007年底开业，总建筑面积约15万平方米。美罗城开业之初进入的业态包括百盛购物中心、沃尔玛超市、国美电器以及一些餐饮、服装饰品等企业。美罗城的最初定位为周边苹果社区、华侨城等中高收入人群的一站式购物场所。在美罗城南部有红星美凯龙、东都影城、销售运动用品的法国迪卡侬等企业，形成了一条商业带。这一商业带的南侧还有人气旺盛的燕莎奥特莱斯。美罗城在招商和开业之初，一直以CBD腹地自称，其周围除上述东四环沿线商业业态外，东西两侧还分别与双井家乐福、百子湾乐购等外资超市毗邻，在整个东四环商圈中位于中心位置。

卖场速描

卖场划分为4个区域，每个区域都由不同的颜色标示。

- 粉色区域

从卖场入口处直接进入这个区域，主要售卖化妆品、日化用品、女性服装、婴儿用品及药品等。该区域主要以女性消费者为主，所以把婴儿用品也规划在此区域，方便母亲给婴儿挑选商品，商品种类丰富，婴儿从出生到3周岁所需要的一切用品都可以在这里一站式购齐。在婴儿用品旁边还有一个小型的游乐场，方便儿童玩耍。在此区域有一个小型的药店，里面销售保健品和家庭必备药品，可以满足一般家庭的用药需求。

- 蓝色区域

这个区域主要陈列服装和家用电器、电子产品。该区域的服装较多，价格都在30～100元之间。该卖场还有一个音像图书区域，旁边就是电子产品区，有电脑、电视机、打印机、相机、手机、音响、影碟机和剃须刀等，主要经营小家电产品，以同大型家电卖场区分开来。顾客对电脑和相机均可试用体验。电视区域主要以国产品牌的液晶电视为主，数量在20～30台，展示方式主要是壁挂式。

- 绿色区域

这个区域主要售卖蔬菜、水果、肉类、海鲜、速冻食品。这里的货架是左、右两面，分为三层，每层都用塑料盒区分产品，在蔬菜区域还有农超对接产品，但是价格比较贵，不过菜很新鲜、干净，都用保鲜膜包装，减少了蔬菜的损耗。

在水果区域，堆头做得比较有新意。猕猴桃上面都有装饰性的物件，以提高水果的人气。其余水果在货架上也是很有秩序地摆放着，并不像一般卖场里一堆堆地放着，让顾客可以有秩序地挑选，也保证了这个区域的美观、干净、整洁。

在海产品区域，卖场做成一个个商铺的形式，为U字形，顾客走一圈就可以把产品尽收眼底。但这里也有一个缺点，顾客在挑选产品后没有洗手的地方。

在肉类区域，牛羊肉都摆放在带有玻璃罩的柜子里，想要买的话必须通过服务人员挑选，数量较少，但是都很新鲜；猪肉存放在开放式的台面上，供顾客直接挑选；其他冷冻产品如鳕鱼、带鱼等都在封闭式冰柜中存放；在此区域还有制作好的半成品家常菜，顾客可直接购买食材后回家制作。食材都存放在封闭式空间里，保证了食材的干净、卫生，适合年轻人选用。

速冻食品区域内分为开放式立柜和封闭式立柜。开放式立柜的主要陈列产品有牛奶、酸奶和熟肉制品，封闭式立柜主要有雪糕、速冻水饺等。该区域一方面可以保鲜食品，另一方面可以节约用电量，从长远规划来说还是很好的选择。

- 橙色区域

该区域属于家庭趣味区，是一些非日常必需品、饮料和酒水。在休闲食品区域，产品都按类别划分为饼干、薯片、干果、肉干、果冻、豆制品和巧克力等，方便顾客找到自己需要的产品。酒品区域也被设计成了一个店中店的形式，灯光为暖色调，营造出了一种高雅的氛围，白酒、洋酒和啤酒都以立柜式陈列方式展示，并按酒类价格等级划分。红酒架设计为一个椭圆形的结构，再配以木质盒摆放，角度为 50°～60° 斜坡面，还用小国旗标示红酒的来源地，有美国、意大利、法国、英国、智利、南非、西班牙等产地，方便顾客挑选。

该区域还有一排红色的仿古建筑，每个建筑的占地面积约为 5～6 m^2，大概有 7～8 个，都是北京的名小吃，有稻香村、便宜坊、天福号、御食园和北京年糕杨等小吃。

在收银台区域有一个开放式的花店，市面上能买到的鲜花品种在这里都可以看到。此外，还有几个鱼缸，但是鱼的种类很少。

门店亮点

- 自动节能

该卖场于 2010 年 9 月装修完毕，门店升级后全部采用 LED 灯。据了解，LED 灯虽然价格贵，但是寿命可以达到 3 万小时，而一般白炽灯的寿命只有 7000 小时左右。在参观卖场的过程中，记者发现有些 LED 灯虽然未亮，但也并未影响卖场的照度，这应该是商家为了节约用电而有意关掉的。其速冻食品区的封闭式冷柜采用的是感应技术，当顾客离开这一区域后 LED 灯会自动熄灭，从而很好地节约电能。

- 关联陈列

卖场最大的亮点要数产品陈列了。产品的摆放都是精心研究过的，比如在女性用品区域，就把婴儿类的产品陈列在这一区域，可以让母亲或者准妈妈直接挑选。药店的设计也遵循这个原则。在休闲食品区域同样可以感觉到这种变化，在堆头的外侧还有挂件，可以悬挂食物，合理利用空间；产品也都按照类别加以区分，整个卖场给消费者一种商品排列有序、干净、整洁的感觉。

• 醒目标签

卖场的每个区域都有很多小标签插在不同的产品中，都是卖场推荐的销售量好的热门产品，也就是所谓的明星产品。在酒水区域也使用类似方式，把红酒的地区属性用小国旗分列出来。还有一个特点是在每个区域上方都有一个大型的圆环状装饰物，上面标示有对应的产品大类别，顾客可以在大卖场中很快找到所需要的商品。

资料来源：冯磊. 用色彩划分卖场区块——访北京沃尔玛大郊亭店.
http://blog.linkshop.com.cn/u/zhhzsb/archives/2011/144237.html

(七) 卖场的气味设计原则

卖场的气味对创造最大限度的销售额来说，也是至关重要的。如果这些场所气味异常，那么，商品的销售是不会达到正常数量的；气味正常，会吸引顾客购买这些商品。人的味蕾会对某些气味做出反应，以致仅凭借嗅觉就可知道某些商品的滋味，如巧克力、新鲜面包、橘子、玉米花和咖啡等。气味对增进人们的愉快心情也是有帮助的。花店中花卉的气味，化妆品柜台的香味，面包店的饼干、糖果味，蜜饯店的奶糖和坚果味，礼品部散发香气的蜡烛，皮革制品部的皮革味，烟草部的烟草味，均是与这些商品协调的，对促进顾客的购买是有帮助的。当你走过糕点店时，是否闻到了那一阵阵不可抗拒的、香喷喷的、新烤出的巧克力饼干的香味？美国国际香料公司采用高科技人工合成了许多令人垂涎的香味，包括巧克力饼干、热苹果派、新鲜的比萨饼、烤火腿的香味，甚至还有不油腻的薯条香味等，并将各种人工香料装在精美的罐子中来销售。根据定时设置，香料罐子每隔一段时间会将香味喷在零售店内，以吸引顾客上门。实验结果表明这种方法效果奇佳。因此，这种喷香味的罐子在美国的销路非常好，许多零售店经营者用它们来吸引、留住顾客，每天的花费只是几十美分而已。

正如有令人不愉快的声音一样，也有令人不愉快的气味，这种气味会把顾客赶走。令人不愉快的气味，包括有霉味的地毯，吸纸烟的烟气，强烈的染料味，啮齿类动物和昆虫的气味，残留的尚未完全熄灭的燃烧物的气味，汽油、油漆和保管不善的清洁用品的气味，洗手间的气味等。邻居的不良气味也像外部的声音一样，会给零售店铺带来不好的影响。这些气味不仅令人不愉快，与零售店铺的环境、气氛也不协调。比如，巧克力和坚果的气味飘入保健食品部，医生或牙科医生诊室的很浓的药品气味飘入面包店，等等。

如果是不好的气味，门店卖场应当用空气过滤设备力求降低它的密度(强度)。对正常的气味，密度不妨大一些，以便促进顾客的购买，但是要适当控制，使它不致扰乱顾客，甚至使顾客厌恶。例如，化妆品柜台周围，香水的香味会促进顾客对香水或其他化妆品的消费需要，但如果香水的香味过于强烈，也会使人厌恶，甚至引起反感，这样反而会把顾客赶走。

三、连锁卖场的外部环境设计

(一) 店招的设计

店招就是店铺的招牌。店招最基本的元素是要告诉顾客店名和行业等信息。店招的设计不能过于复杂和花哨，以免分散顾客的注意力，在图案、字体的选择上也要充分考虑到所从事行业的特征和目标消费群体的喜好。

(二) 停车场的设计

无论是汽车停车场还是自行车停车场都是影响顾客去留的关键。据统计，一个汽车停车位一年可以带来10万元的销售额。在停车场内，一般左转进入比右转进入更适合人们的习惯，在入口处需有明确的标志，如遇购物高峰期还必须有专人调度。

阅读链接 5-5　开张一年多后黯然退市，“禁左”毁了新景家居广场

在高调开张一年多之后，位于厦门岛几何中心的新景家居广场日前黯然退市，由中闽百汇商场(吕岭店)取而代之。

“其实新景家居广场软装市场的定位不错，但由于嘉禾路和吕岭路均不能左拐和调头(如图5-2所示)，车辆进出都很费劲，加上停车又不方便，因此新景家居很可能就失利在‘交通’上。”有业内人士如是分析。

新景家居广场的旧址位于嘉禾路与吕岭路交会处，正好是SM商圈、江头商圈聚合的核心位置。其所在的福隆国际大厦是原88层远华国际中心“大坑”所在地，被视为厦门岛的几何中心。

然而，从去年5月15日正式开业到黯然关门，新景家居广场在这个绝佳的地理位置上仅经营了一年多的时间。

据了解，新景家居广场是台湾街新景建材城的“姊妹篇”。不同的是，新景家居广场是厦门首个中外合资的家居装饰广场。在这个项目中，世界五百强企业泰国正大集团被引入成为投资商，并且其定位和新景建材城也有所区别。

图 5-2　新景家居广场的位置示意图(A 点)

相对于以建筑装修材料为主的建材市场，该家居广场定位为专业的软装市场，所经营的产品主要是窗帘、布艺、地毯、装饰画、墙纸、壁画、灯具、坐垫、靠垫、陶艺、木艺等装饰产品，也有部分业内人士称其为“后装修市场”。

如今，昔日的新景家居广场已经面目全非，在一个通往地下商场的通道口上，装修工人正往下拆新景家居广场的广告招牌。在另一个通道口上已挂出了“中闽百汇现场招聘会”的条幅。正在福隆国际大厦地下二层办公的中闽百汇工作人员证实，中闽百汇将取代原新景家居广场而成为新的经营者。

- 毁在“交通”不便上？

“其实新景家居广场软装市场的定位不错，跟现在江头的专业建材市场有互补性，但该家居广场实在是太没人气了，冷清得有点可怕。”在与新景家居广场相距不远的台湾街国联建材城，不少建材经营者在分析新景家居广场退市的原因时这样表示。

但在一家厦门商业连锁店的企业顾问邓先生看来，新景家居广场所在的地理位置只是“看上去很美”，四通八达，实际上由于嘉禾路和吕岭路均不能左拐和调头，车辆进出都很费劲，因此新景家居广场可能就失利在“交通”上。

“此外，停车不便也是新景家居广场的一大软肋，不少消费者宁愿多踩几脚油门找一个方便停车的商场买东西。”邓先生称。

对于消费者来说，进出新景家居广场也存在难题。从蔡塘方向进入新景家居广场，必须绕到嘉禾路进入，但出来时麻烦就大了。汽车出口设在吕岭路，但吕岭路口不能直接往蔡塘走，必须先绕嘉禾路，再绕江头公园，最后从台湾街才能左转回蔡塘，可谓费时费力。

“有几个消费者愿意开着车费时费力去绕这么一大圈呢!”邓先生说。

资料来源：谢嘉晟. 开张一年多后黯然退市“禁左”毁了新景家居广场？ 海峡导报：2011(9)

(三) 连锁卖场与周边绿化、建筑物的协调性设计

连锁卖场的周边绿化关系到整个店铺环境的优美。绿化主要采用的是树木、花坛、草坪等。此外，连锁卖场还要考虑与周围建筑的关系。如果在较偏远的郊区建立大型连锁卖场，周围建筑物较少，则可以根据自己的特色规划开工建设周边配套项目；如果在人口稠密的城区建设连锁卖场，则必须考虑与周边原有建筑物的协调、相互衬托等问题。

任务三　卖场内部布局的类型和磁石点理论

一、卖场内部布局的类型

(一) 货架格子式布局

超市卖场一般呈货架格子式布局，即商品陈列货架与顾客通道都成长方形状分段安排，而且主通道与副通道宽度各保持一致，所有货架相互呈并行或直角排列。这种布局在国外或国内超级市场中常可以看到。顾客在走道上推着购物车，转个弯就可以到达另一条平行的走道上，直直的走道和 90°的转弯，可以使顾客以统一的方向有秩序地移动下去，犹如城市的车辆街道而行一样。

货架格子式布局的优点：

(1) 营造出严肃而有效率的卖场氛围。

(2) 走道依据客流量需要而设计，可以充分利用卖场空间。

(3) 由于商品货架的规范化安置，顾客可轻易识别商品类别及分布特点，便于选购。

(4) 采用标准化货架，可节省成本。

(5) 有利于营业员与顾客的愉快合作，简化商品管理及安全保卫工作。

货架格子式布局的缺点：

(1) 商场气氛比较冷淡、单调。

(2) 当拥挤时，易使顾客产生被催促的不良感觉。

(3) 室内装饰方面缺乏创造力。

这种布局可以根据商店规模、卖场特点、顾客习惯而采取各种具体形式。

(二) 货架岛屿式布局

货架岛屿式布局是在营业场所中间布置成各不相连的岛屿形式，在岛屿中间设置货架陈列商品。这种形式一般用于百货商店或专卖店，主要陈列体积较少的商品，有时也作为货架格子式布局的补充。随着国内百货商店经营手法的改革，许多商场引入了各种品牌专卖店，形成“店中店”形式，货架岛屿式布局也被改造成专业商店式布局的形式推广使用，以满足现代顾客的要求。专业商店式布局可以按顾客“一次性购买钟爱的品牌商品”的心理设置。例如，在顾客购买某一品牌的皮革、西装和领带时，以前需要走几个柜台才能买到全部所需的商品，现在采用专业商店式布局，在一个部门即可买齐。

货架岛屿式布局的优点：

(1) 可充分利用营业面积，在道路及人流畅通的情况下，利用建筑物的特点布置更多的商品货架。

(2) 采取不同形状的岛屿设计，可以装饰和美化营业场所。

(3) 环境富于变化，使消费者增加购物的兴趣。

(4) 满足消费者对某一品牌商品的全方位需求，对品牌供应商具有较强的吸引力。

货架岛屿式布局的缺点：

(1) 由于营业场所与辅助场所隔离，不便于在营业时间内临时补充商品。

(2) 存货面积有限，不能储存较多的备售商品。

(3) 现场用人较多，不便于柜组营业员的相互协作。

(4) 岛屿两端不能得到很好利用，也会影响营业面积的有效使用。

这种布局要依靠相互有关的商品，给顾客购买带来方便，在一个地方就能满足顾客全部的购买需求。

(三) 货架自由流动式布局

货架自由流动式布局以方便顾客为出发点，把商品最大限度地展现在顾客面前。这种布局有时既采用格子形式，又采用岛屿形式，是一种顾客通道呈不规则路线分布的布局。

货架自由流动式布局的优点：

(1) 货位布局十分灵活，顾客可以随意穿行各个货架或柜台。

(2) 卖场气氛较为融洽，可促进顾客的冲动性购买。

(3) 便于顾客自由浏览，不会产生急迫感，增加顾客的滞留时间和购物机会。

货架自由流动式布局的缺点：

(1) 顾客难于寻找出口，因此难免心生怨言。

(2) 顾客拥挤在某一柜台，不利于分散客流。

(3) 不能充分利用卖场，浪费场地面积。

这种布局方便了顾客，但对商店的管理要求却很高，尤其要注意商品安全的问题。

二、卖场内部布局的磁石点理论

所谓磁石，就是指在卖场中最能吸引顾客注意力的地方，磁石点就是顾客的注意点，要创造这种吸引力就必须依靠商品的配置技巧来实现。

磁石点理论是指在卖场中最能吸引顾客注意力的地方，配置合适的商品以促进销售，并能引导顾客逛完整个卖场，以提高顾客冲动性购买比重。商品配置中的磁石点理论运用的意义就在于，在卖场中最能吸引顾客注意力的地方配置合适的商品以促进销售，并且这种配置能引导顾客走遍整个卖场，最大限度地增加顾客购买率。

典型的超市卖场中通常会设置五个磁石点，这些磁石点分别针对消费者购买过程中的种种心理特征进行设置。一般而言，超市的通道划分为主通道和副通道。主通道是用来诱导消费者行动的主线，而副通道是为消费者在店内移动的支线。良好的通道设置，往往是为了引导消费者按照设计的走向，走向卖场的每一个角落，尽可能的接触所有的商品，从而引发最大程度的购买行为。

磁石点理论的设计遵循完整性原则，使超市卖场具有自然引导消费者购物的效果(如图 5-3 所示)。超市卖场中的第一磁石点往往是最能引起消费者注意力的地方，这个地点通常位于超市卖场主通道的两侧，是每一个消费者的必经之地，也是商品销售最主要的地方。第二磁石点往往位于超市通道的末端，比如大型超市一楼和二楼进行转换的区域，第二磁石点的作用是诱导消费者走入卖场最里面的区域。当消费者购买必需品和流行品的喜好都满足后，要想继续激发消费者的购买行为，就需要对消费者进行“刺激”了，这就是第三磁石点需要承担的功能。第三磁石点通常设置在面对超市出口或主通道的货架两端。超市卖场的第四磁石点往往会陈列大量的商品，比如把商品堆成不同的造型，或者放上巨大的广告从而引起消费者的注意。从超市卖场内到收银台的最后这一段区域就是超市卖场的第五个磁石点，超市会根据不同的节日进行大型的展销，或者销售一些特卖产品，激发消费者的消费欲望。

磁石点理论能够帮助商家运用科学的手段，在最能吸引消费者注意力的地方，配置好消费者最有可能购买的商品，在卖场的不同角落布置好有针对性的磁石点，让消费者一旦走进超市，便牢牢地被“磁石”吸住，那么商家自然也就赚得盆满钵满了。

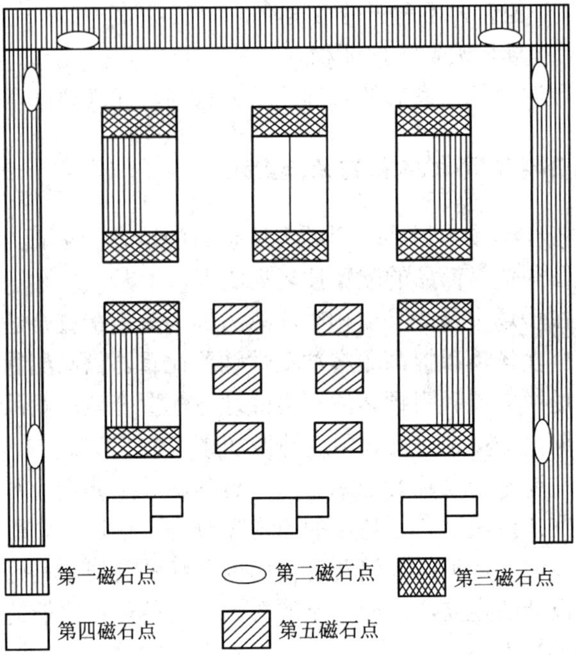

图 5-3　卖场的磁石点分布图

(一) 第一磁石点：主力商品

第一磁石点位于主通路的两侧，是消费者的必经之地，通常摆放能吸引消费者至内部卖场的商品，也是商品销售的最主要的地方。第一磁石点主要陈列消费者购买频率最高、采购能力最强的一类商品，平时日常生活中最需要的蔬菜、肉类、日用品等，往往都会陈列在第一磁石点内。而对卖场而言，掌握消费者的日常习惯，将这类产品放置在第一磁石点之内，往往可以增加产品的销售量。

此处通常可配置如下商品：

(1) 消费量多的商品。

(2) 消费频度高的商品。消费量多、消费频度高的商品是绝大多数消费者随时要使用的，也是时常要购买的商品。所以将其配置于第一磁石的位置以增加产品的销售量。

(3) 主力商品。

(二) 第二磁石点：观感强的商品

第二磁石点位于通路的末端，通常是在卖场的最里面。第二磁石点上的商品负有诱导消费者走到卖场最里面的任务，常常会陈列当季最新商品和流行商品，以满足消费者追求新鲜的消费心理。这个区域往往会以最显眼的方式突出表现，让消费者一眼就能辨认出第二磁石点的与众不同，从而情不自禁走入其中。

在此应配置的商品有：

(1) 最新的商品。许多消费者在购买商品时喜欢追求新颖、奇特的商品。因此，卖场可以根据消费者“追新求奇”的心理，引起最新的商品，并将新商品配置于第二磁石点的位置，从而吸引消费者走入卖场的最里面。

(2) 具有季节感的商品。具有季节感的商品必定是最富变化的，因此，卖场可借季节的变化做布置，以此吸引消费者的注意。

(3) 明亮、华丽的商品。明亮、华丽的商品通常也是流行、时尚的商品。这是由于第二磁石点的光线较暗，所以要配置较华丽的商品来提升亮度。

(三) 第三磁石点：端架商品

第三磁石点指的是端架的位置。端架通常面对着出口或主通路货架端头，第三磁石点上的商品的作用就是要刺激消费者、留住消费者。第三磁石点要突出特价商品、促销商品和变换季节性商品，刺激消费者进店的次数。卖场一般会在这个区域陈列打折商品，进行促销，或者是销售一些季节性商品，并且经常会进行不断的变化，来刺激消费者进店购买的次数。

此处通常情况可配置如下商品：

(1) 特价品；

(2) 高利润的商品；

(3) 季节商品；

(4) 购买频率较高的商品；

(5) 促销商品。

端架可被视为临时卖场，并且端架需经常使之变化，一周最少两次，可通过端架变化的速度刺激顾客来店采购的次数。

(四) 第四磁石点：单项商品

第四磁石点位于卖场副通道的两侧，主要让消费者在陈列线中间引起注意的位置，这个位置的配置通常不能以商品群来呈现，而必须以突出单品的方法，吸引消费者的注意力。

通常包括：热门商品、特意大量陈列商品和广告宣传商品等。

(五) 第五磁石点：卖场堆头

第五磁石点位于结算区(收银区)域前面的中间卖场，可根据各种节日组织大型展销和特卖活动，以堆头为主。

知识拓展　商业动线设计

“动线”是指顾客从进店到离店这一过程所经过的路线。由点生线，一个脚印一个点、一串脚印一条线，即人流在商业空间中的行动路线。引导顾客逛遍全店，增加步行距离，从而提高购物数量的计划就叫做顾客动向导线计划。

消费者的动线虽有其随意性，但消费者的运动轨迹又是有一定规律可循的。总结消费者的行为模式以及对社会心理学的应用，对于商业动线设计有非常好的支撑作用。良好的商业动线设计，可以在庞大且错综复杂的商业空间中，为消费者提供一整套可辨别的、清晰的路线，尽可能地延长消费者的活动路线，可以让消费者在商业空间中停留时间更久，在购物过程中尽可能经过更多有效区域，降低消费者在购物过程中的体力消耗，将消费者精神层面的购物兴致、新鲜感、兴奋度均保持在较佳水平。

- 商业动线设计原则

商业动线的设计原则主要有：

(1) 脉络清晰、宽度适宜。

(2) 保证人流畅通。

(3) 保证回路，避免出现死角。

(4) 主动线与出入口、主力店、景观空间、辅助空间以及消防通道顺畅连接。

- 良好的商业动线的特征

(1) 有效增强商业可见性。可见性在商业动线设计中是一个非常重要的内容。一个商铺可见性的强弱决定了这个商铺的价值，所以在设计中要注意提高商铺的可见性。

(2) 有效增强商业可达性。可达性和可见性是有联系的，可见性是可达性的基础，只有“可见”，才会有“可达”。因此，在可见的基础上，经过最少道路转换的路径可达性最高。

(3) 具有明显的记忆点。如果消费者在商业建筑内中无法确定自己的位置，就会迷失方向，而需要花费更多的时间找到自己想要去的地方。难以找到位置感的商业布局是不受消费者欢迎的。通常的做法是提高动线系统的秩序感，从而提高消费者的位置感。

- 商业动线的设计技巧

(1) 兼顾动线的合理性与创新性。商业动线的设计应兼顾合理化和创新化。既要考虑到消费者的购买心理与购买欲望，使商业动线设计合理化，达到消费者的心理预期，又要有所创新，达到吸引消费者动线的目的。

(2) 加强不同楼层的人流引导。大部分商场的入口都是在一层，因此商场一层具有较大的人流量，如果没有明确的人流引导，较高楼层的人流量就相对稀少，因此要加强各楼层人流量的引导，提高各楼层的吸引力，展现特色产品，使消费者人群分布均匀，实现商业价值最大化。

(3) 入口人流引导。为缓解一层人流量的压力，商场可结合外部环境特点，利用过街天桥在商场2楼开放入口，通过商场空间位置引导，指引消费者按购买需要向各楼层分散。

(4) 引导性原则。好的购物体验离不开明确的引导。现代商场空间大、经营种类多，消费者作为自由活动的主体，若没有明确的指引，步行动线无规律可循，则会使消费者丧失购买欲望。如果商场有精心的导向设计，让消费者明确购买方向，就能提升消费者的购买体验。

(5) 可识别性原则。商业空间内的消费者有时会迷失方向，甚至产生烦躁情绪。因此，在动线设计的过程中要增加一些具体位置的标识，增加动线的可识别性，可以通过醒目的标识、鲜明的色彩，帮助消费者识别记忆，帮助消费者辨别自己的位置，对于自己下一步前进方向有明确的目标。

(6) 巧妙运用空间景观设计。商场可以从景观设计入手吸引消费者的注意力，突出商圈特色，将动线与商场空间布置巧妙结合。比如在商场楼顶和明面区域摆放绿植或种植树木，或打造具有商场特色的景观元素，作为商场的宣传名片，加强消费者对商场的认知度，将消费者的购物之旅变成美妙的休闲放松之旅，为消费者打造轻松、舒适、娱乐的购物环境。

(7) 融入人文情怀。人是情感动物，在商场中将空间设计与人文精神巧妙的结合，开展以人文环境为主题的宣传活动，大力弘扬当地特有的人文情怀，追求人类精神文明的建设，是现代商业模式的一种发展趋势，例如，成都太古里项目把当地历史文化与人文的“慢”文化结合，使消费者在购物过程中对川蜀文化有了更深的认知与感受。

(8) 发挥场所叠加意义。各场所间的动线设计通过相互配合与协调发挥最大商业价值。商业动线设计的根本目的在于方便消费者能够更加便利的体验生活、享受生活。通过各场所之间的叠加作用，增强商业空间的识别作用与吸引作用，最大化实现动线价值。例如，美国明尼阿波利斯市的美国购物中心(Mall of America)就在商业空间中叠加了摩天轮、旋转木马等大型游乐设施。

资料来源：黄雅文. 浅谈现代城市商业综合体的动线设计. 城市建设理论研究：2019(12). (本书作者有改编)

项目小结

本项目介绍了连锁卖场良好布局的意义和作用，连锁卖场布局设计的理念和原则，对门店的入口、货架、通道、收银台等设计中的注意事项进行分析，最后以磁石点理论总结了连锁卖场的总体布局和商品陈列相配合的思想。

本项目中的主要知识点包括布局、“六易”和“三字诀”、卖场特色、店招、磁石点、动线、动线设计原则、动线设计技巧。

课后习题

一、讨论题

1．试举例说明连锁企业应当如何在布局设计中突出特色。

2．门店的出入口设计应注意哪些问题？常见的出入口设计有哪几种类型？

3．为什么超市的入口应当优先考虑设置在超市的右侧？

二、自测题

1. 选择题

(1) 在卖场的五大磁石点中，负责吸引顾客走到卖场最里面任务的是(　　)磁石点。

A. 第一　　B. 第二　　C. 第三　　D. 第四

(2) 对卖场与周围建筑之间的关系，下列说法有误的是(　　)。

A. 卖场要尽可能与周边建筑形成横看一条线的景观

B. 高度要一致，太高太低均有失协调

C. 建筑风格标新立异，与众不同

D. 外观色彩要协调，黑白、红绿等颜色的建筑不要搭配在一起

(3) 卖场内部照明包括(　　)。

A. 基本照明　　B. 重点照明　　C. 装饰照明　　D. 以上答案均正确

(4) (　　)是连锁门店标识系统中可以被识别，但不能用语言表达的部分，是店面标志的图形记号，包括符号、图案或明显的色彩或字体。

A. 店名　　B. 店标　　C. 招牌　　D. 牌号

(5) 招牌是以实物为载体，力求通过精心设计来展示店名、店标的一种门店外观显示物。主要类型有(　　)。

A. 屋顶招牌　　B. 标志杆招牌　　C. 正面招牌

D. 路边标志牌　　E. 壁上招牌

(6) 连锁卖场整体布局根据顾客的流动线路，可分为(　　)三种基本类型。

A. 货架格子式布局　　B. 货架自由流动式布局　　C. 随意式布局

D. 货架岛屿式布局　　E. 标准式布局

(7) 卖场通道设计的原则为(　　　)。

A. 足够的宽　　B. 笔直　　C. 平坦

D. 照明好　　E. 通畅，没有障碍物

(8) 色彩营销是指企业根据市场的特点，充分利用色彩表现手法体现其产品的外部特征来进行营销组合，以满足顾客特殊需求的一种营销活动。其主要作用有(　　　)。

A. 通过企业的标准色传递经营理念或产品特质

B. 衬托商品区域

C. 布置商品陈列

D. 布置辅助门店的促销策略，渲染节日气氛

E. 调动员工积极性

2. 判断题

(1) 标志杆招牌是指用水泥杆或长钢管将招牌矗立在门店门前，常常用在公路或铁路两旁的门店，以便吸引顾客的注意。(　　　)

(2) 门店标准色一般选择 1～2 种色彩为主，以不超过 3 种色彩为宜。(　　　)

(3) 门店照明应尽量利用自然光源，这样既降低费用，又能使商品在自然光下保持原色，避免消费者由于光线的落差而感到不舒服。(　　　)

(4) 位于楼宇中的门店，为了吸引顾客，使顾客从远处便能看见门店，可以在屋顶竖起一个广告塔，不仅可以用来宣传自己的门店，同时也可与厂商合作，用来做商品广告。(　　　)

(5) 通常，规模较大的门店将出口与入口分开，门店出口一般设在人流量大、交通方便的一边。(　　　)

(6) 音乐可以使顾客心情舒畅，因此门店播放背景音乐应选择当季最流行的音乐，并且音乐的音量要大、节奏要快。(　　　)

3. 简答题

(1) 如何对卖场进行气味设计？

(2) 简述货架格子式布局的概念及优缺点。

案例分析

山姆会员店将如何实现中国的逆势增长

山姆会员店(Sam's Club)是美国沃尔玛百货公司(Wal-Mart Stores, Inc.)旗下的会员制仓储式连锁店，是沃尔玛的经营业态之一。全球第一家山姆会员店于 1983 年在美国创立，其

店名取自沃尔玛百货的创始人(山姆·沃尔顿)的名字。

2013 年 6 月 29 日，面积达两万多平方米的山姆会员店在苏州正式开业迎客，苏州市民如潮水般从四面八方涌入，然后将皇帝蟹、龙虾等价格不菲的进口食品放进购物车。类似的一幕也在杭州西溪的山姆会员店上演过，当时开业不到 6 小时，这家山姆会员店就卖出 800 公斤榴莲、400 多条黄鱼、550 份蓝月亮洗衣液和 500 多份披萨。迎来如此大的客流量，零售业“寒冬”显然没有发生在山姆会员店的身上。

虽然每三个美国家庭中就有一个是山姆的会员，但必须承认的是，山姆会员店这种业态并不适合目前的中国市场。2003—2004 两年间，由于没有足够多的会员做支撑，沃尔玛(中国)无奈宣布将云南昆明和吉林长春的山姆会员店改为沃尔玛广场业态。此后山姆会员店在华的扩张陷入停滞。到 2011 年，山姆会员店仅开出 6 家门店，相比之下大卖场则已开出数百家。

就在中国消费者习惯了山姆慢吞吞的步调时，沃尔玛(中国)又突然宣布要加速开店。苏州店是山姆会员店在中国的第十家门店，也是在过去两年里开出的第四家。并且，在未来两三年内，至少还会增开 7 个新的门店。

汽车在这个生态闭环里扮演着至关重要的角色。将中产阶层定为目标消费群体的山姆会员店终于在中国大城市的边缘找到了自己的位置，一辆辆汽车和崭新的道路将两者紧密地联系起来。城市中心区的交通和路况越来越拥挤，城市也在逐步向外发展。人们也愿意开车到交通更便利的地方购物，从市区开车到这里只需 20 多分钟。

关键词一：车位

90%的会员是开车来山姆购物的，山姆成功的其中一个因素就是有充足的停车位。山姆会员店通常会提供给会员至少 1000 个免费停车位。新开的苏州山姆会员店有 1700 个车位。而较早开业的一些门店，比如广东番禺店，由于规划时的私家车拥有量和普及率与现在相差甚远，已经出现了停车位拥挤的现象。

私家车拥有量和普及率的背后，反映的是一个城市及周边的经济活动和基础设施水平。理想的情况下，一家山姆会员店能够服务的周边人群大概是 50 万人左右。沃尔玛计划在中国 35 个经济较发达的城市都开出山姆会员店，在北京、深圳这样的大型城市，则可以开出一到两家甚至更多的店。

关键词二：选址

另外一个需要考虑的问题是潜在会员在哪里。因此商圈的选择很关键，要找到离商业会员和个人会员居住地都比较近的地方，还要有便利的交通。山姆开在中国的会员店现在越来越多地出现在购物中心里面，比如广州番禺店和深圳龙岗店，有别于美国的独立建筑模式。这跟中国人的消费习惯有莫大关系。

同样是每周一次集中购物，美国人把它当做一项必须完成的任务，而中国人则喜欢驾车举家前往，就像一次郊游。美国的山姆会员店可以单独地开在更远的郊区，而中国的山姆会员店往往开在卫星城中心地带或者近郊区，周边必须有餐饮、娱乐等配套设施，所以与购物中心的结合更容易成功。宜家的人气和近年来异国风情建筑的奥特莱斯(英文OUTLETS的中文直译，指由销售名牌过季、下架、断码商品的商店组成的购物中心)的兴起同样源于中国人的这一消费特征。

在线购物时代到来后，实体零售的购物环境则是与电商抗衡的最大利器。描绘中国新中产生活的这样一幅画面可能会出现在山姆会员店——消费者悠闲地徜徉在宽敞、舒适的空间里，年轻的父母则将孩子放进超大型的购物车，采购完一周所需的商品后再驾车返回。

山姆会员店是一个像仓库一样的商场，第一次进到山姆的人，一定会为宽敞的卖场、巨大的货架和堆积如山的商品感到惊讶。一般而言山姆会员店面积可以达到2万平方米，与大卖场等业态竭尽所能地利用店内每一寸面积来陈列商品不同，山姆会员店的层高达9米，相当于两层普通的大卖场，超过5米宽的主通道足以容纳两辆汽车。

关键词三：价格

任何一个零售业从业者都会告诉你，要运营好一家会员店，比运营好一家普通超市要困难得多。因为普通超市和卖场把“今天”的销售放在第一位，但会员店要让人们今天消费之后，还能够不断地回来继续消费。

消费者对价格的诉求永远都存在，对山姆会员店也不例外。山姆里面大部分商品以大包装和家庭装为主，一方面可以一次性地满足较长时间的消费需求，另一方面大包装的商品在价格上比小包装的更具有优势，比如六个装的玛芬和大包的樱桃。

关键词四：会员制

但对于中产阶级来说，商品品质和服务往往比价格更加重要，他们需要的是更具性价比的商品、更信得过的品质，而不只是低廉的价格。为了在价格和价值上取得平衡，山姆采取了十分严格的会员制度，即只向会员提供商品售卖服务，任何需要在山姆购买商品的顾客，都需要首先付费成为山姆的会员。这一点与其他零售商采取的会员制不一样。

会员费对于山姆来说是不可或缺的，正是因为这样，山姆才得以抑制成本，将商品的价格控制在低价位。当越来越多的会员加入进来，就可以将更多高品质的商品价格降低，以这种方式将会员费再回馈给顾客，比如买一个电子产品，可能就会省掉150元。

关键词五：精选商品

与大卖场有数万种商品不一样的是，山姆会员店的商品数量要少得多，通常控制在4000种左右。比如，同一个品类，其他超市采购的10个单品中可能只有一两个畅销商品，而山姆会员店必须准确识别出其中可能最受消费者欢迎的两三个单品。

就像宜家有瑞典肉丸一样，山姆会员店也以其独特的商品著称。比如在深圳山姆会员店，常常会有人为了买一袋玛芬排队半个小时，因为这个商品在其他地方买不到。

山姆会员店与国内零售卖场的产品相比，最主要的竞争优势还是进口产品，比如来自全球一些主要产地的水果、巧克力，以及一些尚未大规模进入中国市场的国际知名洗护用品。中国消费者对食品安全和质量问题的关注，更加让主打进口食品的山姆会员店体现其优势。

山姆会员店的自有品牌“会员优驯”也以价格实惠颇受欢迎。虽然目前销售占比只有3%～5%，但沃尔玛希望在未来这个比例可以达到20%～25%，与欧美的一些大型零售商持平。

关键词六：网购

2010年底，山姆会员网上商店率先在深圳上线，依托于实体店，日用、百货等线上业务已经覆盖到除苏州之外的全部7个开设了山姆会员店的城市。如今，山姆还在深圳、广州和上海推出生鲜、冷藏、冷冻食品的网购服务。线上平台延展了实体店的覆盖面积，尤其适合交通拥挤的大城市。

山姆会员店的这些做法似乎很奏效，越来越多的中国消费者不再纠结于购物前必须交纳150元会员费的高门槛。到现在为止山姆会员店在中国已经拥有了110万左右的会员，其中高忠诚度的续卡会员保持在70%以上。

会员制商店正逐渐被中国消费者所认识。

资料来源：王卜. 山姆会员店：如何在零售业寒冬中起死回生？

http://news.cnfol.com/shangyeyaowen/20140526/17958188.shtml.（本书作者略有修改）

★阅读上述材料，回答下面的问题：

1. 卖场的布局设计与商品陈列有哪些功能和作用？
2. 卖场营造门店的氛围可以采取哪些方法？

※ 实训操作 ※

利用互联网，搜索日本三越百货的有关资料，然后结合下列在线视频，谈谈三越百货有哪些成功之处值得借鉴。

在线视频：http://v.youku.com/v_show/id_XMzk3MzM4MzY=.html

连锁卖场商品陈列管理　项目6

学习目标

- 了解连锁卖场中的商品分类管理；
- 学习商品配置表的有关知识及其制作；
- 理解商品陈列的原则及方法。

任务一　商品分类管理与门店商品的配置

商品陈列的是否恰当关系到连锁门店的经营成败。所谓商品陈列，指的是商品在货位、货架和柜台内的摆放、排列等。如果商品陈列不恰当，顾客想要的商品找不到，不想要的商品却占据了货架，既积压了资金，又会导致经营的失败。连锁门店进行高效的商品陈列所要考虑的因素有：商品分类管理、统计分析以及商品关联性分析。商品分类管理就是以商品销售量、顾客的消费行为习惯为出发点，确定商品品类角色并结合磁石点理论对商品品类角色划分具体摆放区域。商品统计分析是根据商品的销售量比例关系、贡献额度高低对商品进行高效地陈列。商品关联分析是将顾客目标性一致的产品或品类陈列在一起或相邻的位置，以促进顾客的连带购买，提高销售额。

阅读链接6-1　7-11便利店的商品管理

首先，注重商品种类的配比，在商品的选择上严格把关，如商品质量、商品价格、商品类型、毛利率、周转率等；提供便民服务项目，如免费供应开水、代交费、手机充电、复印传真等。其次，商品的鲜度管理是管理的重点，包括对食品卫生的重视，对每种商品都有严格的保鲜要求。第三，定期清理销售业绩差的滞销品，针对仓库中剩余的滞销品，根据与供货商的合同通过退货或者降价打折的方式处理。最后，通过创新商品的陈列来实现销售额的增长，商品的陈列必须要让消费者一目了然，主要包括开设特别的陈列区，妥善运用副陈列架；对引进小规格的商品，利用专柜来陈列等方式。

资料来源：姜启平. 7-11便利店的经营经验借鉴. 中国经贸导刊：2009(24).

一、商品分类管理

(一) 商品分类管理的必要性

连锁门店经营范围广泛，从生鲜食品到各种各样的杂货，几乎涵盖了人们的衣、食、住、行，不同的商品，特性不同，保存条件、处理技术和陈列的方法也存在差异，因此，必须依照商品的特性或用途，将类似的商品进行分类和归纳，并利用编号原则，科学、系统、有序地加以整合，以便于连锁门店的管理运作。

商品分类管理的必要性可以归纳为以下五点：

(1) 商品分类后，有利于掌握每类商品的共同特征，深入分析商品的质量变化规律，从而为提高商品质量和合理使用、储存及运输商品创造良好条件。

(2) 有利于确切掌握商品的生产和销售状况，为商品管理业务创造条件，方便商品的业务、计划、统计、核算等工作顺利进行。例如，沃尔玛在推行商品分类管理后，销售额上升了32.5%，库存下降了46%，周转速度提高了11%。

(3) 商品科学分类是编码商品目录的基础，有利于使编制的商品目录有条理，层次分明。

(4) 有利于对商品实现现代化管理，为建立统一的经济信息自动化系统提供信息交流的共同语言。

(5) 在一定范围内有利于使商品名称和类别统一化，方便消费者的选购。

(二) 商品分类管理的原则

商品分类管理的原则主要从大分类、中分类和小分类这三个部分来进行。

1. 大分类的分类管理原则

在超市的商品分类管理中，大分类的划分一般不会超过十个，其分类较为简单。大分类的原则通常根据商品的特性来划分，如生产方式、生产来源以及保存方式等，类似的一大批商品集合起来作为一个大分类。例如，水产就是一个大分类，因为这类商品的生产来源相似，其保存方式和出售方式也大致相同，因此可以归成一大类。

2. 中分类的分类管理原则

首先是根据商品的功能和用途进行划分。它往往是在一个大分类中进行一些小的分类，比如在糖果这一大分类中，可以再进行一个“早餐关注”的中分类，这个中分类包含土司、面包麦片等商品。其次，根据商品的制造方法来划分。例如，在畜产的大分类中，可以再进行一个“加工肉”的中分类，这个中分类就包括了火腿、香肠、热狗、炸鸡块、熏肉、腊肉等商品。另外，还可以根据商品的产地来进行划分。在超市的经营策略中，有时候为了将某些商品的特性加以突出，就需要做出特别的分类加以管理。例如，为了照顾国外的顾客，超市在商品的分类管理中又以“进口食品”进行了一个中分类的划分。

3. 小分类的分类管理原则

首先，根据商品的功能用途进行分类，此种分类与中分类原理相同，也是以功能用途来做更细致的分类。其次，根据规格包装的形态来分类，例如铝箔包饮料、碗装速食面等，这些都是这种分类原则下的产物。除此之外，还有以商品的成分为分类的原则，例如100%的果汁，把“凡是成分含量为100%的果汁”归为一类。

二、商品统计分析

(一) ABC分类管理分析

针对商品陈列，可以对某个超市的商品进行ABC分类管理分析。首先将各种产品按金额大小的顺序排列，计算出各类产品的金额比重和品种比重。

其次是划分类别。A类产品的金额比重为70%～80%，品种比重为5%～10%；B类产品的金额比重为10%～20%，品种比重为10%～20%；C类产品的金额比重为5%～10%，品种比重为70%～80%。

最后是分类管理。A类产品是重点产品，实施重点控制，在陈列过程中可适当提高商品陈列数量与陈列空间以及将其放在货架的黄金地段或突出位置；B类产品实行一般控制，放在A类产品的上下层和左右位置，或者在靠近A类产品的其他货架上进行陈列；C类产品可以采取较简单的方法加以控制，将其放在膝盖高度以下位置或者货架底层。由此可见，只要突出A类和B类产品的陈列，就能提高超市的营业绩效。

(二) 贡献额度分析

同样，贡献额度也可以对商品的陈列进行指导。

单品贡献额度的计算方法如下：

$$单品贡献额度 = 单品销售额 \times 单品毛利率$$

当一种商品的销售额相对于其他商品比较高，而其贡献额度相对比较低时，销售额高的商品应当无条件让出其“黄金宝座”。这时的陈列方法主要为纵横向的“两快夹一高”，即下上层为卖得快的商品，中间层为贡献额度高的商品，或者左右两边为卖得快的商品，中间为贡献额度高的商品。

在商品陈列中既要保持陈列的丰满，又要节约宝贵的空间。当陈列的商品数量较少时，陈列出现断档，不利于商品销售。相反，陈列商品过多不仅浪费空间，而且也没有因为其空间占用多而增加利润，因此适当的商品陈列的数量有助于商品周转，提高超市的收益。

当陈列的商品处在补货期时，可以根据各个商品在补货期内的销售量比例对商品进行陈列。假设在补货的前期，商品销售数量的情况是：蜂蜜 150 瓶，咖啡 100 瓶，立顿绿茶 50 盒，则这三样产品适当的陈列比例应为 3∶2∶1。同时，也可以由销售量决定陈列的最小空间，并根据季节性的不同进行调整。

商品陈列空间的计算方法如下：

$$商品陈列所用空间=商品日销量\times 商品空间尺寸\times 0.5$$

阅读链接 6-2　生鲜传奇超市的商品选品秘诀

生鲜传奇超市是安徽乐城投资股份有限公司(乐城超市)旗下的新业态，于 2015 年开设首家门店，目前共有 43 家店，主要分布在合肥和南京。生鲜传奇超市单店的面积在 200～300 m^3 左右，只售卖和一日三餐有关的商品，SKU(最小存货单位)数达 1800 个左右。生鲜传奇超市在选品上是非常讲究的，其在 300 m^3 左右的店面内，精选 1000～2000 种生鲜产品，其中蔬菜、水果和肉类的比重可以占到全部商品的 60%；水产，豆制品，冷冻、冷藏类生鲜商品占到全部商品的 20%；剩下的 20%则是一些副食、饮料和生活必需品。

生鲜传奇超市在品类管理上会对销售数据进行细致的研究，并结合生活常识分析消费者的购买习惯，从而预测消费者的消费需求，合理搭配商品组合，减少属性重复的商品，让消费者既能买到常规商品，亦能满足其差异化需求。生鲜传奇超市在选品过程中遵循的原则主要有以下三点：

(1) 要差异化，但不能过度差异化。消费者对有些商品品牌依赖度高，优先选择名品。比如白酒、酱油和食用油，消费者对这些商品的品牌认知度极高，很难被一般品牌所替代。像烹饪用的黄酒，当地消费者多数都会选择“海神”牌，只有极少数消费者会选择其他品牌的黄酒。

(2) 核心商品要厚，差异化商品要足。比如，为了兼顾地方消费者的饮食习惯，生鲜传奇超市将面条分为普通细面和粗面，占到排位的七成，然后再考虑像意大利面、乌冬面等其他类型的面条。要防止喧宾夺主，也要避免一叶遮目。

(3) 要兼顾系列。一般系列性商品在包装和颜色上会更加统一，如不是差距较大，选择同一品牌、同一系列的会更好。比如，塑料的清洁系列和筷子系列，完全可以只选择同一个品牌的商品，利用品牌自身的系列做商品的分类管理。

资料来源：王卫. 生鲜传奇的选品秘诀. 中国连锁：2015(10)

当前，越来越多的连锁企业将自有品牌商品作为新的利润增长点。超市自有品牌是指零售商以自己的品牌名称命名的产品，而且该品牌只在该零售商的店中销售。自有品牌商品是零售企业通过收集、整理和分析消费者对某类商品需求特性的信息，提出新产品功能、价格和造型等方面的开发设计要求，进而选择合适的生产企业进行开发生产，最终再由零售企业使用自己的商标对新产品注册并在本企业内销售的产品。

三、商品配置表管理

(一) 商品配置表的概念

商品配置表，英文名称为“facing”，日文名称为“棚割表”。“facing”是商品排面做恰当管理的意思，而在日文“棚割表”的字面上，“棚”意指货架，“割”指的是适当的分割配置，也就是商品在货架上获得适当配置的意思。因此，我们可以将商品配置表定义为“连锁门店为了便于货架商品的管理，把商品的排面在货架上做一个最有效的分配，并以书面表格的形式将该分配方案表现出来”。

(二) 商品配置表的功能

1. 有效控制商品品项

卖场的面积有限，所能陈列的品项数目也有限，如欲有效控制商品的品项数，提高卖场效率，就要使用商品配置表，才能获得有效的控制。

2. 做好商品定位管理

商品定位是卖场管理非常重要的工作，商品配置表则是商品定位的管理工具。有了商品配置表，才能做好商品定位，如不事先妥善规划好商品配置表就贸然进行商品陈列的工作，就无法保证商品定位管理的标准性和一致性。

3. 适当管理商品排面

不能有效管理商品的排面数，是现阶段卖场面临的一个很大的问题。一般而言，超市卖场陈列的品项数往往多达万种以上，而所陈列的商品中，有些商品非常畅销，一天能卖出数十个，甚至数百个，但有些商品则可能一天只卖出几个，甚至连一个也没卖出。因此，在安排商品的排面时，就须根据商品销售数量的多寡，给予适当的排面数，即畅销的商品给予较多的排面数、较大的陈列空间，而不畅销的商品给予较少的排面数，所占的陈列空间也小，甚至只给单一的排面，如此对提高超市卖场的效率将有相当大的帮助。

4. 商品配置表可以防止滞销品驱逐畅销品

缺少商品配置表的规划及管理而任意陈列商品时，因畅销品的销售速度较快，若没有良好的管理，商品卖完了，又未能及时补充，就易导致较不畅销的商品占据畅销品的排面，形成了滞销商品驱逐畅销商品的情况，等到顾客问起“有××商品吗?”时可能已错失不少的商机，降低了卖场的竞争力。在没有商品配置表管理的卖场，这种情况时常发生，有商品配置表管理的卖场就可以避免这种情况。

5. 商品配置表可以把利润控制在一定水准

超市卖场所贩卖的品项中，既有高利润商品，又有利润低的商品。我们总是希望把利润高的商品配置在好的陈列位置，销售多一点，卖场的整体利益也随之提高，而把利润低的商品配置在差一点的位置来控制销售结构，这就要靠商品配置表来给予各种商品妥当的配置，以求得整店有一个高利润的表现。

6. 商品配置表是连锁经营重要的标准化管理工具

超市连锁分店遍布全国各地，甚至各个角落，为了使这些分店的商品陈列能够一致，总部人员常感到困难万分。如果能有一套标准的商品配置表来运作，整个连锁的商品营运就会比较容易，对于季节变动修正及新产品的增列、滞销品的删除等工作，执行起来效率也会比较高。

(三) 商品配置表制作的技术要领

连锁经营的门店与传统零售业不同，其技术含量较高，在商品配置表的制作上就充分体现了技术性要求。

商品配置表制作的技术要领主要有以下七个方面：

1. 决定每一个中分类商品的陈列排面

在规划整个大类商品的配置时，首先要决定每一个中分类商品所占的营业面积和陈列排面数，这样才能进行单品项的商品配置。例如，膨化食品要配置三座高 165 cm、长 90 cm、宽 35 cm 的单面货架，这样才能知道可配置多少单品项商品。

2. 商品陈列货架的标准化

门店所使用的陈列货架应尽量标准化，这对连锁的超级市场尤为重要。使用标准统一的陈列货架，在对所有门店每一分类的商品进行配置规划时，只要一种或至多 2~3 种商品配置表就可进行全部的商品配置与陈列管理，不至于出现一个门店一种配置或一种陈列的现象。

3. 单品项商品的资料卡设立

每一个单品项商品都要设立资料卡，如商品的品名、规格、尺寸、重量、进价、售价、供货量等，这些资料对制作商品配置表是相当重要的。

4. 设置商品配置实验架

商品配置表的制作必须要有一个实验阶段，即采购人员在制作商品配置表时，应先在实验货架上进行试验性的陈列，从排面上来观察商品的颜色、高低及容器的形状是否协调，是否具有对顾客的吸引力，若陈列的商品缺乏对顾客的吸引力，可进行调整，直至协调和满意为止。

5. 特殊商品采用特殊的陈列工具

对特殊陈列的商品不能为了强调货架的标准化而忽视了特殊商品特定的展示效果，要使用特殊的陈列工具，这样才能展示特殊陈列商品的魅力。在超级市场的经营中，最近几年出现了这样的趋势——消费者对整齐划一和标准的陈列感到有些乏味，因此，用特殊的陈列工具配置特殊商品，可以增强卖场的活性化，改善商品配置和陈列的单调感。

6. 单品项商品的陈列量与订货单位的考虑

一般来说由配送中心送配货的超级市场，其卖场和内仓的商品量是日销售量的 1.5 倍，对每一个单品项商品来说也是如此。此外，每一个商品的陈列量还须与该商品的订货单位一起进行考虑，其目的是减少内仓的库存量，加速商品的周转，每个商品的陈列量最好是订货单位的 1.5 倍。如一个商品的最低订货单位是 12 个，则陈列量应设定在 18 个，该商品第一次进货为 2 个单位计 24 个，18 个上货架，6 个进内仓，当全部商品最后只剩下货架上的 6 个时，再进一个订货单位(12 个)，则商品可以全部上货架，而无需再放进内库，做到内仓的零库存。一个超市的商品需求量与日销售额的比例关系是该店销售的安全保有量。而单品项商品的陈列量与订货单位的比例关系，则是在保证每天能及时送货的条件下的一种零库存配置法。可以说我国的超级市场由于受交通条件和配送中心配送能力的制约，目前还做不到这一点。因此内仓的商品量可适当增加。

7. 商品配置表的设计

商品配置表以一座货架为制作的基础，一张配置表代表一座货架，货架的标准视每个超市的场地和经营者的理念而定。商品配置表格式的设计，要先确定货架的标准，再把商品的品名、规格、编码、排面数和售价填写在表格上即可。也可把商品的形状画到表格上，但这些必须借助于电脑来设计，其投资就相对较大。表 6-1 所示为商品配置表的样表。

表 6-1 商品配置表

商品分类 No.	洗衣粉(1)		
货架 No.12	制作人：×××		
180 170 160	白猫无泡洗衣粉 1000 克 4F 12001 12.2	奥妙浓缩洗衣粉 750 克 4F 12005 18.5	奥妙浓缩洗衣粉 500 克 4F 12006 8.5

续表

150 140 130	白猫无泡洗衣粉 500 克 2F　12002　6.5	奥妙超浓缩洗衣粉 500 克 3F　12007　12.5
120 110 100	白猫无泡洗衣粉 450 克 2F　12003　2.5	奥妙手洗洗衣粉 180 克 6F　12008　2.5
90 80 70	佳美两用洗衣粉 450 克 4F　12004　2.5	碧浪洗衣粉 200 克 6F　12009　2.8
60 50 40 30 20 10	地毯洗衣粉 500 克 4F　12011　12.8	汰渍洗衣粉 450 克 4F　12010　4.9
Cm	10　20　30　40　50	60　70　80　90

商品代码	品　名	规格	售价	单位	位置	排面	最小库存	最大库存	供应商
12001	白猫无泡洗衣粉	1000	12.2	桶	E1	4	3	8	
12002	白猫无泡洗衣粉	500	6.5	袋	D1	2	15	30	
12003	白猫无泡洗衣粉	450	2.5	袋	C1	2	20	32	
12004	佳美两用洗衣粉	450	2.5	袋	B1	4	32	50	
12005	奥妙浓缩洗衣粉	750	18.5	盒	E2	4	12	40	
12006	奥妙浓缩洗衣粉	500	8.5	盒	E3	4	8	20	
12007	奥妙超浓缩洗衣粉	500	12.5	袋	D2	3	15	45	
12008	奥妙手洗洗衣粉	180	2.5	袋	C2	6	25	90	
12009	碧浪洗衣粉	200	2.8	袋	B2	6	35	90	
12010	汰渍洗衣粉	450	4.9	袋	A2	4	4	40	
12011	地毯洗衣粉	500	12.8	袋	A1	4	12	42	

注：① 位置是最下层为 A，二层为 B，三层为 C，四层为 D，最高层为 E。每一层从左至右为 A1、A2、A3、…，B1、B2、B3、…，C1、C2、C3、…，D1、D2、D3、…，E1、E2、E3、…。

② 排面是每个商品在货架上朝顾客陈列的面，一面为 1F，二面为 2F。

③ 最小库存以一日的销售量为安全存量。

④ 最大库存为货架放满的陈列量。

任务二　商品陈列的原则与方法

随着现代零售业的不断发展，商品陈列对顾客的影响越来越大。调查结果显示，80%顾客的购买决定是在到达商店之后做出的。所以，越来越多的商家更加注重对商品陈列的分析，以提高商品的销售额。

一、商品陈列的原则

(一) 商品的陈列要符合品牌的整体形象和感观

一根小小的领带，怎么摆放，也有一定之规。GH 的领带一定是卷成圈摆放在一个个小方格内售卖的；BOSS 的领带一定是挂在架子上售卖的；JOOP 的领带却似乎是随意地铺在工作台上售卖的。这样摆放领带的原因是它们必须符合各自品牌的经营风格：GH 以正装为主，领带中规中矩地摆放，传递的是正装的一丝不苟；BOSS、JOOP 是休闲类品牌，领带挂着卖、铺着卖，张扬的就是那一份闲适。

很多人认为复制国际品牌专卖店的陈列就可以取得好的效果，但他们忽视了品牌形象与品牌个性之间的不同，复制的陈列犹如沐猴而冠。例如，世界最大的家居专卖店——宜家提倡的是一种生活化的经营，体现在产品陈列上会比较人性化、温情化、轻松自在。例如，在宜家家居的烹饪用品区，顾客会看到一张餐桌，几把竹椅，餐桌上摆放着高脚玻璃杯、咖啡壶、闪闪发亮的刀叉、精美的瓷盘，以及鲜花和果蔬。宜家还会通过产品的陈列尽可能让顾客体验正在出售的“桑德伯”牌沙发和“高利可斯达”牌餐椅，并在展示处还特意提示顾客：“请坐上去！感受一下它是多么的舒服！”如果一般的家具专卖店不分析宜家的品牌内涵与自身的差异，将宜家的产品陈列方式进行“囫囵吞枣”般的抄袭，必定无法取得好的效果。

专卖店以服务、品牌作为主要竞争手法，是传播品牌内涵的重要窗口，商品的陈列与品牌形象必须相吻合。

阅读链接 6-3　世界服装的陈列风格

● 法意式风格

欧式风格最具代表性的当属法意式风格。法意式陈列风格，依托着深厚的皇家服务背景，以其深入人心的品牌影响力以及商品自身上乘的材料、引导潮流的设计和引领时尚风潮的时尚度来吸引人们对它的关注。这种风格的特点就是利用服装自身的材质和精美的制作工艺，展示出时装的美感，无需过多的装饰物，以简单的陈列手法突出商品的本质优势，给人以上品、高贵、简洁的视觉享受。

● 英式风格

英式风格华贵、端庄，充满着古典气息，凸现绅士的严谨与尊贵特征，具有大英帝国的霸道之气。在表现手法上，注重对空间的处理，以成衣和绅士装为展示重点，运用多种面料的配搭，呈现正统、保守、绅士感强的装饰效果，处处体现出英国悠久的文化历史。英式风格橱窗和整体卖场布置很有特色，往往选择具有怀旧感的胡桃木作为陈列服装的家具，并借助精致的相或画体现品牌文化或讲述品牌故事，而且常常配以马球和高尔夫球的工具，作为时装的装饰。英式风格的服装陈列尤其善用伞，这与英国绅士常常会以手握伞柄的形象出现在世人面前有着不可分割的关系。这一风格的特点是古典、绅士感。

● 瑞士风格

瑞士风格充满独特魅力，它以一种以静为动、以静传神的独到的形式呈现在人们的眼前，令人过目不忘。瑞士风格技术含量高，表现形式和陈列技巧全面，讲究细节和章法。在瑞士，它已不只是一种商业形式，而是已经渐渐形成一种文化。它的优越之处在于可以对任何商品进行陈列，在空间处理方面多用装饰布装饰背景，讲求精湛的搭配技法，注重制作工艺与细节，常以静态展示出动态的视觉感受。

这一风格的特点是赏心悦目、精益求精。就如同瑞士手表一样，工艺精湛、细腻，享誉国际。

● 美式风格

美式风格又被称为剧场式陈列风格。20 世纪 70 年代，纽约一家百货商店把自己的店面布置得像剧场一样豪华，这很快成为当时时尚界的热门话题，并引发了商业布置风。美式风格因此得名。美式风格注重空间展示，美国人喜欢营造敞亮、宽大的空间感，注重氛围，不太重视细节。多运用动态各异、表情丰富的模特，陈列出带有一定情节的场景，营造类似于舞台剧的氛围。美式风格具有极强的观赏价值和视觉吸引力，看起来隆重、豪华、气派，但是过于随意，不够讲究、精致、细腻。

● 日式风格

日本的服装陈列吸收了瑞士风格中细腻的表现手法和美式风格中善于营造戏剧化氛围的优势，并结合本国文化特色，创造出一种较为全面的陈列手法，可以以任何产品为陈列对象。日式陈列以装饰映衬法为主，在店内做一些装饰衬托，以强化服装产品的艺术主题，同时其细腻的表现手法也给顾客留下深刻的印象。卖场的货架可谓是寸土寸金，日本服装店掌握这个规则，将柜架布置得紧促有致，这种极致的精细带来意料之外的震撼感。这一风格的特点是技术全面、精致完美。

资料来源：胡海鸥. 中国服装陈列风格形成与发展问题探讨. 浙江纺织服装职业技术学院学报：2010(4).

(二) 商品的陈列要醒目、便于顾客选购

商品的陈列应力求醒目突出，以便迅速引起消费者的注意。以下是使商品“陈列醒目”的三个方法：

(1) 合理的摆放高度。消费者走进商店经常会无意识地环视店内陈列的商品，通常消费者的展望高度是 0.7～1.7 米。同视觉轴大约 30° 角上的商品最容易让人清晰感知，60° 角范围内的商品次之。在 1 米的距离内，视觉范围的平均宽度为 1.64 米；在 2 米的距离内，视觉范围的平均宽度为 3.3 米；在 5 米的距离内，视觉范围的平均宽度为 8.2 米；到 8 米的距离内，视觉范围的平均宽度就扩大到 16.4 米。因此，商品摆放高度要根据商品的大小和消费者的视线、视角来综合考虑。一般来说，摆放高度应以 1～1.7 米为宜，与消费者的距离约为 2～5 米，视场宽度保持在 3.3～8.2 米。在这个范围内摆放，可以提高商品的能视度，使消费者能够清晰地感知商品形象。

(2) 满货架陈列，保持商品量感。所谓量感，是指陈列的商品数量要充足，给消费者以丰满、丰富的印象。量感可以使消费者产生有充分挑选余地的心理感受，进而激发其购买欲望。这样就要求合理确定库存、架存的关系，并及时补充架存商品。

(3) 突出商品特点。商品的功能和特点是消费者关注并产生兴趣的集中点。将商品独有的优良性能、质量、款式、造型、包装等特殊性在陈列中突出出来，可以有效地刺激消费者的购买欲望。例如，把款式新颖的商品摆放在最能吸引消费者视线的位置；把多功能的商品摆在消费者易于接触、观察的位置；把名牌和流行性商品摆放在显要位置，都可以激发消费者购买欲望。值得注意的是，有些商品的俯视角度更能吸引消费者的注意，如化妆品、金银首饰等，尤其是儿童玩具，陈列过高则不能引起儿童的注意和兴趣。

(三) 商品的陈列要有相关性

曾经就有这样一件趣事：一位女高中生在 7-11 便利店打工时，由于粗心大意，在进行酸奶订货时将 3 瓶酸奶写成了 30 瓶。按规矩应由那位女高中生自己承担损失，但这就意味着她一周的打工收入将付之东流，这就逼着她只能想方设法地争取将酸奶赶快卖出去。于是女高中生灵机一动，把装酸奶的冷饮柜移到盒饭销售柜旁边，并制作了一个写有“酸奶有助于健康”的 POP 广告。第二天早晨，30 瓶酸奶全部销售一空。谁也没有想到这位女高中生戏剧性的实践带来了 7-11 便利店新的销售增长点。从此，在 7-11 便利店中酸奶的冷藏柜便同盒饭销售柜摆在一起进行售卖。

从这个小故事可以看到，具有相关性的商品陈列对于商品销售的促进作用是十分明显的。许多商品在使用上具有连带性，如牙膏和牙刷、裤子和皮带等。为引起消费者潜在的购买欲望，方便其购买相关商品，可采用连带陈列方式，把具有连带关系的商品相邻摆放，达到促进销售的目的。

(四) 商品的陈列要美观大方，富有艺术感

在某些床上用品专卖店，我们会发现产品并不都是死板地放在床上，专卖店的工作人员会用种种有趣的形式来吸引顾客，例如将床单稍作改动后穿在模特身上。通过商品组合的艺术造型进行陈列，可使整个专卖店更富有美感。

各种商品都有其独特的审美特征，如有的款式新颖，有的造型独特，有的格调高雅，有的色泽鲜艳，有的包装精美，有的气味芬芳等。在商品陈列中，应在保持商品独立美感的前提下，通过艺术造型，将各种商品巧妙布局，相映生辉，达到整体美的艺术效果。可以采用直线式、形象式、艺术字式、单双层式、多层式、均衡式、斜坡式等多种方式进行组合摆放，赋予商品陈列以高雅的艺术品位和强烈的艺术魅力，从而对消费者产生强大吸引力。

当然美感的建立也需要与自身的需求相吻合。落地陈列和高档陈列是两种不同美感的陈列方式。从美感角度来看，用豪华的货架和灯光处理的方法制造的高档陈列更具美感，但落地陈列可以给顾客一种便宜的感觉，能够刺激顾客的购买欲望，故展开促销活动时就需要落地陈列。

(五) 商品的陈列要适应季节的变化

许多行业的产品属于季节性很强的商品，应随季节的变化不断调整陈列方式和色调，尽量减少店内环境与自然环境的反差。这样不仅可以促进季节商品的销售，而且可以使消费者产生与自然环境和谐一致、愉悦顺畅的心理感受。这一点在时装、烹调产品上表现得尤为明显。

季节性商品的陈列应在季前开始。商店应了解顾客的潜在需要，根据季节的变化来改变商品的陈列，否则将丧失适时销售的良机。下面我们简单来看看“四季陈列备忘录”：在尚未花开的早春时节，商店应走在季节变换的前头，及时将适合春季销售的商品，如时装、鞋帽等早早摆上柜台。春季商品的陈列，可以以绿色为主调，透出一股春天的气息。夏季商品的陈列应注意：一般提前在4～5月份，将夏季商品摆出来；夏季气候炎热，陈列商品的背景可以以蓝、紫、白等冷色调为主；夏季商品陈列要考虑通风，最好将商品挂起来；夏季商品陈列的位置可以向外发展，在门厅或门前处较适宜。秋季商品应该在9月份开始陈列，秋季天高气爽，也是收获的季节，商品陈列应以秋天的色调、景物作为背景，以此衬托出商品的用途。冬天天寒地冻，商店布置要使顾客感到温暖，背景最好以暖色调的红、粉、黄为主，突出冬季商品的特色。可以体现季节变化的，在专卖店这个领域主要是橱窗。橱窗是吸引顾客的“第一前线”，值得花大时间、大精力去搞好。

要真正使得陈列有效，最后的“临门一脚”才会产生“进球”。除了上面的五大原则之

外，系统性的陈列管理培训更是基础。7-11 便利店在这方面的具体做法是：每周都要做一本至少 50 多页的陈列建议彩图，内容包括新商品的摆放，招贴画的设计、设置等，使各店铺的商品陈列水平都有了很大的提高。除此之外，7-11 便利店还在每年春、秋两季各举办一次商品展示会，向各加盟店铺展示标准化的商品陈列方式。参加这种展示会的只能是 7-11 便利店的职员和各加盟店的店员，因为这个展示会揭示了 7-11 便利店未来半年内的商品陈列和发展战略。另外，7-11 便利店还按月、周对各门店内的商品陈列进行指导，比如，圣诞节来临之际，圣诞商品如何陈列、店铺如何装修等都是在总部指导下进行的。

阅读链接 6-4　屈臣氏门店的促销操作流程

- 屈臣氏门店促销操作流程

带领店铺员工执行一次促销活动，对于一个经验丰富的店铺经理来说，也许并不难，但是对于一个新手，这是一项非常复杂的工程。

屈臣氏门店促销操作流程具体如下：

(1) 每期促销活动举办之前，总部采购部会提前给各分店发送促销手册，告诉店铺下期的促销主题、促销时间、促销内容，有哪些促销工具、物料及发送时间，促销规则、注意事项，怎样布置卖场、陈列商品等内容。

(2) 店铺的所有员工仔细阅读促销手册，特别是管理人员，要按照上面的指引做好订货等促销准备。

(3) 总部要做好配货、定制促销物料的工作。新式的促销活动还要陈列样板店，组织分店管理人员参观，讲解注意事项，以保证促销活动按要求执行到位。

(4) 在促销活动开始前，仓库要按促销手册给各分店配送商品，店铺检查商品、赠品、物料的到货情况，没有到货的要及时通知采购部门。

(5) 在促销活动开始的前一天晚上，员工要对店铺进行全面调整，陈列促销商品、赠品，更换促销宣传画、POP 广告、价格牌。

- 屈臣氏自有品牌商品促销操作

屈臣氏大约在二十一世纪初才推出护理用品类的自有品牌商品，时间并不是很长，但已深得广大消费者喜爱，市场份额日趋增长，据目前数据显示，自有品牌的市场份额已经超过市场总额的 20%，其产品推广及促销策略功不可没。

(1) 新品上市促销。有新品上市时，屈臣氏都会安排较大篇幅的版面进行宣传，并大规模分发试用品，如 2004 年 10 月推出骨胶原系列护肤品，2005 年 3 月推出美颜糖果，同年4月推出滋养沐浴露系列，同年11月推出天然精华护理系列，这些新品上市之时在所有店铺都安排了大型促销活动。

(2) 宣传专刊。屈臣氏优质生活手册是专门针对自有品牌进行宣传的专刊，一年两期，免费发送给顾客，专门介绍屈臣氏自有产品的功能特性，并邀请知名专业人士与消费者分享健与美的心得。

(3) 店铺陈列。在屈臣氏的店铺中，都会安排几米长的货架陈列自有品牌商品进行长期推广，并有醒目的标识。

(4) 促销方法。"自有品牌全线八折""免费加量33%""免费加量50%""一加一更优惠""任意搭配更优惠""购买某系列送赠品"等方式都是屈臣氏对自有品牌产品常用的促销方式。由于自有品牌具有利润空间较大、包装灵活等优势，因此促销幅度都非常大，促销效果非常明显。

资料来源：袁耿胜. 屈臣氏门店促销战略揭秘. 医学美学美容(财智)：2010(3).

(六) 商品陈列要按照先进先出的原则

商品按照先进先出的原则陈列，是保持商品品质和提高商品周转率的重要控制手段，对于运用敞开式销售方式的超市门店来说尤其重要。因为顾客总是购买靠近自己前排的商品，如果不按照先进先出的原则来进行商品的补充陈列，那么陈列在后排的商品永远也卖不出去。

二、商品陈列的方法

商品陈列是指以产品为主体，运用一定的艺术方法和技巧，借助一定的道具，将产品按销售者的经营思想及要求，有规律地摆设和展示，以达到方便顾客购买及提高销售效率的重要宣传手段。合理地陈列商品可以起到展示商品、刺激销售、方便购买、节约空间、美化购物环境等各种重要作用。据统计，店面如能正确运用商品的配置和陈列技术，销售额可以在原有基础上提高10%。以下是超市卖场中常用的九种商品陈列的方法：

(一) 主题陈列

主题陈列又叫专题陈列，即在布置商品陈列时采用各种艺术手段、宣传手段和陈列用具，并利用声音、色彩来突出某一商品。对于一些新产品或者某一时期的流行产品，以及由于各种原因要大量推销的商品，可以在陈列时利用特定的展台、平台、陈列道具台、陈列工具等突出宣传。必要时，配以集束照明的灯光，使大多数顾客能够注意到，从而产生宣传推广的效果。主题陈列的商品可以是一种商品，如某一品牌的某一型号的电视，某一品牌的服装等；也可以是一类商品，如系列化妆品、工艺礼品等。不论是一种还是一类，应尽量少而精地摆放，与其他商品有明显的陈列区别，以突出推销重点。一般在陈列时，如有推销人员配以解说，会提升商品的吸引力。

建议：主题陈列可以配合特定的节日，将这一节日畅销品单独陈列，在热闹的节日气氛中，加上色彩的点缀，突出陈列场所的气氛，从而使这类商品取得良好的销售效果。如中秋节月饼的销售陈列，端午节粽子的销售陈列，圣诞用品和圣诞礼物的陈列，等等。

另外，商店还可与生产厂家合作，利用主题陈列的形式，共同开展某种商品的展销促销活动，为工厂生产的主要产品专门布置一块场地，并配以适当的道具进行展示，使这类商品同其他类商品明显区分开来，一方面给商品陈列带来变化，另一方面又促进了这类商品的销售，扩大了市场。

(二) 端头陈列

端头即货架两端，这是销售力极强的陈列位置。端头陈列即在货架两端进行的陈列，陈列的商品可以是单一品种的商品，也可以是组合商品，后者效果更佳。

建议：端头陈列的商品如果是组合商品会比单件商品取得更大的利益，所以端头陈列应以组合式关联性强的商品为主。目前国内许多商店使用的中央陈列架有许多是半圆形端头，这等于白白浪费了黄金陈列空间。要发挥端头的商品陈列优势，可将半圆形端头去掉，放上一个单面货架进行端头陈列。

端头陈列的注意事项如下：

(1) 组合陈列时商品种类不宜过多，一般以五个为限。

(2) 组合的商品之间要有关联性，不可将无关联的商品陈列在同一货架内。

(3) 在几种组合商品中可选择一种商品为牺牲品，以低廉价格出售，目的是带动其他商品的销售。

(4) 端头的特殊位置可以用来专门陈列特价商品、重点推荐商品或热卖中的商品。

(5) 可以将同一个商品在不同的陈列架上进行陈列，也就是同一商品可在不同的货架上重复出现，但这种重复陈列必须是关联商品组合陈列。

(三) 突出陈列

突出陈列就是将商品放在篮子、车子、箱子或突出板(货架底部可自由抽动的搁板)内，陈列在相关商品的旁边销售，主要目的是诱导和招揽顾客。突出陈列的注意事项如下：

(1) 突出陈列的高度要适宜，既要能引起顾客的注意，又不能太高，以免影响货架上商品的销售效果。

(2) 突出陈列不宜太多，以免影响顾客正常的行动路线。

(3) 不宜在窄小的通道内做突出陈列。即使在比较宽敞的通道，也不要配置占地面积较大的突出陈列商品，以免影响通道顺畅。

(四) 关联陈列

关联陈列也叫配套陈列，即将与主力商品有关联的商品陈列于主力商品的周围以吸引并方便顾客购买的陈列方法。以主力商品为中心，要尽可能将与此类商品有关联的商品集中在同一场所，这种关联陈列可以依行业、商品特性、目标顾客等作全面考虑。如电器商品可采用以下关联方法：

(1) 用途上的关联。如空调、电视、影碟、立体音响、录像等商品相邻陈列。再如在销售家庭装饰用品时，把地毯、地板装饰材料、壁纸、吊灯共同布置成一个色调和谐、图案美观、环境典雅的家庭环境，将各类装饰材料有机组合起来，让顾客感受到家庭装饰对居住环境的美化作用。

(2) 附属上的关联。旅行用品如电动刮胡刀、电吹风、照相机、望远镜等商品相邻陈列。

(3) 年龄上的关联。老年用品如助听器、按摩器、小型电器、电热毯、频谱仪等商品相邻陈列。

(4) 商标上的关联。陈列商品以商标为纽带进行系列陈列，如强生用品系列的婴儿润肤露、婴儿无泪洗发水、婴儿爽身粉、洗面露、面部调理液、面部凝露等产品可摆放在一起。

(五) 悬挂陈列

悬挂陈列就是用固定的或可以转动的、有挂钩的陈列架来陈列缺乏立体感的商品，一般使用于日用小商品，如剃须刀片、电池、手套、袜子、帽子、发饰等。

(六) 量感陈列

量感陈列一般是指商品陈列的数量的多寡。量感陈列不能只强调商品的数量，更应该注重陈列的技巧，从而使顾客在视觉上感到商品很多。所以，量感陈列一方面是指“实际很多”，另一方面则是指“看起来很多”。量感陈列一般适用于食品杂货，以丰满、亲切、易挑选等特点来吸引顾客。

量感陈列的具体手法很多，如店内吊篮、店内岛、壁面挑选、铺面、平台、售货车及整箱大量陈列等。其中整箱大量陈列是大中型超市常用的一种陈列方法，即在卖场辟出一个空间或拆除端架，将单一商品或 2～3 个种类的商品作量感陈列。

量感陈列一般的使用场合包括：低价促销、季节性促销、节假日促销、新产品促销、媒体大力宣传、顾客大量购买等。

(七) 去盖包装整箱陈列

去盖包装整箱陈列就是将非透明包装商品(如整箱的饮料、啤酒、调味品等)的包装箱的上部切除(可用斜切方式)，或将包装箱的底部切下来作为商品陈列的托盘，以充分显示商品包装的促销效果。

(八) 岛形陈列

岛形陈列就是运用陈列柜、柜台、货柜等陈列工具，在卖场的适当位置展示陈列商品。这种陈列能强调商品的季节感、时鲜感和丰富感。岛形陈列的注意事项如下：

(1) 陈列工具应与商品特征相结合。

(2) 陈列工具一般适宜于放置在卖场的前部和中部，这样就能向顾客充分展示岛形陈列的商品，如果陈列在后部，顾客往往会被货架挡住视线。

(3) 陈列工具不易太高，以免影响顾客的视线。

(4) 陈列工具最好装有滑轮和搁板，以便根据需要而调整。

(5) 陈列工具要牢固、安全。

(九) 散装或混合陈列

散装或混合陈列就是将商品的原有包装拆下，单一品种或几个品种组合在一起陈列于岛形陈列工具内，往往以一个统一的价格或在一个较小的价格范围内出售，这种陈列方式会使顾客认为商品的价格更便宜，从而诱发顾客的购买欲望。

知识拓展　解析超市商品摆放的潜规则

首先谈谈为什么超市喜欢调整货架。如果一段时间没去超市，再去时，我们会发现卖场货架的位置发生了改变。从顾客的角度来说，商品摆放相对固定，再次光顾超市时，可减少寻找商品的时间。但从商场角度来说，长期固定超市货架，容易使顾客失去对其他物品的注意力，并且会令顾客对超市产生一种陈旧呆板的印象。因而在商品摆放一段时间后，通过调整货架的方式，使顾客在重新寻找所需物品时，受到其他物品的吸引，同时对超市的变化产生耳目一新的感觉。不过如果这种货架摆放的改变过于频繁，则会引起顾客的反感，认为超市缺乏科学化管理，混乱不堪，由此产生烦躁的心理。所以超市商品多久更新一次，是一门很大的学问。

其次，很大一部分消费者去超市不知道自己要买什么。商家为吸引这类消费群体，有意识地将相关的商品柜组陈列在一起。如妇女用品柜与儿童用品柜，儿童用品柜旁边再设计一个玩具区。因为超市经过分析，顾客前往妇女用品区往往是寻找事先确定要购买的东本，而超市通过在此附近陈列其他商品，是为了诱导这些女性顾客购买更多目的的商品以外的东西，从而增加销量。在空间分配上，商家的设计本着尽量增加客流量的原则，把能够吸引顾客的两个区域尽量分开，将其他区域安排在两个区域之间，如将传统的面包制品放在生鲜食品区和快速消费食品(如牛奶)中间。

另外，看似简单的货架摆放陈列，其实是大有学问的。如一些利润较大的商品大都摆放在和消费者视线平行的位置，这样能提高不少销售量。促销的商品或新货则放在货架两端。价格居中、消费者选购较多的商品一般摆放在货架中间，这样在方便了消费者的同时也加大了超市的销售盈利，而价格比较低廉、利润小的商品一般都放在货架最下面。当然，为了能让超市食品更好地周转，超市在货品摆放时也遵循着“新鲜潜规则”，即新进来的货一般都放在货架靠后的位置，而相比已不太新鲜的食品则摆放在人们容易选取的地方。在生产日期上，细心的消费者会发现，越靠外面顺手可以拿到的商品，其生产日期却越是靠前。

货品的摆放有关联的特性，同时也有横竖排列的特性。一般一些好的品牌的产品，企业对其推广也比较重视，从而我们就可以发现有的产品只有一个小小的竖列，有的产品却占了几个竖列。一般来说，货品在货架层次与数列之间的规则：目前普遍使用的是高 165～250 厘米、长 90～200 厘米的陈列货架，这种超市货架最佳的陈列段是处于上段和中段之间的段位，这种段位被称为陈列的黄金线。以高度为 165 厘米的超市货架为例，黄金陈列线的高度一般在 85～120 厘米，它在第二、三层，是顾客眼睛最容易看到、手最容易拿到商品的陈列位置。这个位置一般用来陈列高利润商品、自有品牌商品、独家代理或经销的商品。在其他两段位的陈列中，最上层通常陈列需要推荐的商品，下层通常是销售周期进入衰退期的商品。

系列产品往往呈纵向陈列。由于人的视线上下移动时的夹角为 25°。顾客在离货架 30～50 厘米的距离时，就能清楚地看到 1～5 层货架上陈列的商品。而人的视线横向移动时，夹角是 50°，当顾客在距货架 30～50 厘米距离挑选商品时，只能看到横向 1 米距离内陈列的商品。两种陈列所带来的销售效果是不一样的，显然纵向陈列更能使顾客一目了然的注意到货架上陈列的商品。

资料来源：孙颖. 超级市场货物摆放潜规则. 商业文化：2011(6).

项目小结

本项目对连锁卖场的商品陈列原则及方法进行了学习，重点介绍了商品分类管理与商品配置表的功能和技术要领，并对连锁卖场中常见的几种商品陈列方法做了介绍和分析。

本项目中的主要知识点包括商品陈列、商品分类管理、商品统计分析、商品关联分析、商品配置表、主题陈列、端头陈列、突出陈列、量感陈列。

课后习题

一、讨论题

1. 连锁企业如何通过商品分类管理提高企业的经营效益？

2. 国外一项消费心理学实验表明：如果逐渐增加某一商品在货架上的陈列数量，当数量超过某个心理临界点时，即可增加销售额几倍甚至几十倍。试分析哪些商品存在这样的心理临界点，这些商品适合于什么样的商品陈列方法？

二、自测题

1. 选择题

(1) 沃尔玛将尿布和啤酒放在一起进行陈列，这属于(　　)陈列法。

A. 量感　　B. 突出　　C. 关联　　D. 主题

(2) 日文名称“棚割表”指的是(　　)。

A. 商品配置表　　B. 商品目录　　C. 标准操作流程　　D. 店长工作计划

(3) 对于端头陈列，如果是组合陈列时商品种类不宜过多，一般以(　　)为限。

A. 3个　　B. 4个　　C. 5个　　D. 7个

(4) 在一般食品大分类的饮料分类下，可细分出听装饮料、瓶装饮料、盒装饮料等小分类，这是依据(　　)进行的小分类的划分。

A. 商品用途　　B. 规格、包装形态　　C. 商品成分　　D. 商品口味

(5) (　　)是指所完成的销售量或销售金额在门店销售业绩中占主导地位的商品。

A. 主力商品　　B. 滞销商品　　C. 辅助商品　　D. 关联性商品

(6) 确定畅销品可以通过比照历史同期的销售统计资料，选择排名前20位的商品作为畅销品，这称为(　　)。

A. 统计法　　B. 计算法　　C. 经验法　　D. 竞争法

(7) (　　)是连锁门店最主要的陈列设备。

A. 展示台　　B. 橱窗　　C. 陈列柜　　D. 货架

(8) 造成商品滞销的主要原因有(　　)。

A. 供货不及时，延误销售时机　　B. 进价或采购成本过高

C. 促销或陈列方式不佳　　D. 未掌握市场销售动态，造成供销脱节

E. 因品质问题导致顾客退货，造成积压

(9) 岛型陈列法(　　)。

A. 可从四个方向观看　　B. 设在卖场进口处

C. 设在卖场出口处　　D. 中部或底部不设置中央陈列架

E. 可用冰柜、平台、大型的货柜和网状货筐等陈列

(10) 滞销商品可通过(　　)等方法进行促销。

A. 调整陈列方式、扩大陈列位置　B. 将类别、功能相近产品进行组合销售

C. 进行免费品尝或产品示范服务

D. 与季节性商品一同进行捆绑销售或买一送一

E. 将同品种商品进行高低价位的对比陈列，突显其价格优势

2. 判断题

(1) 利用 POS 系统汇总的销售额排行榜，列出前 20%的商品作为畅销商品，这是确定畅销商品最合理、最有效的方法。(　　)

(2) 堆头、货架附近可以堆放一些库存商品，以便给顾客营造一种货源充足的气氛。(　　)

(3) 进行商品陈列时，好的段位应当留给销售业绩较差、需要大力促销的商品。(　　)

(4) 为了给顾客带来新鲜感，可时常将商品陈列的位置进行变动。(　　)

(5) 连锁企业要做好商品分类，需要按照大、中、小原则，根据本企业的实际情况，编制出适合于自身的分类系统。(　　)

3. 简答题

(1) 试述超市如何进行 ABC 商品分类管理。

(2) 谈谈商品陈列的原则有哪些。

案例分析

优衣库的布局和商品陈列

优衣库(UNIQLO)是日本迅销(FAST RETAILING)集团旗下的实力核心品牌，其首家店铺于 1984 年在日本广岛诞生，目前已成为全球成衣专业制造零售商销售规模五强之一。2002 年，优衣库在上海开设了中国首家店铺，并于 2005 年进军北京市场。由于先前的市场定位不准确，店铺出现亏损，优衣库一度撤离了北京市场。2008 年，完成了从大众化向中产阶层重新定位的优衣库重返北京市场，并实现迅速扩张，至今已在北京开设了 12 家店铺。

重新进入北京市场的两年间，优衣库以平均每年 5 家店的速度迅速布局北京市场。2008 年，优衣库在西单大悦城、王府井新东安、三里屯 VILLAGE 连开 3 家面积千余平方米的店铺，强势回归北京市场。2009 年，优衣库的开店进程进一步加快，仅在 2009 年 8～9 月的一个月时间内就连开 3 家店，其中尤以位于前门大街的北京旗舰店最为人注目。2010 年

5月，优衣库又连开两家店，进一步扩大了其北京市场。

- 自助式店铺经营模式

优衣库英文名起初来源于其 1984 年 6 月在广岛市中区袋町开设的综合服饰店“UNIQUE CLOTHING WAREHOUSE”，意为独一无二的服装仓库，这一名称准确地表达了优衣库独特的经营理念——以超市型自助购物方式为消费者创造自主轻松的购物环境，提供品类齐全的多款式休闲服饰。在这一理念下，优衣库建立了其独具一格的“自助式服装仓库”的店铺经营模式。

在优衣库的店铺内，消费者只需要提起手边的购物篮，像在超市采购日用品一样，自由选购合适的衣着。人们可以一次性选择多件服装，对不同的款式，不太确定的尺码，难以抉择的颜色，全部可以自己拿来试穿比较，而不需要一遍遍地呼唤导购人员。在优衣库，导购人员只在顾客需要的时候才提供帮助，他们以不打扰顾客的自由选择为服务准则，最大限度地为顾客创造宽松自主的购物环境。

- 超市型卖场布局和商品陈列

自助式的购物模式对卖场的布局和陈列有特别的要求。优衣库的店铺装修呈现出一种既简约现代，又亲和舒适的风格，非常符合其自助式销售方式对卖场空间的要求，不会给消费者造成任何压力。整个卖场根据服饰品类进行清晰的划分，使消费者可以很便捷地到达选购区域，并对所有商品一目了然。在陈列方面，优衣库将超市货架的商品码放方式和传统悬挂展示方式相结合。如在裤装区域，同类商品按颜色和尺码从左向右、从上到下，横向纵向整齐码放于货架上，既带给消费者整洁美观的视觉印象，又极大地方便了消费者的选购，刺激了消费者的购买欲。而对悬挂展示的商品，也按照不同款式进行分类陈列，并且从顾客的角度出发，在衣架上用不同颜色的尺码环标示出衣服的尺寸，使顾客无需翻看衣服的标签就能迅速找到合适的尺码。这种在商品陈列上的人性化考虑和对细节的重视显现出优衣库倡导“自助式服装仓库”店铺经营模式的诚意。

- 品类齐全的“服装仓库”

优衣库以提供基本款服饰为特征，倡导百搭理念，因此其店铺堪称一个商品齐全的“服装仓库”。这种齐全既体现在品类上，也体现在尺码及色系等各个方面。优衣库提供男装、女装及儿童装这三个基本类别的服饰，每一类别下，又细分为外套、卫衣、针织衫、POLO衫、T恤、衬衫、牛仔裤、西裤或休闲裤(男装)、紧身裤或袜(女装)、短裤或七分裤、裙子(女装)、背心或吊带衫、起居服、内衣、配件或小商品等，能够满足人们日常穿着的所有基本要求。同时，优衣库注重在提供基本款服饰的基础上加入时尚元素，依托其在纽约和东京的设计中心，全球最新的色彩、款式及面料信息都能第一时间反映在优衣库的产品上，陈列于其遍布全球的各个店铺中。优衣库通过将每一流行色系下的各种色彩的商品全都呈现在货架上的方式，来满足消费者多样化的需求。由此，优衣库在消费者心中树立了一个既简洁大方，又反映当季潮流；既有舒适质感，又色彩丰富、易于搭配的服装品牌形象，而优衣库也成为消费者选购每季服装的专有“仓库”。

资料来源：杨楠楠. 日本快速时尚品牌优衣库北京市场经营特征分析. 中国市场：2011(2).

★阅读上述材料，回答以下问题:

1. 优衣库的服装陈列有哪些特点?
2. 日式与欧美式服装陈列的风格有哪些区别?

※ 实训操作 ※

以小组为单位，到学校周边的超市或大卖场考察商品的陈列情况。要求：

1. 找出三种以上的商品陈列方法。
2. 说明各种陈列方法主要适用什么商品。
3. 画出草图(或拍下照片)。

连锁企业采购、理货、收银作业管理

项目 7

学习目标

- 了解连锁门店采购管理的作用、问题及对策；
- 了解理货员的工作职责及作业规范；
- 了解收银员的工作职责及作业规范；
- 掌握收银过程中识别假币的技巧。

任务一　通过采购管理提升连锁企业的竞争力

一、连锁企业采购管理的作用

采购是指在市场经济条件下，在商品流通过程中，各企业及个人为获取商品，对获取商品的渠道、方式、质量、价格、时间等进行预测和抉择，把货币资金转化为商品的交易过程。

对于连锁超市行业，由于没有生产环节，因此企业的利润多从商品的进销差价中获得。目前我国连锁企业的利润率是比较低的。根据国家信息中心提供的数据，目前连锁企业的平均利润率仅为 0.91%，连锁企业百强的净利润率也仅为 1.32%，而国外连锁超市的平均利润率却达到 2.22%。各个连锁超市商品的销售价格相差无几，连锁企业只有从降低采购成本出发，才能扩大企业的利润源，增强企业的竞争力。

二、连锁企业采购的常见问题

现阶段，大多数的连锁企业都面临着一个共性的难题——采购控制。采购控制理想的目标是花最少的钱买到最好的东西，同时有效遏制采购腐败。但在现实中，企业在采购过程中总是会发生各种问题。总的来说，目前最常见的问题可以归纳为以下六点：

(1) 没有明确的采购计划，缺乏对采购需求的分析和对供应商的培养。采购的随意性很大。经常是刚采购了一批油烟机，又要采购一批灶具，采购没有最基本的计划，并且各个事业部之间缺乏必要的沟通与衔接，所有的采购都是应急性的，其结果就是采购部门在疲于奔命地买东西，根本没有时间去了解市场，而企业管理者也弄不清采购部门整天忙忙碌碌的在干什么。

(2) 不注重与供应商长期的关系管理。连锁企业的销售利润很少，其商业利润主要来源于各种进场费和返佣、合同续签费、条码费、货架费、端架费、节庆赞助费、供应商承担的各种让利促销费用等，这些费用占到产品销售额的25%以上。而零售商一面盘剥供应商，另一方面又利用供应商的资金大肆圈地，使得零售商与供应商逐渐形成对立之势。中国连锁业协会和普华永道咨询公司共同进行的工商关系调查报告显示：当前消费品制造商对零售商的满意度只有 33.3%。采购若只注重谈判、比价和压价，就没有从关注谈判问题到向建立战略合作伙伴关系的转变，更没有从一味压价到向建立双赢机制的转变。采购就会变成一次性交易，货款两清后各自走人。这种采购很像散兵游勇，难以成为正规军。其后果是不能充分利用供应商的资源和售后服务，同时在市场经济条件下一味追求单赢，只考虑自身利益，长此以往，把自己的名声搞坏了，寻找合作伙伴的路也就越来越窄。

(3) 没有把采购管理上升到事关公司存亡的战略高度。很多企业的管理者不重视采购管理，也没有把采购策略和合作伙伴的选择评估标准作为企业整体战略的一部分，他们单纯地认为采购员只要钱花得最少就是好，公司还有其他诸如市场、销售等的工作要做，公司的低成本扩张和谋求更大的发展空间才是最重要的，采购只是后勤部门的小事，对公司的大局影响不会太大。

(4) 买方市场、卖方市场的转变较快。由于零售行业的竞争较为激烈，连锁超市企业买方市场向卖方市场的转变，有时候是非常快的，主要的问题在于连锁超市企业的采购部门不能充分了解整个行业的动态变化，缺乏长远的眼光。

(5) 企业缺乏有效的工具和信息平台对采购进行跟踪、评估、分析和科学的决策。究竟什么样的采购才是符合企业利益的？到底采购价格为多少才是合理的？在普遍存在采购阴影的大环境中怎样实施有效的监督检查？怎样才能事前控制而不是亡羊补牢？这些问题每天都在困惑着连锁企业的管理者们，其根本原因在于没有找到一个有效的工具对采购进行跟踪、评估、分析和科学的决策。

(6) 企业和供应商的反应速度较慢。21 世纪的顾客再也无法容忍反应迟钝的供应商了。如果供应商的确如此的话，他们会毫不犹豫地转向其他供应商，以便随时随地地获得他们想要的东西。激烈的市场竞争只青睐那些不仅能够提供给客户质量可靠、有价值、便利且恰为顾客所需的产品，并且能够满足顾客的特殊需求的供应商。在这种压力下，就要求连锁企业必须竭尽全力地缩短其响应周期，以便及时有效地满足顾客的需求。

三、连锁企业战略采购的对策

(一) 集中采购

通过采购量的集中来提高议价能力，降低单位采购成本，这是一种基本的采购方式。虽有企业建立集中采购部门进行集中采购规划和管理，以期望能减少采购部门的差异性，提高采购服务的标准化，减少后期管理的工作量，很多企业在发展初期，因采购量和商品种类较少而进行集中采购，但随着企业的集团化发展，在采购上出现分公司各自为政的现象，很大程度上影响采购优势。因此，坚持集中采购方式是企业经营的根本原则之一。

(二) 增加上游供应商，引入更多的竞争

通过扩大供应商的选择范围引入更多的竞争。寻找上游供应商来降低采购成本是非常有效的战略采购方法，它不仅可以帮助企业寻找到最优的资源，还能保证资源的最大化利用，提升企业的水准。

(三) 优化采购流程

制定明确的采购流程有助于企业实现对采购的控制，通过控制环节(要素)避免漏洞，达到实现公司战略的目的。优化采购流程可采用的要素有：货比三家引入竞争，发挥公开招标中供应商间的博弈机制，选择最符合自身成本和利益需求的供应商；通过电子商务方式降低采购处理成本(交通、通讯、运输等费用)；通过批量计算合理安排采购频率和批量，降低采购费用和仓储成本；对供应商的服务和产品进行“菜单式”购买。

(四) 产品服务的统一

在采购时就充分考虑未来储运、维护、消耗品补充、产品更新换代等环节的运作成本，致力于提高产品和服务的统一程度，减少差异性带来的后继成本。这是技术含量更高的一种战略采购，是整体采购优化的充分体现。

(五) 进行组织变革

战略采购是一个有望真正改善组织竞争力的方法。战略采购根据商品对组织的整个经营目标的重要性确定最适当的采购方法，而不是采用单一的交易方法来采购所有的商品和服务。这意味着大部分的时间和精力将被用于寻找并确定对企业具有最高价值和财务影响的商品和合同。战略采购将实现更低的采购总成本和改善产品质量与服务的目标，最终取得竞争优势。

1. 重组组织结构

如果进行战略采购，那么采购不得不具有跨越组织运营的作用。这意味着采购活动应当与其他部门联系在一起。采购与许多职能部门相互影响，并且在某种意义上充当这些部门与供应商之间的纽带。没有采购和其他部门之间良好的内部关系，将不可能与外部供应商建立强大的合作关系。因此，战略采购能够使采购决策与企业的长期竞争目标更紧密地结合在一起，从而带来整个组织的战略变革与结构重组。

2. 建立与供应商的伙伴关系

双赢模式下的伙伴关系同时有利于供应商和买方，他们之间的伙伴关系是建立在相互信任的基础之上，但是为了保持这种关系，必须通过联合跟踪伙伴业绩来保持平衡。双方之间如权力不平衡，会使这种伙伴关系倒向零和博弈。

买方在与供应商建立伙伴关系时应注意以下三点：

第一，伙伴关系需要在一开始就清楚地界定。买方与供应商必须建立契约关系以确保工作和利润在关系存续期间的公平分配。在供应商与买方的合同中，严格的关系定义是实现贸易量和稳定性的关键。明确地规定双方在伙伴关系内的各种情况将使机会主义行为最小化。

第二，信息必须对双方透明，提供有助于与供应商建立伙伴关系的经济绩效评价的完全信息。要实现相互尊重的伙伴关系，供应商和买方之间就要建立一套信息交流与共享的机制，在供应商与买方之间经常进行有关需求预测、质量控制、技术规格信息的交流与沟通，保持信息的一致性和准确性，同时买方也应当在更广泛的业绩基础上评价伙伴关系中的供应商。

第三，除了日常的管理技能外，管理伙伴关系要求精通法律和谈判技巧。随着采购人员更多地参与到企业战略决策中来，人员技能将变得更加重要。

阅读链接 7-1 苏宁的国际买手

买手(buyer)，是指采买符合企业或品牌需求的设计，并交由工厂生产成商品，或直接采买合适的商品投放到零售渠道中进行销售，从而获得利润的职业人。买手这一职业起源于 20 世纪 60 年代的欧洲，历经半个多世纪的发展在国外已经很成熟。买手与采购相类似，但是买手又绝非一般意义上的采购。买手对市场的嗅觉更敏锐、对趋势的洞察更独到、对行业的运作更熟稔、对货单的买断更果敢，他们具有设计师的天赋、弄潮儿的本能、外交家的潜质、经理人的素养，他们在世界各地奔波、在谈判桌前斡旋、在陈列场内冥想……

国际上有实力的大型零售企业，大多都是在全球范围内整合资源，订单采购、买断经营、自营销售，并自主开发系列自有品牌，其自主、自营品牌比例一般高达40～60%。比如，美国沃尔玛有50多个自有品牌，日本7-11便利店自有品牌经营业务占55%。相比之下，目前我国企业的商业自营能力普遍不足，自营品牌收入仅占总收入来源的5%，自有品牌更是寥若晨星。

“买手制”的好处在于零售商能有的放矢地进货，选择适销对路的商品，减少库存；零售商与供应商谈判具有较强的议价能力，批量买断商品，降低成本；融入了“生活美学”的眼光，使得零售成为一门艺术，形成商业特色，有利于提高顾客忠诚度；以市场化方式对上游的生产进行引导，提高了商品的供给质量，有利于满足消费者的需求等。买手通过其敏锐而又独到的市场眼光进货，能把握市场脉搏、做到适销对路，有利于提高目标客户的黏性。

苏宁的“全球买手”正是这样一群人，他们活跃在全世界各个国家和地区，凭借自己独到的眼光和丰富的经验，不断将优质的进口商品引进国内，再通过苏宁的“智慧零售”平台将优质好物送到消费者的手中。苏宁对于受雇的海外买手员工有着十分苛刻的要求：有海外生活经历、有海外本科毕业及以上学历、最好是当地定居居民、具备良好的市场嗅觉……受雇的海外买手员工还需要每日和公司品类负责人通过微信、电话等方式梳理工作和推品结果。

作为苏宁在日本大区唯一的买手，刘兴和一天的工作是从市场调研和客户拜访开始的。在他看来，判断一个买手是否专业，选品是其中最关键的指标之一。面对琳琅满目的商品，刘兴和必须通过深入而持续的调研来判断，哪些商品适配中国市场，适合国内的消费者。基于多年在日本选品的成功经验，目前刘兴和在日本市场的选品主要包括已经风靡中日的热门爆款产品和市场推出的新品两大类。在选品确定以后，买手便需要去和选定的品牌进行商业谈判，这也是买手的另一项重要工作——拜访客户。由于中日两国市场进口政策的差异，买手和品牌商之间需要反复沟通。日本商品体系与国内不同，分为制作和发行售卖，而日本市场品牌方不做售卖，销售和制造是分开的两个公司。刘兴和要做的就是结合日本商品市场的实际，为消费者找到最优价格。

苏宁的品牌优势、口碑，快速的物流运转能力及强大的渠道优势，是苏宁买手团队得以顺利开展工作的保障。买手团队主攻选品池的打造，然后由总部进行选购后上线，之后与品牌商进行联合发售和推广，苏宁在国内可以备货于保税仓，也有与境外商超或者连锁品牌合作的连锁平台，这为买手们的工作节省了很多环节。并且伴随着近年来苏宁的全球化布局，海外品牌对于苏宁品牌的认知度逐步普及，成为买手们与品牌商合作谈判的破冰利器，同步带动了苏宁易购线上品牌以及其他产业在海外的认知度。

刘兴和在日本市场的日常工作，是苏宁众多全球海外买手的一个缩影。多年来，苏宁持续强化国际化发展战略布局，重视在海外市场寻找优质好货，助力国内消费品质升级。近年来买手店也在中国迅速崛起，无论是以市场预判为核心的买手店，还是主打设计师原创的设计师店，或者是以全程顾问销售模式、定制产品的概念店，他们都在积极融入大众的视野，引起消费者的注意。未来在中国商业中真正意义上的专业采购——买手，必将是众多品牌商竞相争夺的香饽饽！

资料来源：环球网. 看苏宁海外的买手们如何买遍全球好物. https://tech.huanqiu.com/article/9CaKrnKegyE，2018-10-31.

任务二　理货员的岗位技巧

一、理货员的工作职责和工作要点

理货员是指在敞开式销售的连锁店内，通过理货活动，依靠商品展示与陈列、POP 广告、标价、排面整理、商品补充与调整、环境卫生、购物工具准备等作业活动，与顾客间接或直接地发生联系的工作人员。

怎样做好一个超市理货员？超市中的理货员看似工作较简单、普通，但他们是与顾客接触最直接的人。他们的一举一动、一言一行无不体现着超市的整体服务质量和服务水平，其素质的好坏将直接影响到公司的生意和声誉，所以只有不断地提高理货员的素质和业务能力，才能使连锁超市在激烈的市场竞争中立于不败之地，因此对理货员的基础知识培训非常重要。

理货员的作业流程如图 7-1 所示。

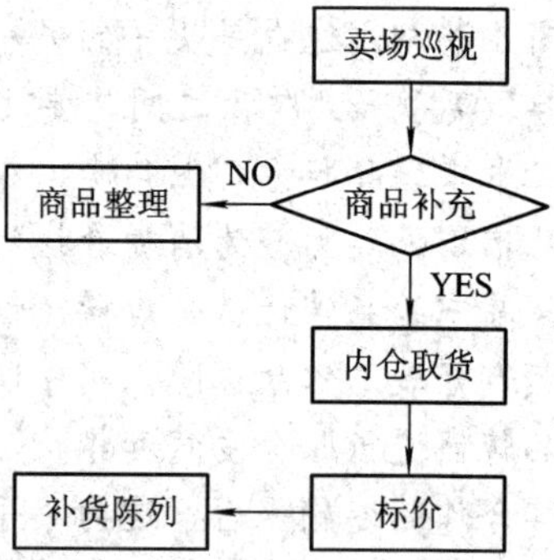

图 7-1　理货员的作业流程图

(一) 理货员的工作职责

理货员的工作职责主要有以下五点：

(1) 对商品进行验收和为顾客提供退货服务。

(2) 对商品按编码进行标价和价格标签管理。

(3) 对商品进行分类，并按商品陈列方法和原则进行商品陈列(包括补货)。

(4) 对顾客的咨询提供服务。

(5) 对超市内的卫生进行保洁及商品防损管理，具体内容如下：

① 及时处理废弃纸箱，严禁将其放入过道。

② 保管好本部门的工作用具、清洁用具，放于指定位置，打码枪和条形码必须保管好，严禁放于顾客随手能拿到的地方。

(二) 理货员日常完成本职工作的要点

理货员日常完成本职工作的要点主要有：

(1) 熟练掌握本岗位所经营商品的性能、用途、使用方法。

(2) 经常性记录所经营商品的缺货情况，制定补货计划。

(3) 对商品和货架每间隔 5～7 天必须进行一次清洁，地面用具必须每天清洁一次。

(4) 搞好市场调查，掌握消费者需求，及时上报主管销售情况，制定新产品购销计划。

二、超市理货员的作业规范

1. 岗前准备

准时打卡，更换工作服，佩戴工作牌，整理仪容仪表。

2. 卖场检查与记录

检查货、价签是否相符，摆放位置是否正确；货架上的商品有无缺货状况；有无破损品或过期变质品，对上述检查做详细记录。本人所辖区域内的商品确保无破损，无变质，并且一货一签，货签对位。对自己所要补货的品项及数量做到大致了解。

3. 日常作业规范

1) 领货作业要领

领货是指根据卖场内的商品销售情况，由理货员去后仓领货以补充货架。理货员在领货作业时应注意：① 必须凭领货单领货；② 理货员应在领货单上写明商品的大类、品种、货名、数量及单价；③ 理货员对仓库管理员所发的商品，必须按领货单上的事项逐一核对验收，以防止商品串号和提错货物。

2) 标价作业要领

标价是指商品代码和价格以标签方式粘贴于商品包装上的工作。每个上架陈列的商品都要标上价格标签，有利于顾客识别商品售价以及门店进行商品分类、收银、盘点及订货作业。

一般商品的标签位置最好打贴在商品正面的右上角，因为一般商品包装的右上角无文字信息。如右上角有商品说明文字，则可打贴在右下角。礼品则尽量使用特殊标价卡，最好不要直接打贴在包装盒上，可以考虑使用特殊展示卡。

理货员进行标价作业时应注意：① 打价前要核对商品的代号和售价，核对领货单据和已陈列在货架上的商品的价格，调整好打价机上的数码，先打贴一件商品，再次核对无误后方可打贴其余商品；② 同样的商品上不可有两种价格；③ 标价作业最好不要在卖场上进行，以免影响顾客的购物；④ 价格标签纸要妥善保管。

3) 变价作业要领

变价作业是指商品在销售过程中，由于某些内部或外部环境因素的发生而进行改变原销售价格的作业。理货员在进行变价作业时应注意：① 如价格调高，则要将原价标签纸去掉，重新标价，以免顾客产生抗衡心理；② 如价格调低，可将新的标价打在原价之上。每一个商品上不可有不同的两个价格标签，这样会引起不必要的麻烦和争议，往往也会导致收银作业的错误。

4) 商品陈列作业要领

商品陈列作业是指门店根据商品配置表的具体要求，将规定数量并标好价格的商品摆设在规定货架的相应位置。商品陈列的检查要点包括：① 商品是否有灰尘；② 货架隔板、隔物板中有胶带的地方是否有污渍；③ 标签是否贴在规定位置；④ 标签及价格卡的售价是否一致；⑤ 商品最上层是否太高；⑥ 商品是否容易拿取、放回原处；⑦ 上下隔板之间是否间距适中；⑧ 商品陈列是否先进先出；⑨ 商品是否做好前进陈列；⑩ 商品是否快过期或接近保质期；⑪ 商品是否有破损、异味等不适合销售的状态存在。

5) 商品补货作业要领

补货作业是指店员将标好价格的商品，依照商品各自既定的陈列位置，定时或不定时地将商品补充到货架上去的作业。为了符合商品陈列的先进先出原则，通常补货上架时要按照以下六个步骤进行：

(1) 核对一下欲补货物陈列架前的价目卡是否和要补上去的商品售价一致。

(2) 将货架上原有的商品取下。

(3) 清洁货架(这是彻底清洁货架里面的最好时机)。

(4) 将准备补充的新货放至货架的后段。

(5) 清洁原有商品(这是彻底清洁货架最里面的最佳时机)。

(6) 将原商品放于货架的前段。

4．顾客服务

超市理货员在进行商品补货的时候，切记不可妨碍顾客的正常购物。超市理货员在将商品补货工作做好之后，要进行区域内的清洁整理工作，给顾客一个良好的门店印象。理货员要熟悉本部门商品的陈列位置及单价，按顾客要求为顾客提供服务，简单介绍商品，协助顾客购物，对本人所辖区域内的商品位置及单价都应对答如流，对顾客热情，做到百问不烦，百拿不厌，同时应注意避免体积小、单价高的商品出现丢失，注意残品及时下架并及时送回退换区。

5．用餐

在保证不空岗的情况下轮流用餐，用餐时间不得超过三十分钟。

6．清洁作业

所辖区域内的通道地面清洁，不能有碎纸屑及空箱子，清洁用具如抹布等用后摆放于合适的位置，不能乱丢。

任务三　收银员的作业技巧

一、收银员的岗位职责

近年来，超级市场作为新型的零售业态，在我国发展迅速。丰富的商品种类，便利的购物方式，低利销售的经营方针，使超市日益走进了寻常百姓的生活。与传统的百货商店售货员不同，超市员工一般并不直接或主动与顾客打交道。顾客在店内选购自己喜欢的商品之后，自行到超市出口处结账。这时候，超市收银员的重要性就显现出来了。收银员指超市、商场、宾馆、酒店等经营场所给顾客提供结账服务的雇员。对于超市收银员或者准备从事收银工作的人员来说，要想做好收银工作，成为一名合格的超市收银员，首先应该明确超市收银员的工作职责。

在外人看来，收银员的工作很简单，就是把顾客所选物品的价款结清。实际上，虽然为顾客提供结账服务是收银员的基本工作，但这不是收银工作的全部，不能简单地把收银工作等同于结账工作。这是因为，大多数超市的出入口都与前台收银作业区设计在一起，顾客踏进超市，看到的第一个超市员工就是收银员，选好商品结账时，直接接触的还是收银员。收银员的一举一动、言谈举止都代表了超市的形象。因此，超市收银员的工作职责还包括为顾客提供良好礼仪服务的重要内容。另外，超市作为一个经营实体，其经营特点决定了超市的收银工作必须配合整个超市的经营工作，以达到超市利润最大化。所以，超市收银员的工作职责还包括现金管理、推广促销以及防损等工作内容。

1．为顾客提供结账服务

收银员在提供结账服务时不仅要快捷，而且必须准确。不可将低价位的商品以高价打出，损害顾客利益；也不可将高价位的商品以低价位打出，损害企业的利益。对于扫描不出的商品，应输入商品的代码，在输入时应看清数字，杜绝错误。

2. 为顾客提供咨询服务

收银员不仅要熟练掌握收银工作技能，还要全面了解整个商场商品的布局。在顾客询问时，要能够准确回答顾客的问题，热情礼貌待客，做好导向服务。

3. 现金管理

收银员由于其工作岗位的需要，每天与大量现金接触，因此必须严格遵守超市有关现金管理的规定。如工作时身上不可带有现金，不可在工作岗位上清点现金等。

4. 超市防损

顾客在结账时，会因某种原因将一些商品留在收银台上，这时，收银员应及时将顾客不需要的商品归位到货架上，避免不必要的损耗。从某种程度上说，收银员也是兼职防损员。

5. 推广促销活动

超市经常有各种各样的促销活动。收银员在推广促销活动中，除正常收银作业以外，应特别注意做好宣传和告知工作。告知的内容主要包括以下两项：

1) 得到优惠或赠品的条件

当顾客所购商品的金额已接近这次活动所需金额时，收银员应提醒顾客再选购一些商品就可以得到某种优惠或赠品等，这样可以使顾客获得某种意义上的满足并感受到被尊重。

2) 有关注意事项

收银员在解答顾客关于促销活动的问题时，应将有关注意事项告知顾客，比如截止日期、参与条件等。

二、超市收银员的十六条工作规范

以下是某商场根据商业环境及职业规范，结合本企业的实际情况，规定的商场收银员在收银工作中的十六条工作规范和纪律。

收银作业规范一：顾客来到收银台前，收银员应面带微笑，及时接待，不得以任何理由推诿。

收银作业规范二：录入前应先询问顾客有无优惠卡。如顾客有，先刷优惠卡，再录入商品；如顾客没有，可告知顾客到服务台办理的方法及优惠卡的功能。

收银作业规范三：正确、规范扫描，在扫描器最敏感的地区按扫描器指定箭头方向将商品划过，听到“嘟”的响声后，再仔细核对每个商品与电脑显示的品名、规格、价格是否一致。

收银作业规范四：读不出条码的商品马上用手工输入，不得用不同条码的同价商品代替入机，同时记录该商品条码，报部门处理；用手工输入条码后，如果屏幕提示“无该商品信息”，应向顾客表示歉意，同时向收银柜长反映情况以求尽快解决；同条码的3件以上商品清点数量后可直接用数量键输入电脑。

收银作业规范五：当电脑显示的商品资料与实物不符时，应做好以下工作：

(1) 柜台打错价时，可在收银柜长证明后按低价售出，差价由柜台责任人赔偿。收银柜长做好记录。

(2) 商品的品名、规格、条码(编码)不符时，应委婉地向顾客解释并及时通知还原人员进行更换。

(3) 顾客私自更换条码，一旦发现，立即报防损分部处理。

(4) 商品的正常折让和变价由授权人参照公司规定输入(见公司的《权限卡使用规范》或其他相关规定)，对符合条件的操作，由授权人在记录本上做好登记。

收银作业规范六：在未结算前发现输入错误应使用“取消”(或“更正”)键。

收银作业规范七：营业中遇电脑故障而无法自行处理，立即通知理货区电脑员或电脑部工作人员；关机前须经过收银柜长以上人员的批准，并由授权人做好记录，不得擅自关机。

收银作业规范八：支票结算按公司受理支票的规定或其他相关规定操作。

收银作业规范九：银行卡结算按公司受理信用卡、储蓄卡付款的操作规范或其他相关规定操作，按各银行信用卡操作规程及注意事项收取。

收银作业规范十：顾客使用现金(人民币)支付时，需注意：

(1) 当顾客使用外国货币时，收银员须委婉地向顾客说明不能接受，并请顾客先到银行兑换成人民币后再来购物，同时尽可能详细指示银行的位置。

(2) 收取人民币时，应仔细辨别真伪。

(3) 禁止私自收受外币支付货款或截留外币。

收银作业规范十一：收银员在工作中应做到“三唱一复”，即唱收、唱付、唱零及复核。所有商品输入电脑后，应快速、准确、响亮地唱出应付金额，并询问顾客是否还有其他商品及用什么方式结算。

收银作业规范十二：交易时必须站立服务，唱收唱付时要注视顾客。

收银作业规范十三：应注意保持收银通道的畅通，发现有购物篮或购物车堵塞通道时，应及时通知还原人员还原；发现收银通道有超过四位顾客排队等候付款时，应及时报告收银柜长增加收银通道，直至开完所有的收银通道。例如，“五人原则”主要是指收银台不能超过5人排队等待。如果有超过5人，收银主管应开设新的收银台，以减少顾客的等待时间。

收银作业规范十四：没有接待顾客时，应整理好收银台桌面物品和收银台前小货架商品。

收银作业规范十五：当班期间妥善保管好收银台的配套物品；顾客临时决定不购买的

商品应及时还原，生鲜冷藏类商品应第一时间通知还原人员还原，以免商品变质。

收银作业规范十六：营业中随时判断所余零钱是否充足，提前向收银柜长提出增加零钱的申请。

知识拓展　如何识别假人民币

识别人民币最简单的方法可概括为“一看二摸三听四测”8个字。

一看：看钞票的水印是否清晰，有无层次感和立体效果；看安全线；看整张票面的图案是否统一。

二摸：第四套人民币5元以上的券别均采用了凹版印刷，触摸票面上凹印部位的线条是否有凹凸感。

三听：钞票纸张是特殊纸张，挺括耐折，用手抖动时会发出清脆的声音。

四测：用紫光灯检测无色荧光反映，用磁性仪检测磁性印记，用放大镜检测图案印刷的接线技术及底纹线条。

除了上述基本方法外，还可以通过比较法，即用真币与假币的对比方法去识别假人民币，仔细比较可以更有效地识别假币：

——水印识别。人民币水印是在造纸中采用特殊工艺而形成的暗记。真币水印的特点是层次分明，立体感强，透光观察清晰。而假币特别是水印模糊，无立体感，变形较大，假币多是用浅色油墨加印在纸张正、背面的，不需迎光透视就能看到。

——凹印技术识别。真币的技术特点是图像层次清晰，色泽鲜艳、浓郁，立体感强，触摸有凹凸感，如1至10元券人民币在人物、字体、国徽、盲文点处都采用了这一技术。而假币图案平淡，手感光滑，花纹图案较模糊，并由网点组成。

——荧光识别。1990年版的50元、100元券人民币分别在正面主图景两侧印有在紫外光下显示纸币面额阿拉伯数字“50”或“100”和汉语拼音“WUSHI”或“YIBAI”的金黄色荧光反应，但整版纸张无任何反应。而假币一般没有荧光暗记，个别的虽有荧光暗记，但与真币比较，颜色有较大差异，并且纸张会有较明亮的蓝白荧光反应。

——安全线识别。真币的安全线是立体实物与钞纸融为一体，有凸起的手感。假币一般是印上或画上的颜色，如加入立体实物，会出现与票面皱褶分离的现象。

项目小结

本项目介绍了连锁企业的采购管理以及门店中的理货员和收银员岗位的主要职责及作

业规范等，重点介绍了连锁企业采购的常见问题及对策，门店操作环节重点介绍了收银员操作中的十六条工作规范。

本项目中的主要知识点包括采购、供应商关系、理货员、收银员、三唱一复、五人原则。

课后习题

一、讨论题

1. 谈谈理货员提高对顾客服务意识的重要性。

2. 收银员应掌握哪些识别假币的技巧？

二、自测题

1. 选择题

(1) 收银员应注重收银工作中的仪容，以下不属于收银员服装仪容的原则的是(　　)。

A. 整洁　　B. 简单、大方　　C. 富有朝气　　D. 长发过肩

(2) 收银过程中应遵循的“三唱一复”原则中的“三唱”不包括(　　)。

A. 唱价　　B. 唱收　　C. 唱付　　D. 唱零

(3) 以下关于收银员的操作中，正确的是(　　)。

A. 在收到大钞时，应当着顾客的面仔细检查钱币真假

B. 为避免收到假币，对于顾客提出的换零钱要求予以婉拒

C. 如临时有急事，收银员可以离开收银台处理相关工作

D. 如零钱不够，应当使用小糖果代替找零

(4) 收银员每日营业前应做的准备工作有(　　)。

A. 打扫收银台和责任区域　　B. 领备用金并清点确认

C. 检查收银机状况及其他备用品　　D. 了解当日的变价商品和特价商品

E. 检查服饰仪容，佩带好工号牌

(5) 理货员的工作管理主要有(　　)。

A. 领货作业管理　　B. 商品陈列管理

C. 标价作业管理　　D. 变价作业管理

E. 补货作业管理

2. 判断题

(1) 收银员在接收顾客付款后应唱票确认收到的金额并对顾客唱付找零，以防误解。

( )

(2) 主要由导购员掌握门店促销活动、特价商品及商品存放位置等信息，收银员无需过问。 ( )

(3) 对可退换可不退换的商品，原则上以不退换为主。 ( )

(4) 收银员在营业后应当结清账款，填写清单并在其他工作人员的监督下将现金装入钱袋交给店长。 ( )

案例分析>>>

商场对顾客投诉的处理——购买统一鲜橙多

两位女士在某商场选购商品时，看到此商场的统一鲜橙多标价为 7.50 元/瓶。当时看到货架上摆的是两支促销装，便拿了几瓶，然后很高兴地又选购了其他的商品到收银台付款。在听到收银员告知的总金额后，两位女士很奇怪地想“怎么会这么贵呢？”但是谁也没问，以为是东西较多的原因。付完款后便随意看了一下小票，原来是因为 7.5 元/瓶的统一鲜橙多变成了 15.9 元/瓶。

顾客当下便询问收银员是怎么回事。收银员礼貌地告诉顾客到总服务台咨询一下，到了服务台两位女士将当时的情况告诉了接待员，接待员听后便叫了该商品部的主管来解决此事。主管到后提出去复核价格，来到柜台时，负责人看了价格和促销商品，便对顾客说：“女士，我们上面写得很清楚，7.5 元一瓶，因为缺货，所以摆的就是这个。”顾客听后便问：“但这没有其他的标价。”负责人听后便说：“反正就是 7.5 元一瓶，就这样吧。”说完就走了。

两位女士顿时便有点上当受骗的感觉，就来到服务台投诉。当时的值班经理不但没有及时接待，反而在与其他员工讨论休息的事情。两位女士等了好一会，终于有人将此事反应给值班经理，原以为这位经理会给一个合理的解释，结果并没有。经理对她们说：“女士，刚才他们已和你们说得很清楚了，是 7.5 元一瓶的！”“但上面并没有 15.9 元的标价！”两位女士很生气地说。“哪有 7.5 元两瓶这么便宜的！既然这么便宜，你为什么不拿一箱呢，这样吧，我退钱给你吧！”值班经理说到，两位女士听后很生气，拿着商品便准备走，但其中一位女士忍不住说：“消协电话多少！”“不知道。”经理说完便走开了，两位女士更生气了！

★阅读上述材料，回答以下问题：

1. 该商场的理货员、收银员在工作上存在哪些失误？
2. 假如你是经理，面对这两位顾客的投诉，你会如何处理？

※ 实训操作 ※

1. 上机操作：由一名学生扮演收银员，若干名学生扮演顾客，使用校内实训室配置的收银模拟软件，进行一次收银结算操作，收银员应注意服务过程中的软件操作、服务礼仪等细节。

2. 情景模拟：假设你是海底捞火锅店的一名服务人员，你所服务的顾客在用餐后以某道菜中发现了苍蝇为由而拒绝付账。面对这种情况，你将如何应对？可以由 2～6 名学生扮演顾客，3 名学生分别扮演服务员、店长、保安等角色，对此情景进行现场模拟。

连锁卖场促销活动管理

项目 8

学习目标

◆ 了解连锁卖场促销的作用和常见类型；
◆ 了解POP广告的概念及设计技巧；
◆ 理解销售人员的服务礼仪和接待技巧。

任务一　连锁卖场促销的作用和方式

一、连锁卖场促销的作用

促销是连锁卖场经营最重要的营销手段，是连锁卖场与其目标顾客或社会公众之间进行的信息、说服和沟通，旨在把商品及相关信息传播给目标顾客的同时试图在特定目标顾客中唤起促销者预期的意念，使其形成对商品的正面反应。其目的在于影响目标顾客的行为与态度，即通过沟通信息、赢得信任、激发需求，最终促进购买与消费。近年世界著名的零售商业连锁大量进驻中国市场，再加上中国本土零售商业企业的发展，各种大型连锁超市及卖场的数量猛增，连锁卖场之间的竞争也日趋白热化，为争夺消费者而进行的生存与发展之战愈演愈烈。其中，连锁卖场的促销活动扮演了重要角色，也由此变得越来越频繁和多样化。

二、连锁卖场促销的常见类型

1. 广告促销

广告是企业以付费的形式，通过一定的媒介，向广大目标顾客传递信息的有效方法。

现代广告不只是一味地单向沟通，而是形如单向沟通的双向沟通，应把企业与顾客共同的关心点结合起来考虑广告的制作和传播。这种促销旨在向潜在的目标消费者传递各种信息，既可能是新商品推出的信息，也可能只是为了吸引潜在消费者注意和参与的信息。

2. 折扣促销

折扣促销是一种较为直接的降价促销。它是连锁卖场最常采用的一种促销形式。现实中折扣促销的理由通常有季节性降价、重大节日降价酬宾、庆典活动酬宾等。不管何种形式的打折促销，应用的时机和对象都是超市经营者应该考虑的问题。

3. 赠品促销

赠品促销也是现实中最常用的促销工具之一，如买西装送领带、买微波炉送器皿、买快餐面送小玩具、买大包装送小包装等。这些不同类型赠品促销的目的只有一个：让消费者感到物超所值，刺激消费者购买的欲望。消费心理学表明，顾客在购物时心理上容易接受和希望接受超值的感觉，而赠品往往能带给其一份惊喜。

4. 现场演示促销

现场演示促销是连锁卖场经营者为推广或销售某种商品，而在卖场进行的各种说明和示范活动，旨在向顾客宣传商品，让顾客近距离接触商品、体验商品。通常在进行销售演示时都会同时提供咨询服务，以更大程度上方便顾客对商品的了解，进而让消费者接受，并达成交易。

阅读链接 8-1　促销比什么

促销是以打折、送券、减免等种种价格上的优惠来促进销售的市场行为，无论是活动促销、主题促销、节日促销还是常规的会员日促销，目的都是为了让消费者产生“错过今天遗憾一年、错过这村儿没这店”的感觉。

在同一商圈内，不同的连锁门店之间促销有什么不同？怎样在博弈中胜出？最具杀伤力的促销是什么？连锁门店促销可以从以下三个方面做对比：

- **一比系统构架和流程梳理**

大型连锁门店虽多，但系统架构好、流程梳理顺、软硬件达标，所以能让促销在博弈中胜出。一般来讲，大型连锁门店的促销有系统支持、精细核算，营运部、采购部、商品部、物流仓储等各部门无缝联动，有完整的步骤和流程管控，运行规划有序而高效。以“跨省不败”的上海益丰大药房为例，“星期六超级会员日 8.8 折”“周三第二件商品半价”属常规促销，经营者在上年底就已经做好规划，全年的主题促销、周年庆、“门店达到 xxx 家”

庆典等此类促销也是月月有。而规模较小的连锁门店促销时往往存在时间不够、准备不充分、员工培训不到位和人力不足等问题；促销无计划、无主线，被动促销，顾此失彼，店员店长特别累，而且效果不好，反而打乱了连锁门店的正常经营；没有清晰完整的促销活动的分工流程，大小活动仍由老板拍板决策，等等。

零售是一门非常依赖信息决策的科学，需要不断采集、分析、实验、评估和应用信息，某连锁企业将消费者促销过程分层为注意—了解—喜欢—偏好—深信—购买，然后将分层数据化为媒体到达率(微信、电话、传单、大众媒体等媒介传播)—进店率(传播执行是否成功、传播内容设计是否有效、促销商品选择是否合适)—成交率(店内人员促销、氛围、陈列、服务等店内促销要素是否合格)，建立了衡量促销的标准，指导促销。

- 二比执行

在上海益丰大药房从业多年的药剂师李俊表示："在每个商圈内以低价为噱头的药店促销早已常态化，竞争还处于较低层面。虽然常有消费者抱怨，公司也一直在专业主导型促销上做文章，但从实际效果看，低价还是硬道理，促销日和非促销日相比，销售额翻番，客流也明显增加。"

上海益丰大药房的促销之所以十分奏效，执行到位非常关键。

——每月公司都会组织员工对周边市场的竞争对手进行市场调查，及时调整价格高的商品。尤其是普药，价格非常重要，可以达到快速有效地将顾客吸引进来，有效拦截对手客流的作用。

——每次促销之前、之中都会进行培训，内容包括买赠话术、促销项目等。要求全体店员进行演练，而不只是简单会说会背。总部会进行电话抽查和门店抽查，考核成绩也会被列入门店考核指标。

——每次促销之后，及时总结，改善不足。

——DM 单的发放。每次促销总部有专人追单，监督发送情况是否理想，追单手段包括社区走访、张贴查看、垃圾桶翻查等，结果最终将计入门店考核。

——赠品选择的及时沟通。门店如认为赠品明显对顾客无吸引力，可及时联系总部调整。

- 三比创新

一般企业组织促销活动时，各部门各司其职，很少打破部门界限，但在美国著名的药品连锁店 CVS 则有不一样的景象，他们经常会有创新性的促销举措，下面举例说明：

CVS 某地区店铺的主流顾客群是 30 至 45 岁的女性，这一群体的特征是要照顾家庭、抚育孩子、有的顾客还会外出工作。CVS 会组织采购部、营运部、商管部、物流部和门店一线员工等不同岗位的员工召开会议，围绕核心顾客情况进行头脑风暴，大家从各自职能出发献计献策，最后达成的结果是：门店商品陈列台和货架的高度调整到适合女性身高的高度和角度，核心顾客群时间非常紧张，门店布局便调整得更加简明易辨，店内通道更加顺畅，同时化妆品区商品品牌趋向高端……部门圆桌会议不仅带来了促销的成功，也使得门店的日常运营更贴近核心顾客。

虽说低价永远是有魅力的，但也不应该忽略价值型促销的趋势。在电商大行其道的今天，消费者的基本需求均可以在网络上实现，即便使用促销传单、免费赠送的手段，也很难让新时代的消费者特意前往店铺购买，但是如果能举办一些地域性的团体活动，比如说健康讲座、放电影、小孩才艺大赛、读书分享会、家庭厨艺大赛等，则更容易吸引顾客到店消费。在促销活动满天飞的今天，人们的注意力被极大地分散，一般的降价打折赠送很难给人留下深刻印象，但以兴趣为纽带的人与人之间互动参与式活动却从来都是一呼百应。豆瓣同城上就经常发布各种商家赞助，针对目标客群兴趣爱好的线下活动招募帖，在线上还有类似的先聚客后定制产品的社群粉丝经济，这些都可为连锁门店促销、运营、会员管理等工作提供新的思路。

资料来源：张叶. 促销比什么. 中国药店：2016(1)

三、卖场生动化及其衡量指标

(一) 卖场生动化管理

在零售业竞争激烈的今天，卖场促销和宣传已成为连锁超市、卖场吸引顾客光临、促进购买不可缺少的必要手段。我们可以将卖场生动化管理定义为：连锁门店为营造良好的卖场氛围而进行的一系列活动，即通过卖场布局、商品陈列、音乐、气味等渲染卖场气氛，刺激顾客的购买欲望，提升卖场销售业绩的管理活动。

(二) 卖场生动化的衡量指标

卖场生动化管理的水平可以采用以下指标来衡量：

(1) 来客数，指一定时间内来店的顾客总人数。

(2) 提袋率，指卖场中购买商品的人数占光临卖场的顾客总数的比例。

(3) 客单价，指卖场平均每一笔交易的金额。

(4) 坪效，指每平方米的卖场面积实现的销售额。

(5) 顾客停留时间，指顾客在卖场平均逗留的时间。

(6) 动线及死角，指通过研究顾客在卖场中的行走路线，分析哪些地方是顾客很少走到的死角，并对死角的成因进行分析并加以改进。

任务二　POP 广告促销、橱窗与专柜管理

一、POP 广告的概念及重要性

POP 是英文 Point Of Purchase 的缩写。Point 是“点”的意思，这里的“点”有双重含义，即时点和空间的点。POP 广告是指在购买时点和购买地点出现的广告。在我国古代，酒铺外面挂的酒葫芦、酒旗，饭店外面挂的幌子，客栈外面悬挂的幡帜，药店门口挂的药葫芦、膏药或画的仁丹等，从一定意义上来说，都可以称作 POP 广告的鼻祖。

连锁卖场的 POP 广告就是在连锁零售商店的周围、入口和内部，以及有商品的地方设立的广告。它包括商店的牌匾、店面的装潢和橱窗，店外悬挂的充气广告、条幅，商店内部的装饰、陈设、招贴广告、服务指示，店内发放的广告刊物，进行的广告表演，以及广播、录像、电子广告牌等。POP 广告是无声的推销员，它可以及时向顾客传递促销商品的陈列地点，新商品、推荐商品、特价商品的特色及价格等信息，还可以活跃店内的销售气氛。目前，连锁超市的 POP 广告或者过度追求 POP 广告的唯美性，在制作 POP 广告时追求纯艺术化的美，强调装饰性，忽略了传达促销信息和实现商品销售的功能，削弱了消费者对 POP 广告内容的认知；或者制作粗糙，不太讲究质量，随意涂写，严重影响了超市的形象。所以，强调连锁超市 POP 广告的功能，制定 POP 广告策略非常重要。

二、POP 广告的功能、设计与制作

(一) POP 广告的功能

按照体现形式，连锁超市的 POP 广告可分为七类：一是店头 POP 广告，它是店铺的面部表情，包括招牌、橱窗、标识物等，如看板、招牌、站式广告牌、实物大样本、高空气球、橱窗展示、广告伞、指示性标志等；二是垂吊 POP 广告，即从天花板垂吊下来的 POP 广告，高度适中，如商品标志旗、服务承诺语、吉祥物、吊旗等；三是地面 POP 广告，即从店头到店内的地面上放置的 POP 广告，利用店内有效视觉空间设置的商品陈列台、展示架、立体形象板、商品资料台等，如电子显示屏、电动造型 POP 等；四是壁面 POP 广告，即利用墙壁、玻璃门窗、柜台等可应用的立面粘贴商品海报和招贴传单，如海报板、告示牌、装饰等；五是陈列架 POP 广告，即利用商品货架的有效空隙设置小巧的 POP 广告，如价目卡、商品宣传册、精致传单、小吉祥物等；六是指示 POP 广告，箭形标志是含有引

发注意、指示方向、诱导等涵义的视觉传达要素，如区隔商品销售域的指示牌，还有服务咨询台、导购图示等；七是视听 POP 广告，即在店内视野较为开阔的领域放置电视录像或大型彩色屏幕，播放商品广告、店面形象广告、本店商品介绍等，或利用店内广播系统传达商品信息，以动态画面和听觉来吸引顾客的注意力。不论哪种 POP 广告，其功能主要有以下四个方面：

(1) 吸引顾客注意，引发购买兴趣。POP 广告可以凭借其新颖的图案、绚丽的色彩、独特的构思等表现形式引起顾客注意，使其驻足并进而对广告中的商品产生兴趣，唤起顾客潜在购买意识的功能。根据美国 DSB 商业研究机构对美国本土 100 家大型零售商店的研究显示：促销类 POP 广告的科学应用，可以使商店内单品销售成绩提高 50%～300%，使整体销售成绩提高 30%～100%。在欧美等西方经济发达国家，日本以及我国香港、台湾等经济发达地区，更多的企业在市场营销方面已进入细化营销阶段。许多企业通过在终端通路进行市场生动化管理，巧做 POP 广告，使产品销售业绩得到了不同程度的提升。

(2) 塑造企业形象，与顾客保持良好的关系。POP 广告是企业视觉识别中的一项重要内容。企业可将商店的标识、标准字、标准色、企业形象图案、宣传标语、口号等制成各种形式的 POP 广告，以塑造富有特色的企业形象。当顾客一接触到这些标识时，就会联想到，它们代表的是哪些企业，以及这些企业的经营特色。目前，国内的一些企业不仅重视提高产品的知名度，同时也很注重企业的形象宣传。POP 广告同其他广告一样，在营销环节中可以起到树立和提升企业形象，进而保持与消费者良好关系的作用。

(3) 取代推销员，传达商品信息。在超市的货架、墙壁、天花板、楼梯口等位置，都可利用 POP 广告将有关商品的信息及时地向顾客进行展示，通过音乐、色彩、造型、文字、图案等方式，向顾客强调产品具有的特征和优点，同时又能凸显产品的特质，起到很好的映衬作用，从而使顾客了解产品的功能、价格、使用方法，以及各种辅助服务等信息。商店内的各种 POP 广告在传达着广告商品信息的同时，也刻画着商品的个性特征。

(4) 创造销售气氛的功能。利用 POP 广告强烈的色彩、美丽的图案、突出的造型和准确而生动的广告语言，可以营造强烈的销售气氛，吸引顾客的视线，激发其购买欲望。此外，POP 广告还能用来配合季节、节假日进行促销，营造出一种欢乐的气氛。

(二) POP 广告的策划与设计

POP 广告的设计要求新颖别致，无论采用陈列形式还是发放形式，都必须别具一格，能够很快引起消费者的注意，激发他们想了解、想购买的欲望。POP 广告的策划与设计要做到：

(1) 突出个性，设计醒目。POP 广告要想在琳琅满目的商品中引起顾客的注意，必须以简洁的形式、新颖的格调、和谐的色彩以及独特的造型来突出商品的个性特征。POP 广告的作用不仅仅是促进商品销售，它还应当在一定程度上建立卖场的特定形象，成为消费者对卖场的识别标志。因此，POP 广告必须突出其鲜明的个性特征，比如特定的店标、特有的颜色以及独特的设计等，从而给消费者留下深刻的印象。

(2) 重视陈列设计，强调主题先行。POP 广告不同于节日的点缀，它是商业文化中企业经营环境文化的重要组成部分。因此 POP 广告的设计要有利于树立企业形象，注意商品陈列、悬挂以及货架的结构等，要加强和渲染购物场所的艺术氛围。现代 POP 广告设计很注意主题的选择，并以所确定的主题来统一指导整个 POP 广告的设计和制作，因而在主题的选择方面应针对目标顾客集中考虑，以适应时代潮流和顾客要求。

(3) 准确而充分地利用各种要素，注意其统一性和协调性。POP 广告系统是由各种要素综合而成的，如门面装潢中的建筑、招牌，橱窗陈列中的商品、陈列支架、柜台、闭路电视，以及先进的声光设备等。在进行 POP 广告设计时，一方面要让这些要素准确无误地传递商品的有关信息；另一方面还要通过艺术加工，使其宣传效果最大化，能够产生较强的冲击力，从而在创意和风格方面达成统一化。

(4) 强调现场宣传效果。由于 POP 广告具有直接促销的特点，因此经营者必须深入地了解连锁卖场环境，认真研究所经营商品的特色(例如商品的档次、质量、工艺水平、售后服务等状况)，以及消费者的心理特征与购买习惯，以求设计出最能打动消费者的店面广告。

(三) POP 广告制作过程中应注意的几个问题

POP 广告制作过程中应注意以下四个问题：

(1) POP 广告纸张色彩的使用要恰到好处，突出季节感，如春天可以使用粉色调；夏天可以使用蓝、绿色调；秋天可以使用橙、黄色调；冬天则可以使用红色调。

(2) POP 广告应重点突出文字部分的内容，避免底色花哨而影响文字内容，产生喧宾夺主的效果。

(3) POP 广告的措词风格应该直接反映商品特性、用途以及目标消费者群体特点，比如儿童玩具类的 POP 广告应该表现得活泼可爱一些。

(4) POP 广告的设置与摆放是否具备科学性会直接影响到使用效果，因此在 POP 广告的设置过程中要注意以下五点：

· POP 广告的设置高度要合适。如果 POP 广告采取的是悬挂式，则悬挂的高度既要避免因距离太远而影响商品促销效果，又要防止遮挡消费者的视线；如果 POP 广告采取的是张贴式，则张贴的高度在距离地面 70～160 cm 的高度范围内比较合适。

· POP 广告的设置数量要适中。POP 广告并非越多越好，数量过多的 POP 广告会让消费者产生厚重感、压抑感，遮挡通道内的消费者视线，影响购物心情，效果适得其反。

· POP 广告的设置时间要与促销活动时间保持一致。过期的 POP 广告要及时清理掉，以免给消费者造成消费误导。

· POP 广告与商品之间的摆放位置要合理。如果要把 POP 广告放在橱窗或者货架上，要避免遮住商品；如果把 POP 广告直接贴在商品上，要注意 POP 广告的尺寸不能比商品本身还大，一般应该粘贴在商品的右下角。

· POP 广告在使用过程中需要保持清洁整齐，如果有撕毁现象，应及时更换或擦新。

在当今市场竞争日益激烈、市场高度细分的环境下，制作出科学有效的 POP 广告，其意义是不言而喻的。如果说大众传媒的广告是高空轰炸，则处在销售现场的 POP 广告则是地面拦截，我们应该高度关注 POP 广告对连锁卖场促销的重要性。

三、门店的橱窗设计

(一) 橱窗的概念及历史

商业橱窗是商场利用沿街墙面辟出一定深度和宽度的四维空间。它借助于色彩、灯光等手段，把花样繁多的商品经过巧妙组合布置，组成富有装饰性的货样群，配以各种形式的说明文字和装饰文字，向消费者进行商品宣传。商业橱窗展示的目的是促进商品的销售，它具有宣传告知的功能，及时地将新的产品、流行趋势展现给消费者，传递商品信息，促进销售。也就是说，橱窗的首要任务是产生较强的吸引力，使人驻足停留在橱窗前，吸引消费者的目光，以达到招揽消费者的目的。同时，它还有指导消费、扩大销售、美化环境的作用。

在欧洲，橱窗设计已经有 100 多年的历史，它是人们在购物时指引顾客购买的风向标。如果把店铺比喻成一本书，那么橱窗就是书的封面。如果书的封面设计得毫无吸引力的话，读者还会打开这本书去阅读吗？所以好的橱窗设计对顾客起到了引导的作用。成功的橱窗设计应该是既要抓住过客的视线，又能表达服装品牌的品质和内涵，还要符合商业运作。

(二) 橱窗展示的布置手法

橱窗展示相当于是一个静态的舞台，商品便是这个舞台的主角。设计师要巧妙地运用布景、道具、灯光、色彩和文字说明等，按照橱窗展示主题对商品进行烘托渲染，用艺术手段营造商品的气氛，准确传达商品信息。其中格局的配置、色彩的运用、材料的选择与光线的安排都影响着视觉的张力，因此首先要对基础设施进行设计，如灯光、地台、背景和相关道具，使情景生动，画面比例协调；其次是对展品落实到位，根据场景配置需要将展示商品有序布置好；最后将细节逐步完善，统一协调好各部分的关系，营造气氛，突出主题，达到生动而和谐的视觉效果。具体橱窗展示的布置手法如下：

1. 夸张式橱窗布置

通过虚构突出商品的特点和个性，把要展示的商品按比例放大后制作成商品模型，同时运用色彩、造型的对比以及强光照射等方式，展现出商品固有的形态、质地、色彩、样式，使商品特征更鲜明，视觉冲击性更强，使顾客一眼就能看到商品，达到信息的快速传递。这种打造个性化的处理手法深受年轻消费群体的喜爱。

2. 场景式橱窗布置

通过构思某个生活情节或场景，使商品成为这个场景中的主角，把与商品有关联性的道具在橱窗中设置成特定场景，展示商品在使用中的作用，显示其功能和外观上的特点，令顾客产生心灵上的某种沟通与共鸣，直至诱发顾客的购买行为。这是比较容易打动消费者的一种手法。

3. 系列式橱窗布置

系列化设计的布置形式特征鲜明，可把商品按照材料、性能、款式等因素组合陈列在一个橱窗内，形成较强的视觉效果，突显企业实力，树立企业形象。在陈列时首先需要注意的是色彩、背景、构图的统一；其次构图关系要保持一致，内部元素可以变化，但总体风格不变，保持视觉的统一。

总之，在橱窗的布置上，要注意橱窗的整体美观性、色彩搭配性以及灯光融合性，这样不仅能更好地展示商品、促进销售，还能达到节约、美化空间的效果。橱窗布置一切以展示商品、促进销售为基本宗旨，从整体出发进行商品布局，形成所要展示内容的一种固有特征或整体印象，准确把握商品的个性特征，体现出商品的魅力。

(三) 门店橱窗的设计技巧

门店橱窗的设计技巧主要包括以下六个方面：

(1) 时刻保持新鲜的创意。例如爱马仕旗舰店为了推广丝巾产品，设计了一个“动态”橱窗：一条精致的爱马仕丝巾简单地悬挂在橱窗内，在丝巾背后设置了一个显示屏，屏幕上显示一个模特的脸部特写，模特对着丝巾作出吹气动作，丝巾随着模特的动作飞扬起来，看起来简单却创意十足，让人记忆深刻。在进行橱窗设计的时候，无论是设计理念还是视觉效果，首先要考虑的就是受众的反应，橱窗展示的最终目的是促进销售，消费者的反应则是对橱窗设计好坏最直接的评价。

(2) 运用高科技手段进行橱窗展示，达到与消费者互动的目的。例如某著名手表品牌为了招揽顾客，推出消费者不需触碰到商品也能够试戴的服务。该品牌在英国伦敦街的专卖店就专门设有结合高科技的“T-touch”展示橱窗，使用特殊功能的纸片做成表带模型，戴在顾客的手腕上，对准橱窗的 3D 屏幕，创造出一种光线反射技术的模拟实景，只需短短几秒的时间，就会看见戴上表后的影像。这种体验式展示形式利用商品和道具的特点，拉近产品与消费者之间的距离，在产品得到有效展示的同时，提升了消费者对品牌的好感度。

(3) 巧妙使用灯光、色彩调节氛围，渲染主题。布局设计合理的光源不仅能起到照明作用，还能使橱窗原有的色彩产生戏剧性的变化，加强艺术感染力。尤其是夜间橱窗展示更需要灯光的配合，可以根据商品的属性、陈列类型及橱窗的空间类型巧妙地使用灯光。在变化灯光的位置和角度时，要考虑其表现形式、主体色彩和展示结构的整体协调。只有这样才能让橱窗的场景呈现出微妙的情调变化，尽量不使用与陈列商品呈对比的色光，避免造成色彩的歪曲，同时要注意避免出现眩光，避免直接照射易燃商品。丰富的色彩可以使商品与其他视觉元素相映成趣，充满亲和力与感染力，但要避免喧宾夺主。

(4) 空间结构要紧凑。要使消费者的视线集中，宣传效率高，其橱窗展示的结构必须紧凑有序，通过材质肌理的对比、穿插疏密的运用，让消费者在局促的空间内注意到展品。在布置橱窗时，对商品的布局处理要有主次虚实、远近高低、大小多少等区分，也可考虑利用光影效果塑造空间感，光线照射产生的阴影能使商品更富立体感。

(5) 结合背景进行空间展示。对背景的要求类似室内布置的四壁。背景要求整体、单纯；色调尽量用明度高、纯度低的统一色调，背景颜色的基本要求是突出商品而不要喧宾夺主，同时要吸引顾客的注意力；结构上可以用透明的玻璃、线帘、珠帘取代背景，或设置不封顶的隔断，做成半隔绝、半通透的形式，甚至可以直接留白，把店内商品作为橱窗的衬托，在小小的方寸橱窗里看到的是一幅幅唯美的画面。跟商品周围的其他摆设相比，背景衬托更具包容性，也更具渲染力。抓住背景认真进行研究设计，是进行橱窗设计的一条重要方法。

(6) 从细节处体现人性化设计。一个优秀的橱窗设计，不仅要有一定艺术构思，同时还需要正确处理好人、商品、环境之间的关系。从顾客的角度设计规划橱窗里的每一个细节，例如橱窗的布置要考虑顾客的行走视线以及视觉观看习惯，依照人的视觉运动规律来合理布局，从细节体现出人性化设计。

四、专柜管理

(一) 专柜的概念

走进各大城市的各大商场，化妆品销售专柜毫无例外地占据了商场的一楼黄金地段。不同的化妆品牌通过不同的专柜体现出不同产品的个性和独特的企业文化。

专柜是指专门销售某一商品的柜台。据相关统计研究表明：同样是化妆品，同样是在自然销售的前提下，透过有效的专柜商品陈列可使销售量增加 45%～75%。可见，合理的专柜设计与商品陈列对商品在终端销量的提升具有非常大的帮助。

阅读链接 8-2　**商场化妆品专柜的展示设计技巧**

在购物中心和百货商场中，不同的化妆品品牌会以单个品牌和柜台的形式在销售点进行展示，这就是化妆品商场专柜。从柜台结构来看，化妆品商场专柜主要分为以下五个部分：第一，化妆品专柜，通过不同形式呈现其品牌，也叫做品牌标识；第二，背柜，对品牌形象进行有效展示；第三，前柜，主要摆放试用品与储藏产品；第四，咨询桌与座椅，主要是为用户在咨询时提供休息区域，方便消费者对产品进行更为详细地了解；第五，工作台，主要是销售人员进行账务处理和产品包装的区域，能够为后续工作的顺利进行奠定良好基础。

化妆品柜台的位置尤为重要，能够在较大程度上提升销售量，原因有以下四点：第一，将化妆品品牌柜台区域放在商场第一层，便于吸引消费者；第二，化妆品柜台设计工艺精良，外形精美，具有较强的观赏性和艺术性；第三，化妆品自身能够吸引消费者；第四，化妆品能够刺激消费者的购买欲望，将其放在第一层展示便于消费者随手试用和购买。

化妆品由于品牌不同，品牌形象存在较大的差异性，颜色各异，能够有效满足不同消费者的需求。在销售过程中，会设计拍摄主体产品画面，该画面主要以灯箱形式在柜台中展示。在化妆品专柜的展示设计上，风格、主题、色调要存在一定的差异，能够为消费者带来美的感觉。

化妆品产品是展示设计的主体，在展示过程中对品牌风格、主题、外观等起到了较强的传达作用。化妆品产品展示设计主要是以品牌主题为主，一般以 3 个月为一个周期进行产品主题推送，同时采用有效的宣传手段，以达到品牌主题宣传的目的。从柜台结构来看，主要分为前柜与背柜产品展示设计，其中，背柜具有较大的创造性空间，以吸引消费者为主，前柜能够使消费者随手拿到产品进行试用，能有效刺激消费者的购买欲望。

资料来源：张天鹤. 化妆品专柜的展示设计分析及建议. 黑龙江科学：2020(1)

(二) 专柜管理的作用与重点

卖场重视专柜管理对于商品的销售将产生很大的促进作用。从营运环节看，各类特色专柜的陈列彰显了专业性，提升了卖场形象，而专柜驻场人员的驻场销售和服务，减少了销售的专业难度，节省了卖场人力，为卖场带来了新的利润增长点；从顾客层面看，顾客得到了更专业的商品推介和个性化服务，提升了顾客购物的满意度。

但是，专柜经营管理不善也会引发各种问题或弊端，应重点对下列问题进行分析并有针对性地加以控制：

(1) 专柜人员因争夺客源而诋毁其他品牌的商品，或者专柜人员场外交易，甚至出现极个别专柜驻场人员偷盗门店商品现象，不但导致卖场业绩流失，而且极易造成顾客对卖场的不信任，影响卖场形象而导致客源流失。

(2) 当专柜驻店人员不在现场，有顾客来购买商品时，一般的店员无法承担销售工作，就会造成业绩损失。尤其是专柜只有一个驻店人员的时候，你不能指望着驻店员不休息。

(3) 专柜的坪效往往不高。专柜占地面积大，再加上知名品牌往往不愿意与零售企业分摊租金，这就增加了卖场的经营压力。据统计，某些药妆专柜每个月的销售额仅仅在一万元左右，和其他区域的坪效无法相提并论。

任务三　销售人员的服务规范

销售是商场服务的核心内容，销售人员的一言一行、一举一动，直接影响商场在顾客心目中的形象，也直接关系到商品交易的成败，因此，销售人员必须掌握售货中的礼仪规范。

一、营业前的准备

营业前准备工作的好坏，直接关系到营业能否顺利进行。营业之前的准备工作做得充分，开门营业后，柜台服务才能有条不紊、从容不迫的进行。

销售人员营业前的准备工作包括：

(1) 搞好柜台内外的环境卫生。商品摆放要整齐美观、没有灰尘；检查自身的衣着修饰，给顾客一个整洁、干净的良好印象。

(2) 复点商品数量，摆齐商品。补足货架，对已售缺的商品进行及时提货、拆包、分装、陈列，做到错落有致、层次分明、相互衬托、整齐美观。

(3) 检查价格标签有无脱落、模糊不清、移放错位的情况。

(4) 填写或更换价格牌签，明码标价，这样做可在营业时减少差错。

(5) 备好售货时的各种用具，如圆珠笔、计算器、包装用袋、绳、售货票据及复写纸等，收银台要备好找零的小额钱币，检查计算机能否正常工作等。

迎接顾客的礼仪：

基本要求：对顾客表示欢迎和尊重。迎接顾客是商场销售人员为顾客服务的第一步。例如，有些商场在清晨开门之时，列队迎宾，通常由商场领导带领部分工作人员，列队站立在商场门口的一侧，迎接首批顾客。

礼仪人员迎宾时，应着装整齐、站姿规范、自然大方、诚恳热情。商场销售人员在柜台内应端庄站立，亲切微笑，用目光欢迎顾客的到来。

当有顾客走进柜台前停留时，应主动迎客，问一声“您好”“欢迎光临”或说“您需要点什么呢？”等，然后，一定要给顾客从容浏览商品的机会，切不可马上就说“这件行吗？”“穿穿试试吧”，这样容易给顾客造成心理上的压力而放弃购买。

正确的做法是，用礼貌的问候拉近与顾客的心理距离，用关心的目光鼓励顾客放心地挑选，激发、强化顾客的购物动机，以此达到迎接顾客的目的。

二、接待顾客的礼仪

一般来说，具体的接待服务是从顾客挑选商品时开始的，销售人员应礼貌、热情、周到、耐心地为每一位顾客服务，尊重顾客的意愿，在不违背商场规章的前提下，尽量方便顾客，满足顾客的要求。

接待顾客的礼仪：

(1) 有序接待。销售人员应该按先后顺序礼貌接待顾客。在营业高峰时应做到“接一、顾二、招呼三”，即手上接待第一位顾客，眼睛照顾第二位顾客，嘴巴招呼第三位顾客，对其他顾客则稍稍微笑点头致意。每当接待下一位顾客的时候，应礼貌的道歉：“对不起，让您久等了。”

(2) 介绍商品。销售人员在向顾客介绍展示商品的时候要抓住时机。过早，会使顾客产生戒心；过迟，顾客已转移注意力而丧失良机。介绍商品的时候销售人员要诚心诚意，实事求是，不能夸大其词，弄虚作假。介绍商品是为了让顾客了解商品，促其购买，如果介绍的情况不真实而误导顾客，从长远看既失礼又失败。同时，销售人员要耐心回答顾客提出的问题，不能因为顾客对你介绍的商品不感兴趣，就对他的提问充耳不闻，不予理睬。

(3) 递拿商品。轻拿轻放，双手把商品递给顾客，并且将商品的最佳观赏面朝向顾客，不可胡乱地把一堆商品丢在顾客面前。

(4) 百拿不厌。顾客购物总爱挑选，这是人之常情。销售人员给顾客递拿商品时，动作要轻快，不能扔摔，以免引起误会。顾客反复挑拣，反映买意坚定，所以销售人员不能嫌烦，应说：“没关系，如不满意我再给您拿一件供您比较”，以示服务耐心、诚恳。

(5) 为顾客当好参谋。与顾客相比，商场销售人员更加了解经营商品的特点、性能及市场行情、走势等知识，应尽己所能，主动为顾客当好参谋。首先要以顾客自己的爱好为前提，不能勉为其难，更不要强加于人；其次要恰到好处，点到为止；三要帮助导购，从顾客的角度去引导消费。

阅读链接 8-3　卖场营业高峰时的服务技巧

在 3·15 消费者权益日活动期间，顾客王超在一家家电卖场的电动剃须刀专柜附近闲逛。经常刮胡子的王超突然想起前几天有个同事给他推荐了一款××牌子的剃须刀，考虑到自己的剃须刀已经用了两年，也打算换一个，于是他计划买下那个剃须刀。

因为是周末，家电卖场里到处都是人，各个展区都挤满了大人和孩子。王超在剃须刀展台前看了半天，似乎没有找到自己想要买的那款剃须刀。这时，他环顾四周，想找一位销售人员帮自己找那款剃须刀。可找了半天，也没有看到销售人员的影子。

就在王超想要离开的时候，他看到在拐弯处的角落里有一名被一群顾客围着的销售人员，于是他走了过去，想向销售人员寻求帮助。

"您能帮我找一款剃须刀吗？"王超说。

那位销售人员只顾忙着为另一位顾客找已知型号的剃须刀刀片，似乎没有听到王超的声音。

王超有些不耐烦了，又说了一遍。

旁边一位大爷无奈地对王超说："算了，我们在这儿等了这么长时间，他都没有反应。估计他太忙了！"说完，摇了摇头走开了。

王超也失望地走了。

● 点评分析

上述场景中的这名销售人员是一门心思地给顾客找已知型号的剃须刀刀片，而忽视了其他的顾客。面对其他顾客的请求，他没有一点儿反应。这样只会让顾客感觉到自己不受重视，宁可不买商品而选择离开。这样导致卖场虽然赢得了少数顾客，却输掉了大多数顾客。

每到周末或者节假日，就是所有家电卖场的客流高峰期。这个时候，每个货区都会聚集很多顾客，而家电卖场一般不会因为周末人多就增加工作人员。因此，在家电卖场遇到销售高峰时，就会发生销售人员"一对多"的局面。一名销售人员同时需要服务多名顾客，这时销售人员的接待速度就和顾客的需求发生了矛盾。每位顾客都希望和平时一样得到销售人员热情而专业的服务，而销售人员每次只能服务一名顾客。但是不管家电卖场和其他卖场的销售人员多忙，对于每一位顾客的疑问都要在第一时间给以答复。即便是不能立刻解决，也要安慰顾客，向顾客说明自己的难处。销售人员只要向顾客说明情况，短时间的等待，顾客都是可以理解的。而对顾客置之不理就是对顾客的冷淡，也是销售人员的失职。

在这种情况下，销售人员要耳聪目明、沉着冷静，全神贯注地接待顾客，尽可能做到“接一、顾二、招呼三”，即接待第一个顾客时，同时询问第二个顾客要买点什么，顺便招呼第三个顾客。当然，也要具体问题具体分析，例如对购买单一商品甚至是已经完全选好型号、不需要挑选的顾客，可以在接待其他顾客的同时，快速接待。一般情况下，销售人员服务的顺序应该按顾客先来后到的顺序，还要注意随时安抚等待顾客的情绪，不要让他们感觉自己被冷落。这样，才能让所有的顾客都能买到想要的家电商品。

销售人员可以按照以下模板灵活应对顾客:

销售人员 A 正在为顾客 A 找商品，这时顾客 B 走来，在卖场展区找商品，说:“怎么没有呢？”

销售人员 A 可一边给顾客 A 寻找商品，另一边有礼貌地问顾客 B:“您好，需要帮忙吗？”

顾客 B:“我想要一款吹头发用的吹风机，但似乎没找到。”

销售人员 A:“好的，请您稍等一下。我给这位顾客找完，马上给您找。”

这时顾客 C 又走了过来，销售人员 A 微笑着说:“您先自己看一下商品。今天顾客多，有什么需要帮忙的我一会儿就过来，实在不好意思，请您稍等一下。”

• 专家建议

在卖场生意好、顾客多的时候，销售人员要做到“接一、顾二、招呼三”，尽力挽留住每一位有购买意向的顾客。

资料来源：谭慧，孙鹏涛. 家电就该这样卖. 北京：机械工业出版社，2010.

三、送别顾客的礼仪

在服务顾客的过程中，销售人员应始终保持情绪饱满、热情周到、话语亲切。顾客购货完毕，销售人员要点头目送并礼貌道别，说一声“欢迎您再次光临”“再见”。这一阶段的礼仪不可忽视。

要知道顾客自进入商场后，在各环节都受到了良好的礼仪接待，并买到了称心如意的商品，这只是完成了服务的第一步，还有重要的一环，就是让顾客乘兴而归，不仅带走货物，还带走微笑和礼貌，这样才能争取其下次光临。

最后，商品销售人员对于下班铃响之前进入商场的顾客，要耐心接待，直到送走最后一位顾客才能开始清理货物、款项，搞好收尾事务。切不可提前关灯、挂帘、理货、催撵顾客。

商场柜台的销售人员和顾客的接触更为直接。在销售服务礼仪方面如果不注意，就会给顾客留下不好的印象，这样不仅是丢失了这一位顾客，也会丢失更多的潜在顾客。

知识拓展　供应商应如何控制卖场的促销费用

由于卖场的促销资源具有一定的稀缺性，卖场会想方设法通过抬高促销“门坎儿”向供应商争取更多的利益。因此，不管供应商的促销活动本身有没有费用支持，卖场采购都会先假定供应商手上是有费用支持的。这既是一种谈判策略的需要，也是一种谈判技巧和手段。所以，作为供应商，要想打消卖场采购的这种设想，就得从对方的利益出发点来设计自己的促销方案。通过“限量”来提升采购对促销的利益期望值，并运用置换的方法来降低自己的费用投入。具体来说，供应商可以通过以下手段来控制促销费用:

- “限量”的思路

从价值规律的角度看，事物的价值与其数量成反比。也就是说，越是稀缺的物质，其具备的价值越高。反之，则越低。在促销这件事上，也是如此。所以，供应商应尽可能通过对促销进行限量来提升促销本身的价值。促销限量有以下三种形式:

(1) 限量货。通过限制享有促销政策的货源数量来提升促销自身的价值。例如，通过对促销套餐实施一个限量来提升该促销套餐的价值。要让卖场知道，不是其想要多少就有多少，而应告诉卖场，该促销套餐的数量极为有限，很快就会没了。俗话说，“不是争来的不香”，用在促销上也是这个道理。必要时，供应商可以营造某种抢货的假象。

(2) 限卖场。不同卖场之间是有着利益争夺的。作为竞争对手，双方自然会想方设法争取对自己有利的促销政策。通过限卖场这种促销操作思路，很容易激起卖场之间的这种竞争意识。既然别的卖场在做，那我也得做，还得想方设法争取更多的量。这时，供应商再配合“好的卖场我才给货，好货给谁都是卖，但如果收钱就不给”的思路来引导大卖场做出有利于自己的决策。这样，卖场为了拿到好货，有时也是可以不收钱的。

(3) 限门店。即便是同一系统内的不同门店，也是存在竞争的。如果别的门店争取到了促销政策，自己却“没份儿”，对同属于一个系统的门店来说，是一件十分“没面子”的事情。系统内小利益团体之间的竞争，有时候甚至比不同卖场之间的竞争有过之而无不及。

- “置换”的思路

(1) 以赠品置换。在促销上，任何一家卖场的采购都会首先看重促销品的折扣力度。从某种意义上讲，低价虽说是卖场采购对促销的首先条件，但却不限于促销折扣这一种形式。通过促销赠品来替换促销折扣也是一种操作方式。比如，某促销单品的特价折扣为 8 个点，但企业并不通过特价形式来实施促销，而是通过超值换购，在价格不变的前提下，以不同的赠品超值装来吸引消费者，用赠品替代促销费用投入。

(2) 用活动置换。要知道，能给卖场带来利益的形式绝不止是钱和物，好的活动形式也是能给卖场带来利益的。比如，能够聚拢人气，间接带动卖场其他品类的销售等。尤其像路演、演示、讲座等这类容易吸引消费者参与的活动，其热闹的形式，不光能给卖场增加人气，还会提升卖场的形象，迎合卖场和采购的“面子”观念。

(3) 用实物置换。通常说来，许多供应商都会拥有一些实物资源。这些实物资源放着也是放着，产生不了太多的价值。但对于卖场来说，却很可能有其特殊的利用价值。比如卖场在夏季促销时，总是会有一些户外抽奖活动，这时遮阳伞就很必要。如果供应商能提前了解卖场有这方面的需求，并将此作为促销活动的置换条件，便很可能一举两得。

(4) 以特殊陈列道具置换。时尚的道具形式也可以作为供应商与卖场的转换投资条件。一些品牌所设计的陈列道具，不光具有时代感，也提升了品牌档次。无论对于品牌还是卖场，都是一次极好的提升自身形象的机会。通常说来，这些道具的制作成本大都价格不高，且能够起到美化卖场的效果。对于这些有特色的陈列道具，供应商完全可以和卖场达成某种置换条件。

除了以上手段外，供应商采取何种方式与卖场采购进行促销谈判，对于促销活动费用的多少有很大影响。

• 先谈促销，后谈费用

作为供应商，永远要记住一点：促销方案本身才是与卖场谈判的核心点，而不是费用。也就是说，任何时候都得把促销方案的谈判放在首位，而不是费用。相反，许多供应商恰好在这个问题上搞错了主次，往往把促销的费用问题放到了比促销方案还高的位置。所以，才被卖场采购抓了个“正着”。

• 用自己的优势来吸引采购

如果供应商确认自己的价格和活动确实对卖场有吸引力，那么就不要提到费用。甚至可以利用方案本身的价值，向卖场采购争取有利的促销资源。说白了，费用只不过是供应商为促销方案设计的一种辅助手段而已。只有当促销活动方案对卖场不具备吸引力时，才作为争取采购的一种手段而使用。要知道，如果供应商的促销方案对采购足够有吸引力，采购是会为了销售而免费安排促销堆码的。

资料来源：潘文富. 控制卖场促销费用几手段. 现代家电：2010(18).

项目小结

本项目介绍了门店促销的常见手段及其重要性，重点介绍了 POP 广告的概念、作用及其制作设计技巧，并对连锁门店的销售人员服务礼仪进行了介绍。

本项目中的主要知识点包括卖场生动化管理、POP 广告、坪效、提袋率、“接一、顾二、招呼三”。

课后习题

一、讨论题

1. 卖场促销的目的是什么？主要有哪些促销方式？

2. 如何理解 POP 广告的双关含义？

二、自测题

1. 选择题

(1) 一般而言，广告促销中成本比重最高的部分是(　　)。

A. 媒体费用　　B. 购买摄影器材　　C. 广告设计费　　D. 广告样品成本

(2) 被称为卖场无声的推销员的是(　　)。

A. DM 广告　　B. POP 广告　　C. 网络广告　　D. 广告宣传单

(3) 在众多促销形式中，(　　)主要适用于电器等产品的销售，能让消费者直观地了解到产品的特性，消除顾虑，激发其购买欲望。

A. 现场试用　　B. 现场试吃　　C. 现场试穿　　D. 现场操作演示

(4) 商品可以退换的原则是(　　)。

A. 不残、不脏、不走样、没有使用过、没有超过规定期限、不影响再次售出的一般性商品

B. 使用过，但对其质量、使用价值不构成任何影响的商品

C. 出售时已经过期失效、残损变质的商品

D. 购买后超过有效期的商品、售出之后不再经营的商品

E. 不易鉴别内部零件的精密商品、难以区别质量的贵重商品

(5) 导购员营销的技巧主要有(　　)。

A. 问题接近法，通过提问的形式激发顾客的注意力和兴趣点

B. 好奇接近法，利用顾客的好奇心理，介绍商品的功能和使用方法

C. 利益接近法，直接把商品能带来的利益告知顾客

D. 演示接近法，现场演示显示出商品的亮点

E. 送礼接近法，通过赠送礼品的方法来引起顾客的兴趣和注意

2. 判断题

(1) 女店员进行适当的化妆，是对消费者的一种尊重，也能提升其形象。　(　　)

(2) 导购员要善于揣摩顾客的心理，根据顾客的行为特征来分析和判断顾客大致性格，从而有针对性地进行服务。　(　　)

(3) 新进员工往往积极主动、工作热情饱满，因此店长对于新进员工应当少批评、以鼓励为主，并委以重任。 (　　)

3. 简答题

销售人员在营业前应当做好哪些准备工作？

案例分析——————>>>>

伊藤洋华堂的细节营销

在成都市人民政府新闻发布会的网站上，清楚地记载着以下几件事情：

1969 年，毛主席塑像建成。

1973 年，成都开播彩色电视。

1984 年，成都有了旅行社。

1993 年，成都被确定为“三中心两枢纽”。

1997 年，伊藤洋华堂春熙店开门营业。

……

伊藤洋华堂落户蓉城，宛如历史事件一样，它在成都人民心中的地位可见一斑。

13 年前，伊藤洋华堂一开店，员工们就已整齐地站在门口，向进店的顾客俯首弯腰 90 度并微笑着说：“您好！欢迎光临！”，响亮的声音让成都人民多少有些羞涩，因为那时，还没有哪个成都商场对顾客这样做。1997 年，伊藤初来乍到，便一改成都商业不注重服务细节的风气，让成都人首次尝到了当“上帝”的滋味儿。13 年间，从第一句“欢迎光临”、第一批冰块保鲜包装袋、第一种特殊迎送服务，到第一个茶水驿站、第一间婴儿休息室、第一次顾客恳谈会、第一个公开意见栏……“伊式”服务不断升级、从未间断。伊藤洋华堂的董事长、总经理三枝富博说：“我们的目的是让顾客一走进洋华堂，就感觉到自己是被‘宠爱’着。”

精诚所至，金石为开。成都人也对伊藤洋华堂回报以特别的“溺爱”，不管是周末晚上 8 点还是周二下午 2 点，伊藤洋华堂的店里随时人山人海。超强人气也带来了引人瞩目的业绩。

自日本株式会社伊藤洋华堂在海外的第一家店落户成都春熙路，如今，成都伊藤洋华堂已拥有春熙店、双楠店、锦华店、建设路店等 4 家店铺，每天约有 8 万顾客来店消费，销售额的增长一直保持在 20%以上，并且已连续 7 年成为年度纳税过亿元的纳税大户。据日本伊藤洋华堂集团的统计资料显示，2009 年 1 月，成都伊藤洋华堂春熙店、双楠店、锦华店的销售额分别占据了集团旗下 200 多家店铺前三甲的位置。

早在 2008 年，成都伊藤洋华堂当时只有 3 家店铺，其中还包含 1 家开店不到 1 年的店铺，其总营业额就达到了 29 亿元人民币。而到了 2009 年，同样这 3 家店铺的营业额已达到了 35 亿元人民币，这是堪称一流的业绩。

2009 年，世界著名休闲品牌优衣库通过成都伊藤洋华堂成功进入西南市场，开店首日仅以 400 m^2 的卖场就创下了 22 万的业绩，这也佐证了伊藤洋华堂在成都的特有魅力。首次入驻成都的另一世界著名成衣品牌 ZARA，也把它的第一站设在了成都伊藤洋华堂。

也许，成都伊藤洋华堂大展拳脚的时刻已经来临。从 1 号店到 2 号店用了 6 年、从 2 号店到 3 号店用了 4 年，未来，成都伊藤将加快开店的速度。据内部人士透露，目前伊藤洋华堂已做出在成都开 8 至 10 家门店的发展规划，而且正酝酿走出成都、走出四川。这些店都将是连锁的形式，但又会有所区别。伊藤洋华堂有“十店十色”的理念，强调每个店都要有自己的特色。

- 细节赢得顾客

温度是伊藤洋华堂每天关注的热点。从 1997 年起，伊藤开成都卖场之先河，从专业气象机构购买天气预报，并在伊藤洋华堂的每个楼层都安装了温度计，总经理办公室、店长办公室、各部门主管办公室里无一例外悬挂着气象走势图。三枝富博一语道破天机：“零售业最该应对的，就是温度变化。”玩转天气方能提升业绩，这是三枝富博在日本就早已熟知的道理。伊藤卖场中最好的位置，永远留给时下顾客最需要的商品。对商品进行调整的依据即是当天的温度，三枝富博一边在胳膊上比划一边说：“顾客对温度相当敏感，如果是 23～25℃，他们会开始穿短袖；25～28℃，就可能穿吊带；到了 30℃，会去吃刨冰……”

关注温度的习惯真的让伊藤洋华堂频出效益。曾因提前预知剧烈降温，双楠店立即增加店内羽绒服的数量，并调整到卖场最好位置，结果前一天只卖出 10 件的羽绒服，在降温当日销售量猛增到 70 件。

看电视新闻、读当日本土日报，是三枝富博每天的另一堂课。在伊藤，有专门人员负责做剪报工作。对一些重要剪报，三枝富博会张贴在自己的办公室，时时提醒自己社会经济的走向，用以对卖场经营进行把控。“新闻会告诉我们很多原来不知道的东西，比如猪肉价格为何会上涨，何时会下跌，很多信息会让我们知道如何适时调整。”

伊藤的“三感”(即感动的卖场、感激的待客、感谢的心情)和“回报顾客三大精神”(即衷心感谢顾客来临、努力提供优质服务、细心体贴顾客需要)被业界人士认为是伊藤品牌光环不会褪色的保证。每天清晨的早会上，伊藤洋华堂总有朗朗诵读“服务六大用语”和“回报顾客三大精神”的声音，总经理每次向员工发放奖金时，总不忘提醒“这是顾客发给大家的。只有顾客愿意到这里购物，我们才能有收入。因此在内心里要始终怀着感激的心情面对每一位顾客”。“比起远方的美女，更要重视近邻的婆婆”，这是三枝富博在全员大会上提出的服务要求。爷爷奶奶们提着网兜、挎着菜篮在伊藤洋华堂店内熟稔地与导购人员打招呼时，在迎送人员的搀扶之下高高兴兴地离开时，伊藤洋华堂LOGO中那只可爱的“小白鸽”早就如同自家的宠物一样，走进了他们的日常生活。

资料来源：赵子暮. 伊藤洋华堂：做零售需要眼光. 中国商贸：2010(24).

★阅读上述材料，回答以下问题：

1. 伊藤洋华堂的细节管理体现在哪些方面？

2. 我国的零售企业应当如何做好卖场生动化管理？

※ 实训操作 ※

1. 上机操作：借助Xmind软件，策划一场针对本地大学校园市场开展的促销方案的思维导图。

2. 上机操作：借助Photoshop CS软件，设计一幅连锁门店的促销海报。

3. 请自行选择一款超市的常见商品，为该商品撰写一份促销活动策划方案，促销活动方案包括但不限于以下几个方面：活动目的、活动主题、活动时间、活动方式、市场分析、产品定位、目标人群、促销媒介的选择、活动的推广方式、人员安排与组织、费用预算等。

连锁企业信息化与新零售转型 项目9

学习目标

- 了解连锁企业信息系统；
- 掌握条形码技术与RFID；
- 理解电子货币；
- 了解新零售时代的连锁企业信息化转型；
- 了解电子商务发展背景下的连锁经营新动态。

任务一　认识连锁企业信息系统

一、信息系统的基本概念

1. 信息系统的概念

信息系统是指依据系统的观点，通过计算机、网络等现代化工具和设备，运用数学的方法，服务于管理领域的人机相结合的信息处理系统。它通过对信息进行采集、处理、存储、管理、检索和传输，向有关人员提供有价值的信息。

信息系统包括信息处理系统和信息传输系统两个部分。信息处理系统对数据进行处理，使数据获得新的结构与形态或产生新的数据。信息传输系统不改变信息本身的内容，作用是把信息从一处传到另一处。

2. 信息系统的功能

信息系统被应用于管理领域后，其所实现的功能应该是多方面的。综合起来看，一个完整的信息系统的功能包括信息采集、信息处理、信息存储、信息管理、信息检索、信息传输等六个方面。

3. 信息系统的分类

信息系统按照功能和解决主要问题的不同，可以分为电子数据处理系统(Electronic Data Processing System，简称 EDPS)、管理信息系统(Management Information System，简称 MIS)、办公自动化系统(Office Automation System，简称 OAS)、决策支持系统(Decision Support System，简称 DSS)、企业资源规划(Enterprise Resource Planning，简称 ERP)和电子商务。

二、连锁企业信息系统

(一) 连锁企业信息系统的概念

连锁企业信息系统是对连锁经营的信息进行收集、加工、传递、存储等的组织体系，是由人和机(通信工具设备、计算机)共同组成的体系。连锁企业信息系统处理的对象是各种信息，为企业进行决策、设计、组织、控制、协调等管理职能提供信息服务。连锁企业的管理信息系统借助了现代通信技术和计算机技术，形成了电脑化和网络化的信息系统，在连锁企业的经营活动中发挥了必不可少的作用，代表了商业现代化的发展方向。

(二) 连锁企业经营信息的需求

连锁经营管理由公司总部、配送中心和各门店等三大部分组成。为完成总部的集中控制、配送中心的物流管理、各门店的商品销售管理，连锁企业需保持各物流环节在物流、商流、资金流和信息流渠道上的通畅。连锁企业管理信息流程图如图 9-1 所示。

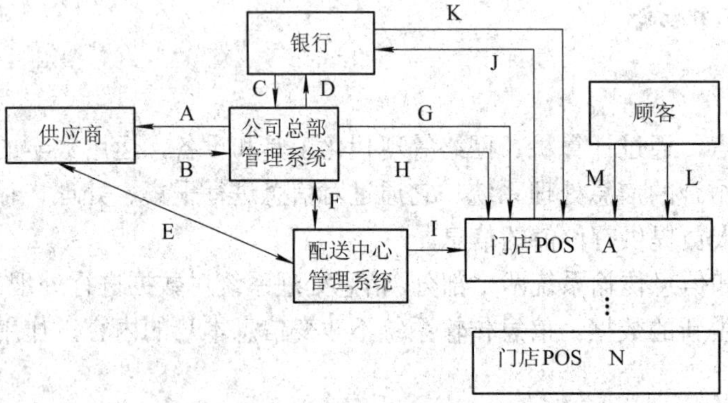

A—采购信息；B—商品信息；
C—银行业务；D—应收应付；
E—出入库、盘存、催提、催销；
F—出库单、发票；
G—补货、到货、销售、调剂信息；
H—商品变价信息；
I—实际调配；J—营业款；
K—银行对账；L—商品购买；
M—商品销售

图 9-1 连锁企业管理信息流程图

资料来源：徐印州. 零售连锁经营. 广东：广东省出版集团，2004.

(三) 连锁企业信息系统的作用

连锁企业信息系统的作用主要有以下三个方面：

(1) 以计算机为核心的连锁企业信息系统，借助于计算机和现代通信网，可以实现采集市场、销售、库存等方面的信息，通过计算机进行快速处理并及时传递给商品生产者、中间批发商、商场以及商品的消费者。这种信息采集处理传输渠道，可以保证提供的信息及时性强、错误少、内容详细，使商场按需进货、中间批发商及时调整库存结构、商品生产者按照销售需要组织生产。同时，消费者也可以根据市场信息决定如何购买商品，及时了解商品的性能、使用、保养知识，并能够得到较快的售后服务。

(2) 帮助实现连锁企业高效率、低成本运作。先进的连锁企业信息系统能够对连锁企业的运营过程进行全面、及时的监控，可以帮助连锁企业实现高效率、低成本运作。通过连锁企业信息系统可以掌握商品进、销、存的全部动态，当产品数低于安全库存时，电脑可以自动产生订单，向供货商发出订货通知，从而将存货控制在最合理的水平，保证商品持续供应和低成本经营。

(3) 促进了连锁企业经营方式和管理的转变。连锁企业信息系统借助于计算机强大的数据处理能力，极大地提高了信息处理的速度，达到了提高经营管理效率的目的；计算机通信网络则改变了信息传递的方式，使信息的采集和传递更加及时，可以实现实时传输。影响越来越大的 Internet 展示的网络广告、网上贸易、网上购物、网络银行和结算，则将改变商品流通的方式、经营方式，也促使连锁企业经营者的观念发生转变。

(四) 连锁企业信息系统的构成

常见的连锁企业信息系统主要包括总部管理系统、配送中心管理系统、门店管理系统、数据通信系统等四个组成部分。总部、配货中心、门店各系统之间通过数据通信系统成为有机的一体。其各部分的主要功能如下：

1．总部管理信息系统

在整个连锁企业信息系统中，总部管理信息系统是灵魂，由它控制和维护几乎所有的基本资料及供应商的进价等内容，并且可以监视各个部门(门店)的营运情况，并享有最高的订货权和调价权。因此，总部管理信息系统主要是为高层管理者及业务主管提供有力的决策支持，主要包括决策管理、订货管理、进货管理、库存管理、销售管理、财务管理、报表分析、综合查询和基本资料维护等内容。

2．配送中心管理信息系统

配送中心管理信息系统是连锁企业信息系统不可缺少的部分，在整个连锁企业信息系统中，配送中心管理信息系统是整个系统的物流枢纽，它主要包括进货管理、配送/调拨管理、损益管理、库存盘点管理和订货管理等业务内容。

3. 门店管理信息系统

门店管理信息系统是连锁企业信息系统的基础，主要功能是在整个门店经营过程中，对商品的销售、补货以及库存全过程信息的管理与控制，完成系统一定范围内的信息采集，为高层管理者做出经营分析与决策奠定基础。它主要包括收银管理、进货管理、要货/订货管理、盘点管理、货位管理、客户管理、财务管理、数据统计和综合查询等内容。

4. 数据通信系统

数据通信系统承担了总部、配货中心、门店之间的信息通信任务，是整个连锁企业信息系统的神经枢纽。其基本要求是高效性(采用数据压缩技术进行打包)、安全性(采用专线及加密)、可扩充性(能够根据需要增加或减少数据通信的数据及传送相应指令)和通信数据的一致性(实现增量及修改记录的传送)。数据通信系统主要包括系统管理、发送管理、接收管理、隶控通信和主控通信等五个子系统。

三、新零售时代的连锁企业信息化转型

零售业作为国家最重要的行业之一，它的每一次变革和进步都为人们带来了生活质量的提高。随着互联网技术的快速发展与新零售的兴起，我们已经进入到数字化生活的时代，移动互联网、各种社交媒体、手机、电子支付等数字化技术把我们的生活完全连接到了网络和云端。通过手机和电子设备，消费者成为了巨大的数字化网络中的一个节点，能够每时每刻从云端获取各种信息，由此实时地决定我们的决策和行动。而在互联网浪潮的颠覆性冲击下，我国大多数连锁企业却仍处于传统零售模式——以集成式的实体店为主体进行销售。这种方式在商品流通不发达的年代确实发挥了重要作用，然而，随着信息技术的不断进步，商品的流通性逐渐增强，传统零售模式早已不能满足市场的需要，其核心竞争力也随之逐渐下降。

门店获客难、流量转化难、门店业绩大幅下滑、会员互动难等一系列问题屡见不鲜，致使线下实体店生存空间越来越小，经营困难，这让越来越多的传统连锁企业意识到了转型的重要性。时代需要不断的进步，在按需经济时代的今天，消费者的需求不分线上线下，无论何时、何地、以何种渠道，即时和方便是首要诉求，而传统零售业已然不能满足消费者及用户的这种需求，已经到了转型的风口浪尖，而未来的零售行业必然是智慧零售的时代。因此，我国连锁企业应当适应新零售时代而进行信息化和数字化转型，借助先进的管理方式、营销手段和强大的品牌影响力，夺取市场份额，以应对新零售时代连锁企业所面临的巨大冲击。

传统连锁企业的核心资产是门店。相比线下和线上，其实线下门店在产品的体验、服

务、客户交流互动方面是颇具优势的，但是在数据存留方面则处于劣势。如果可以扬长避短，在发挥其原有优势的同时，运用数字化手段完善线下数据存留，那么线下企业的竞争力就会大大提升。例如在APP中嵌入定位，实现线下精准定位，通过到店签到的方式提升用户活跃度、发掘沉默用户，利用人脸识别、“扫码购”以及店内各种互动活动提升用户体验，与此同时，导购可以通过和用户互动，来不断地给用户添加标签，从而通过用户线下动态标签，将线下用户引流线上，全方位、多维度地触及用户，达到线上线下整合行销策略的制订及对受众人群进行精准画像分析的目的。而对于消费者来说，能够享受线上线下一体化的服务，其购物体验也将再上新台阶。

目前，电商分流、商业综合体数量剧增，同质化竞争激烈，零售业经营模式急待转变。转变的关键因素就在于数据化和数据应用，用技术和数据支持连锁企业精细化运营，从而获取竞争优势。新零售的提出，对于传统零售企业而言，是其进行商业模式转型的一个很好的转折点，传统零售企业可以依托于新零售模式对企业进行商业模式的转型，从而使传统零售企业不仅开通企业线上功能，还可以实现线上线下全渠道联动的新模式。运用大数据、云计算等互联网技术，传统连锁企业可以更清楚地了解消费者的信息，掌握市场动向，满足消费者体验式消费，为消费者提供更加具有针对性的服务。数字化理念的推行，可充分发挥消费者和商品信息的作用，将数字充分贯穿于传统连锁企业生产、运输、销售、服务的体系之中，逐渐从传统依靠经验为主的运营方式向数字化和精细化运营转型。

传统连锁企业信息化转型的四个误区：

误区一：信息化转型效果立竿见影。

传统连锁企业推进信息化转型，是为了获得更好的发展，故而寄希望于信息化转型，要求信息化转型工作在很短的时间内就能够全面收回各种投入并带来十分突出的业绩增长。但信息化转型是一项长期的战略行动，需要长期投入和着眼于企业的长期绩效提升。就目前来说，各类企业的信息化转型普遍处于初期打基础的阶段，在人员、设备等方面的初始投入很大，短期内能够带来的绩效无法完全覆盖投入是很正常的。因此，传统连锁企业做信息化转型，不能受制于短期的绩效要求，要从战略发展的高度出发做长期打算。

误区二：占得数据就稳操胜券。

新零售热潮出现后，所有企业都意识到数据是有价值的，数据正日益成为企业的核心资产，是极其重要的资源。传统连锁企业一方面把本企业的各种数据集中起来，另一方面想方设法从外部获取更多的数据资源。一些企业错误地认为，只要把数据抓在自己手里，就抢占了市场竞争的制高点。于是，这些企业就形成了一个个“数据孤岛”。其实数据的终极价值，在于借助对其分析得到能够用于鉴证、预测的结果，以此促进业务提升。数据的价值需要在传输和分析应用中得到实现。就整个企业来说，仅仅依靠自身所获得的数据来推动信息化转型所能达到的高度是非常有限的，但是在企业内外部的数据治理机制一旦建立，企业信息化转型的步伐将大大加快。

误区三：信息化转型是一项技术挑战。

据2017年《福布斯》发布的数据显示，在所有进行数字化转型的企业当中，84%的企业转型失败，只有很少一部分转型成功。之所以有如此高的失败率，一个主要的问题是企业转型难，因为一个成熟的传统连锁企业的中高层管理者思想保守，所以很难做出改变。很多传统连锁企业认为信息化转型是一场关乎技术的挑战，其实不然，信息化转型是传统连锁企业面向未来的战略转型的开始，技术只是难题的一部分，我们更应该将转型看成一种愿景。

误区四：客户渴望自动化服务。

关于客户到底想要什么样的服务，业界有很多种说法，但大部分企业认为是客户更喜欢自动化的服务。但并非如此，客户更想要的是一种个性化服务而非自动化服务。实际上，客户只想获取他们想要的服务，包括他们想要的时间、地址、方式等，并不关心该服务是来自于人还是机器人。因此，在传统连锁企业进行信息化转型时，明确客户需求是关键，而不只是一味追求自动化。

总之，新零售时代的连锁企业信息化转型犹如登山，它是一个漫长的旅程，绝大多数企业还处于信息化转型的探索阶段(即通过各项信息化技术进行数据采集)，距离信息化转型的成熟阶段(即数据深度挖掘分析并通过数据驱动运营)还有相当长的路要走。

任务二　信息系统关键技术与电子货币

一、条形码技术与RFID

(一) 条形码技术的相关概念

条形码(Bar Code)是将宽度不等的多个黑条和空白，按照一定的编码规则排列，用以表达一组信息的图形标识符。常见的条形码是由反射率相差很大的黑条(简称条)和空白(简称空)排成的平行线图案。条形码可以标出物品的生产国、制造厂家、商品名称、生产日期、图书分类号、邮件起止地点、类别、日期等许多信息，因而在商品流通、图书管理、邮政管理、银行系统等许多领域都得到了广泛的应用。

商品的条形码技术是一种先进的物品编码技术，在商品外表借助不同宽度的亮、暗条或文字和字母组合来表示商品的编码。条形码可以由专门的识读设备自动识别，并将条形码所代表的相应编码值传递给计算机，就可以相应地自动反映出该商品的品名、单价、规格等信息。条形码技术是实现商业系统信息自动化管理的重要手段，条形码作为商品信息的载体，可以提供有关商品的一切信息。

(二) 条形码的优点

条形码的优点主要有以下六点：

(1) 可靠性强。条形码的读取准确率远远超过人工记录，平均每 15 000 个字符才会出现一个错误。

(2) 效率高。条形码的读取速度很快，每秒可读取 40 个字符。

(3) 成本低。与其他自动化识别技术相比较，条形码技术仅需要一小张贴纸和相对构造简单的光学扫描仪，成本低廉。

(4) 易于制作。条形码的编写很简单，制作也仅需要印刷，被称为“可印刷的计算机语言”。

(5) 易于操作。条形码识别设备的构造简单，使用方便。

(6) 灵活实用。条形码符号可以手工键盘输入，也可以和有关设备组成识别系统实现自动化识别，还可和其他控制设备联系起来实现整个系统的自动化管理。

阅读链接 9-1　**麦德龙推行条码扫描追溯食品来路**

我买的食品安全吗？当消费者在超市里选购了某种农产品，想知道它产自哪里？生长过程如何？有没有施用农药化肥？而这些关乎食品安全的关键问题消费者却无从知晓，不过，通过某些信息技术，这些问题就能得到及时解答。2012 年 8 月 15 日，江苏恒安方信科技有限公司与德国麦德龙集团的子公司——麦咨达农业信息咨询有限公司正式签订了合作协议，通过智能全维管理系统的技术实施，超市里的农产品将能实现从生产到流通全过程的追溯。今后，消费者只需要通过使用手机扫描产品的条形码，就可以清楚地了解到该件商品的“来龙去脉”，实现放心购物。

如今消费者可以在麦德龙超市买到可追根溯源的农产品，凡是麦德龙超市内标有“五星农场”标志的农产品，每一件都贴有一个条形码，消费者只要事先从恒安方信科技有限公司的网络平台上免费下载一个客户端，用手机扫描这个条形码，就可以获知这件农产品的详细信息，作为购买或维权的重要依据。

每一件农产品的条形码都是独一无二的，相当于该商品的“身份证”。这不同于以往普通意义上的条形码，我们日常所见的条形码，是同一类商品共有的，个体之间没有差异，很容易伪造，而这种可追溯的条形码，基于公司自主研发的“智能全维管理系统(ICM)”技术，是每一件商品独有的，加密技术更复杂，可以让产品在出厂时就和生产、流通及销售等数据信息相关联，消费者可迅速查询商品来源，辨别真伪。今后这一信息技术的应用范围还将扩大到其他商品，并且推广到麦德龙以外的其他零售企业。

智能系统能做的还很多。

在没有智能系统之前，生产企业和终端消费者始终隔着一堵墙，企业知道有消费者购买其产品，却无法掌握更多的信息。现在，当终端消费者使用这一系统查询产品信息的同时，系统也掌握了许多对企业至关重要的客户信息。比如，一家酒厂在南京一年的销量是1万瓶，酒厂掌握的只是这个销售数据，至于这1万瓶之中有多少消费者每年要消费10瓶，又有多少消费者1年只买1瓶这类的详细数据，则不得而知，而这类信息对于企业调整营销策略其实十分重要。但是，当消费者使用了他们的智能系统后，他们的消费详细信息就会被系统收集，成为绝对真实的营销数据，这类数据比依靠第三方调查等方式得来的数据更真实可靠。

通过这一系统，生产企业还能和终端消费者加强互动，比如，对一些有固定消费习惯的消费者，可以针对其制订个性营销策略。对于一些刚进入市场的新品牌，这些数据也能较好地帮助企业找到目标市场，可以大大节约营销成本，提高效率。

资料来源：产品产自哪里条形码一扫便知. http://www.njdaily.cn/2012/0815/210499.shtml

(三) 条形码的编码结构

条形码最大的优点是可以使用机器进行自动识别。目前条形码的编码方式有几十种，被广泛应用于各个领域，商品零售行业只是其中之一。我们在超市常见的条形码是EAN13通用商品条形码，商品条形码中的前缀码(前面的数字)是用来标识国家或地区的代码，如00～09代表美国、加拿大，45～49代表日本，690～692代表中国大陆，471代表中国台湾，489代表香港地区等。EAN13通用商品条形码共13位数，系由3位数“国家代码”、4位数“厂商代码”、5位数“产品代码”以及1位数“校验码”组成。其中，校验码的作用是来校验商品条形码中左起第1～12个数字代码的正确性。

下面以条形码6901234567892为例(如图9-2所示)介绍条形码的编码结构。

此条形码分为4个部分，从左到右分别为：

1～3位：共3位，对应该条码的690，是中国的国家代码之一(690～695都是中国的代码，由国际上分配)；

4～7位：共4位，对应该条码的1234，代表生产厂商代码，由厂商申请，国家分配；

8～12位：共5位，对应该条码的56789，代表厂内商品代码，由厂商自行确定；

第13位：共1位，对应该条码的2，是校验码。

图 9-2 条形码示意图

校验码是由前 12 位数按一定公式计算而得出的。其计算公式见表 9-1。

表 9-1 校验码的计算步骤

<table>
<tr><th>步　骤</th><th>举 例 说 明</th></tr>
<tr><td>1．自右向左编号</td><td>某商品条形码为：
690123456789X(X 为校验码)
<table>
<tr><td>位置序号</td><td>13</td><td>12</td><td>11</td><td>10</td><td>9</td><td>8</td><td>7</td><td>6</td><td>5</td><td>4</td><td>3</td><td>2</td><td>1</td></tr>
<tr><td>代码</td><td>6</td><td>9</td><td>0</td><td>1</td><td>2</td><td>3</td><td>4</td><td>5</td><td>6</td><td>7</td><td>8</td><td>9</td><td>X</td></tr>
</table></td></tr>
<tr><td>2．从序号 2 开始，求出偶数位上的数字之和①</td><td>9 + 7 + 5 + 3 + 1 + 9 = 34</td></tr>
<tr><td>3．① × 3 =②</td><td>34 × 3 = 102</td></tr>
<tr><td>4．从序号 3 开始，求出奇数位上的数字之和③</td><td>8 + 6 + 4 + 2 + 0 + 6 = 26</td></tr>
<tr><td>5．② + ③ = ④</td><td>102 + 26 = 128</td></tr>
<tr><td>6．用大于或等于结果④且为 10 的最小整数倍的数减去④，其差即为校验码值</td><td>130 − 128 = 2
校验码 X = 2</td></tr>
</table>

(四) RFID

1. RFID 的概念

RFID 的英文全称是 Radio Frequency Identification，译为射频识别，又称电子标签、无线射频识别、感应式电子晶片、近接卡、感应卡、非接触卡和电子条码等。射频识别技术是一种利用射频通信实现的非接触式自动识别技术(以下通称 RFID 技术)。RFID 标签具有体积小、容量大、寿命长、可重复使用等特点，可支持快速读写、非可视识别、移动识别、多目标识别、定位及长期跟踪管理。RFID 技术与互联网、通信等技术相结合，可实现全球范围内的物品跟踪与信息共享。RFID 技术应用于物流、制造、公共信息服务等行业，可大幅提高管理与运作效率，降低成本。随着相关技术的不断完善和成熟，RFID 产业将成为一个新兴的高技术产业群，成为国民经济新的增长点。

RFID 技术最早的应用可追溯到第二次世界大战中飞机的敌我目标识别，但是由于技术和成本原因，一直没有得到广泛应用。近年来，随着大规模集成电路、网络通信、信息安全等技术的发展，RFID 技术进入商业化应用阶段。由于具有高速移动物体识别、多目标识别和非接触识别等特点，RFID 技术显示出巨大的发展潜力与应用空间，被认为是 21 世纪最有发展前途的信息技术之一。

按照能量供给方式的不同，RFID 标签分为有源、无源和半有源三种；按照工作频率的不同，RFID 标签分为低频(LF)标签、高频(HF)标签、超高频(UHF)标签和微波频段(MW)标签四种。目前国际上 RFID 技术应用以 LF 标签和 HF 标签产品为主，UHF 标签开始规模生产，由于其具有可远距离识别和低成本的优势，有望在未来五年内成为主流，MW 标签在部分国家已经得到应用。中国已掌握 HF 标签的设计技术，并且成功地实现了产业化，同时 UHF 标签也已经完成开发。

RFID 技术是一种非接触式的自动识别技术，它通过射频信号自动识别目标对象并获取相关数据，识别工作无需人工干预，可工作于各种恶劣环境。

RFID 技术可识别高速运动物体并可同时识别多个标签，操作快捷方便。短距离射频产品不怕油渍、灰尘污染等恶劣的环境，可在这样的环境中替代条码，例如用在工厂的流水线上跟踪物体。长距射频产品多用于交通上，识别距离可达几十米，如自动收费或识别车辆身份等。

2. RFID 技术与条形码技术的区别

RFID 技术和条形码技术相似，目的都是快速准确地确认追踪目标物体。主要的区别是有无写入信息或更新内存的能力，条形码的内存能否更改。

RFID 标签特有的辨识器不能被复制，标签的作用不仅仅局限于视野之内，因为信息是由无线电波传输，而条形码必须在视野之内。

由于条形码成本较低，有完善的标准体系，已在全球广泛使用，而 RFID 技术由于成本相对较高，只被局限在有限的市场上使用，但它具有广阔的前景。

3. RFID 系统的组成

RFID 系统由 RFID 标签、信号接收机(读写器)、天线、中间件和应用软件五部分组成。RFID 标签和读写器之间互相不接触并利用感应、无线电波或微波进行数据通信，从而达到识别的目的。以下是对 RFID 系统组成的介绍：

(1) RFID 标签俗称电子标签，也称应答器(tag，transponder，responder)，根据工作方式可分为主动式(有源)和被动式(无源)两大类。RFID 标签芯片的内部结构主要包括射频前端、模拟前端、数字基带处理单元和 EEPROM 存储单元四部分。

(2) 读写器也称阅读器、询问器(reader，interrogator)，是对 RFID 标签进行读/写操作的设备，主要包括射频模块和数字信号处理单元两部分。

(3) 天线(antenna)是 RFID 标签和读写器之间实现射频信号空间传播和建立无线通讯连接的设备。

(4) 中间件(middleware)是一种面向消息的，可以接受应用软件端发出的请求，对指定的一个或者多个读写器发起操作并接收、处理后向应用软件返回结果数据的特殊化软件。

(5) 应用软件(application software)是直接面向 RFID 应用最终用户的人机交互界面，协助使用者完成对读写器的指令操作以及对中间件的逻辑设置，逐级将 RFID 原子事件转化为使用者可以理解的业务事件，并使用可视化界面进行展示。

RFID 技术的基本工作原理并不复杂，如图 9-3 所示：标签进入磁场后，接收解读器发出的射频信号，凭借感应电流所获得的能量发送出存储在芯片中的产品信息(Passive Tag，无源标签或被动标签)，或者主动发送某一频率的信号(Active Tag，有源标签或主动标签)，解读器读取信息并解码后，送至中央信息系统进行有关数据处理。

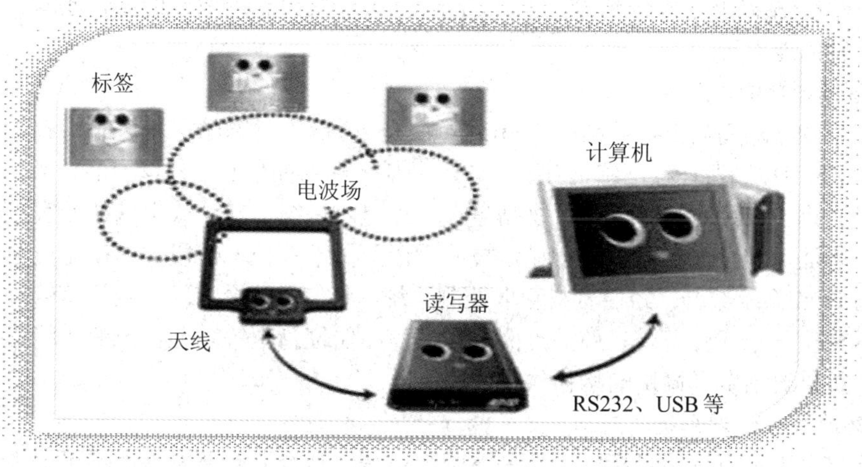

图 9-3　RFID 技术的基本工作原理

4. RFID 技术在连锁零售业的应用

由于连锁零售企业的快速扩张、布点以及其特有的产品经营策略，它们一般呈现出商品的多品种、小批量、高配送频率、多配送点、快速配送要求以及需要完善的信息系统支持等物流配送特征，使得整个物流活动更加复杂。RFID 技术免除了跟踪过程中的人工干预，在节省大量人力的同时可极大提高工作效率，所以对物流和供应链管理具有巨大的吸引力。

1) 供应链

在连锁行业，RFID 技术使得合理的产品库存控制和智能物流技术成为可能，它可让每个产品都被附上电子标签，然后通过读写器写入唯一的识别代码，并将物品的信息录入到数据库中，此后装箱销售、物流运输、仓储作业、零售上架等各个环节都可以通过读写器反复读写标签。RFID 技术提高了物品分拣的自动化程度，降低了出错率，使整个供应链管理显得透明而高效。

2) 仓储管理

企业采用统一采购、统一配送的模式后，商品的配送数量和配送次数急剧增加。为满足管理实时性的要求，RFID 技术开始被越来越多的企业所关注，它在解决了仓库管理操作人员的流动性问题的同时，实现了数据的实时传输。因此，将 RFID 技术用于实时管理系统，成为连锁零售仓储和配送环节重要的解决方案。

将 RFID 技术用于仓储和配送的管理，有效地解决了仓储货物信息管理。对于传出基地来说，管理中心可以实时了解货物位置、货物存储的情况，提高仓储运作与管理的工作效率，大幅度减少了现有模式中查找货位信息的时间(经检测可以缩短 2/3 左右)，提高了查询和盘点精度(精确度可以达到 99.95%以上)，大大加快出、入库单的流转速度，增强了仓储处理货物的能力。

3) 智慧型物品陈列架

智慧型物品陈列架主要是利用 RFID 技术，一方面给货物贴上 RFID 标签，并且通过 RFID 读写器和控制器连接网络，有效读取陈列架上的商品信息，提供商品自动化介绍、库存品自动查询、商品点阅率分析、物品盘点、进出门系统、互动式电脑、顾客查询机等功能，另一方面可结合无线通信即时显示技术、语音技术等技术手段，并以无线通信平台为基础，与 POS 系统结合，经由资料存取控制系统，将信息传至后端企业运营管理平台，提供商品的成交与未成交资料、商品点阅分析、商品储位管理等功能，改变传统货架静态陈列功能，提供给消费者愉快的购物体验。

4) 客户关系管理系统的应用

以提高顾客满意度为目标的客户关系管理系统，是今后企业发展所不可缺少的，而使其业务更高效运行的技术之一就是 RFID 技术。

使用 RFID 技术，企业能瞬间掌握顾客信息，及时地为顾客提供所需信息和服务。RFID 技术已经实际应用在连锁零售业的客户关系管理系统中。

顾客在进入企业的门店时，RFID 读写器可以自动读取贴有 RFID 标签的会员卡，店里的电脑就会自动显示出顾客的名字、年龄等基本信息和顾客以往的购买记录，以及由此推断出来的顾客喜好等数据，店员就能瞬间掌握这些信息。因此，即使是缺乏经验的实习生也能为顾客提供最适合的服务。

5) 销售渠道管理

对于企业而言，RFID 技术还可作为信息载体，依托网络通讯、系统集成及数据库应用等技术建立起一套信息化平台，帮助企业实现从生产、存储、运输、销售到终端消费者的整个销售渠道的管理和对每个环节的记录。实时的信息能够帮助销售人员为顾客提供更个性化的服务、产品建议和灵活的付款与交付选项。企业可以借助 RFID 技术掌握各门店间商品的库存定位，而动态的库存定位和实时的信息又可以帮助门店更高效地完成销售订单。

阅读链接 9-2　**数字化技术在永辉和沃尔玛的应用**

零售企业的数字化转型目前有众多的案例可以借鉴，但是不同企业的实际情况差异很大。企业仍应根据自身的情况确定自身的转型路径。我们仅对市场上影响力较大的两个案例进行剖析介绍。

2017 年底腾讯高调入股永辉，此次交易也是永辉的超级物种与阿里盒马鲜生的一次对标。腾讯利用数据、技术、平台为永辉超市建立了计算中心，加强永辉对数据的获取、沉淀和运用能力，并通过订阅号、小程序、微信支付等平台为永辉沉淀大量数据，建设了基于门店流量和永辉自建线上渠道的会员精准画像。与此同时，超级物种鼓励消费者进行线上付款，一方面使消费者购物更便捷，另一方面可获取顾客的消费信息，并以消费信息为基础对客户需求进行精准细分，同时根据顾客购买偏好向其推荐商品，引导客户复购，提高消费者的黏性。除了移动支付方面还有“永辉生活”APP 的广泛应用，“永辉生活”APP 覆盖了全国 559 家门店，拥有 289 万注册用户，给用户提供了足不出户便可购买蔬果生鲜的消费体验。永辉以商品为全渠道运营的核心关键，重视线下实体门店的升级，通过优化商品结构、优化供应链、搭建创新商业模式来提高全渠道商品组合能力。借助腾讯各类线上流量资源，通过多触点采集的大数据能力，提高信息收集、分析并转化为精准营销战略的全渠道数字化营销能力，有效指导营销资源的投入。在新渠道布局过程中，通过打通以互动为主的线上线下渠道、跨渠道综合运营和全渠道集约化的运营模式，达到在各渠道间无缝隙、连贯性、线上线下一致服务的全渠道服务能力。作为零售企业中的领军者，永辉通过实体零售的数字化转型，给零售企业转型树立了很好的标杆。

2018 年 6 月沃尔玛和腾讯正式宣布结成深度零售的战略合作关系，共同致力于零售行业消费场景的升级，树立数字化零售的行业标杆，该项目包括了一个重要的数字化工具——小程序。沃尔玛与腾讯小程序合作推出小程序“扫码购”，让一物一码成为可能，拿一件扫一件，顾客无需排队结账，直接在小程序上就能刷脸或扫码支付，免去排队烦恼。沃尔玛“扫码购”小程序的出现，是购物数字化的体现，实现了线上和线下业务的融合发展。沃尔玛利用小程序为会员用户提供更精准的营销内容，通过为会员用户推送超市的优惠信息或者优惠券，刺激会员用户前往门店进行消费，实现线上与线下用户流量的转化。数据显示，在部分沃尔玛门店两个月的测试中，有近三成的转化购买顾客选择使用“扫码购”结算，在此之上约95%的用户表示愿意继续使用这种自助结账方式。在去年的“8.8购物节”期间，沃尔玛将“扫码购”小程序应用于线上线下联动的营销活动中，在全国范围内派发电子优惠券超过1200万张，并在购物节的第一周消费用户数量实现翻倍增长。

资料来源：母小海. 互联网模式下零售数字化转型分析. 商场现代化：2019(6)

二、POS

商业电子收银是现代化商品流通管理理念和技术发展结合的产物，是现代化、自动化商业管理必不可少的基本电子设备之一。世界上最早的收银机是由美国的詹姆斯·利迪和约翰·利迪兄弟在1879年制造的，其功能是实现营业记录备忘和监督雇员的不轨行为。到60年代后期，随着电子技术的飞跃发展，日本率先研制成功了电子收银机(ECR)。到80年代中期，功能强劲的商业专用终端系统(POS)产生，成为第三代收银机，POS有着很强的网上实时处理能力。

POS是英文Point of Sales的缩写，是指销售点系统。销售点系统通过网络与银行主机系统连接，工作时，将信用卡在POS机上读取，并输入相关业务信息(交易种类、交易金额、密码等)，由POS机将获得的信息通过网络传送给银行主机，进行相应处理后，向POS机返回处理结果，从而完成一笔交易。

1. 使用商业电子收银系统的意义

商业电子收银机提高了商业经营者工作的准确性和效率，使其在投资成本较低的情况下，可以迅速、准确、详细地掌握商品流通过程中的全部数据，全面掌握在市场调查、内部管理、决策咨询、雇员部门考评等方面的信息，大规模地降低经营成本。商业电子收银机促进了商业的自动化和现代化。

2. 商业电子收银系统的优点

商业电子收银系统的优点主要有以下四点：

(1) 收款迅速、正确方便。商业电子收银系统减少了收银员对交易额的计算时间，提高了收银速度。商品条形码技术使收银速度提高了3倍，减少了单笔交易时间，提高了经营效率的同时也方便了顾客。

(2) 多种付款方式。商业电子收银系统支持顾客现金支付，支持支票、信用卡、外币、礼券、提货单等付款方式。甚至在同一笔交易中，可以以多种方式支付，极大地满足了顾客不同层次的需求。

(3) 为管理进行业绩统计服务。商业电子收银系统能记录收银员在营业中的销售业绩及顾客的购物信息，并能打印多种形式的报表，直接为管理服务，为决策者提供客观依据。

(4) 结账精确，杜绝舞弊。商业电子收银系统的应用使企业的钱、物受到严格的控制，缩短了结账时间，提高了正确性和精确度。

POS 导入前后的比较如表 9-2 所示。

表 9-2　POS 导入前后的比较

	导入 POS 之前	导入 POS 之后
前台收银	商品种类数量无法掌握 无法立即掌握营业收入 人工入账耗时且错误率高 新人训练慢 传统商店形象	采用条码实行单品管理 可掌握即时营业状况 结账快速准确，节省人力 新人容易上手 现代商店形象
销售管理	只能针对每日营业额做统计 凭直觉判断商品流动率 无法确认顾客的层次 难以掌握顾客购买动向 无法掌握顾客与商品的关系	自动分析每日营业收入，自动统计销售额、单品销售、毛利和来客数 可分析来客数及销售额的分布情况 能分析确认促销活动的效果 能分析商品布局和陈列的效益
库存管理	无法凭销售记录掌握库存情况 凭采购员直觉进货或由供应商自行进货 损失管理难以数字化 难以发现存货积压 商品缺货难以察觉	进销存数量可通过电脑查询 可在电脑上设定安全库存量 采购依据客观量化 能迅速发现商品积压和缺货 损失管理数字化
客户商品情报	顾客管理难度大，消费记录难掌握 不同供应商(批次)的商品价格难掌握 新商品的销售情况无法独立评估	顾客消费明细记录，可随时查询 各供应商、各批次的商品进价可追踪查询 可进行新商品、促销商品的销售分析

阅读链接 9-3　7-11 便利店借助 POS 分析顾客消费行为

日本 7-11 便利店很早就将经营重心放在消费者的心理层面上，通过掌握消费者显性与潜在的需求，创造了许多商机。其中，借助 POS 的开发和 7-11 便利店工作人员精准的观察与分析，能精准地解读消费者的购物心理。

日本 7-11 便利店每家门店平均约有 2800 种商品，若要一一拟定每项商品的供应计划，光靠人力根本无法完成。早在 1982 年，日本 7-11 便利店就引进了 POS，通过 POS 分析出畅销商品和市场的销售动向。

当消费者购买产品离开店铺时，他们可能不知道门店店员正在注意他们的性别、年龄，门店店员在刷过产品条形码后，还要在收款机上通过按键输入购买者的性别、年龄等基本资料。当晚，各门店所有的销售资料就会传回总部数据库，成为 POS 分析商品以及消费者购买习惯等信息的基础。

通过 POS 长期累积下来的数据资料，成了 7-11 便利店管理者经营决策的重要依据。每天，7-11 便利店产品线的负责人到公司的第一件事，就是看 POS 所整理出的前一天的销售数据。这些数据能够有效地帮助 7-11 便利店挖掘消费者深层的心理需求，并由此对销售状况做出立即反应。

资料来源：孙前进、杨洋. 连锁企业信息系统与管理. 中国发展出版社，2010 年.

3. POS 的组成

POS 的结构主要由电子器件和机械器件两部分组成，一般由主板、存储器、键盘、打印机、显示屏、钱箱和外部设备接口七个部分组成。随着现代技术的发展，POS 的附件设备逐渐增多，常见的主要有以下六种：

1) 打印机

电子收银机除内置打印机外，还可以连接外置打印机，如餐饮业中所使用的厨房打印机和票据打印机。

2) 磁卡读写器

磁卡读写器是一种磁记录信号的读入或写入装置，将信用卡记录的信息读入收银机。它的种类和型号较多，从磁迹数量上可分为单轨、双轨、三轨三种。

3) 电子秤

现场称重计量商品时，电子秤将重量及其数据传给收银机。

4) 调制解调器

即 Modem，将收银机的数据通过电话线传给电脑。

5) 后备电源

即 UPS，用于断电后由电池直接向收银机供给电。

6) 通信联网接口

其硬件由一组芯片或卡和物理端口组成，其软件由一种程序组成，主要有收银机之间的通信接口及收银机与电脑连接的 RS485 接口。

4. POS 的作业流程

1) 粘贴商品价签

连锁门店商品销售之前都应贴上表示该商品信息的条形码或光学识别标签(OCR)，为 POS 系统的作业做好准备。

2) 扫描销售信息

顾客结账时，收银员使用扫描读数仪自动读取商品条形码标签或 OCR 标签上的信息。

3) 确认销售信息

通过店内计算机确认商品的单价，计算顾客购买总金额等，同时返回给收银机，打印出顾客购买清单和付款总金额。

4) 传输销售信息

各个门店将本店的销售时点信息通过 VAN(Value Added Network，增值网络)以在线连接方式，即时传送给连锁总部或配送中心使用。

5) 分析处理信息

连锁总部、配送中心和门店对销售时点信息进行分析，以掌握顾客的需求动向，明确畅销商品或滞销商品。

6) 调整作业管理

连锁总部、配送中心和门店以信息分析结果为依据，进行库存调整、配送管理、商品订货、品种配置和商品陈列等方面的作业。

7) 向供货商输出信息

连锁企业可利用 VAN 在线连接的方式把销售时点信息即时传送给供货商，使供货商能根据销售现场的最及时准确的销售信息制定经营计划，进行经营决策。

三、EDI 与 EOS

(一) 电子数据交换系统(EDI)

电子数据交换(Electronic Data Interchange，EDI)是计算机与计算机之间结构化的事务数据交换，它是通信技术、网络技术与计算机技术的有机集成。将数据和信息规范化、标准化，在计算机应用系统间，直接以电子方式进行数据交换。EDI 是目前较为流行的商务、管理业务信息的交换方式，可以自动传输和处理业务数据，从而大大提高了工作效率和效益。

1. EDI 的含义

国际标准化组织(ISO)将 EDI 定义为“将商业或行政事务处理按照一个公认的标准，形成结构化的事务处理或信息数据格式，是从计算机到计算机的数据传输”。

EDI 是信息进行交换和处理的网络化、智能化、自动化系统，是将远程通信、计算机及数据库三者有机结合在一个系统中，实现数据交换、数据资源共享的一种信息系统。这个系统可以作为管理信息系统(MIS)和决策支持系统(DSS)的重要组成部分。

EDI 是一种计算机应用技术，商业伙伴们根据事先达成的协议，对经济信息按照一定的标准进行处理，并把这个格式化数据通过计算机通信网络进行交换和自动处理。

EDI 是一套报文通信工具，它利用计算机的数据处理与通信功能，将交易双方彼此往来的商业文档(如询价单或订货单等)转换成标准格式，并通过信息网络传输给对方。

2. EDI 的作用

EDI 的作用视所用的规模和深度而定。一般来说，连锁企业采用 EDI 新技术可产生以下五方面的作用：

1) 提高交易频率

由于交易双方的信息通过计算机通信网络传输，可以实时到达，大大缩短了业务运作时间。

2) 降低出错的处理成本

增加信息处理是在计算机上自动完成的，无需人工干预，所以除节约时间外也可以大幅度降低业务处理过程中的差错率，从而降低出错的处理成本。

3) 节约库存费用

由于使用 EDI 后可大幅缩短供需双方的业务处理时间，因而需方可以减少库存，从而降低库存资金占用。

4) 节省人事费用

由于使用 EDI 后不再需要人工填表、制单、装订、打包、邮寄等一系列操作过程，可节省人力成本。

5) 降低贸易文件成本

实现贸易无纸化，大幅度节省纸张、印刷、储存及邮寄的费用。

3. EDI 的标准

标准化是实现 EDI 传输的前提和基础。EDI 的标准包括 EDI 通信标准、EDI 信息标准、

EDI 处理标准、EDI 联系标准和 EDI 语义语法标准等。

EDI 通信标准和 EDI 信息标准是 EDI 最本质的部分。EDI 通信标准用于明确技术特性，使计算机硬件能够准确地解释交换数据。EDI 通信标准确定字符设置、传输优先权和速度。EDI 信息标准规定传输文件的结构和内容，特别是明确文件的类型以及当一份文件被传输时的数据顺序。

4．构成 EDI 技术的基本要素

1) 通信

在传统的商务活动中，贸易单证票据的传递通常由邮政系统或专业传递公司完成。EDI 技术使连锁企业在商务活动中能用电子手段来生成、处理和传递各类贸易单证。电子通信网络是 EDI 必不可少的组成部分。

从 EDI 所依托的计算机网络通信技术的发展演变来看，最初是点到点方式，随后是增值网络(VAN)的方式，进而是电子邮件(E-mail)方式，当今则演变为互联网(Internet)模式。这一变化趋势使得 EDI 的推广应用范围变得更加广阔。

传统的 EDI 是基于 VAN 技术的 EDI。在这一模式下，通常需要建立一个区域性的 EDI 中心，同时建立一个 VAN 网络。用户首先以会员方式加入到 EDI 中心，并按通用标准格式编制报文才能通过网络传送信息。由此可见，传统的 EDI 对用户要求较高，推广应用较难。为此，逐步改变传统 EDI 单纯依靠增值专用网的封闭式传输模式，向基于 Internet 和 Web 技术的开放式 EDI 应用模式发展，将是 EDI 发展信息增值服务的关键。

Internet 模式的 EDI 是指利用先进的国际互联网、服务器等电子系统和电子商业软件运作的全部商业活动，包括利用电子邮件提供的通信手段在网上进行的交易。Internet 模式的 EDI 大大方便了中小型企业，不用购买和维护 EDI 软件，不用进行 EDI 单证和应用程序接口 API(Application Programming Interface)开发，只需利用浏览软件即可应用，而有关表格制作和单证翻译等工作则由 EDI 中心或商业伙伴完成。

2) 标准

在 EDI 技术构成中，标准起着核心作用。EDI 技术标准分成两大类：一类是表示信息含义的语言，称为 EDI 语言标准，主要用于描述结构化信息；另一类是载运信息语言的规则，称为 EDI 通信标准，主要是负责将数据从一台计算机传输到另一台计算机。一般来说，EDI 语言对其载体所使用的 EDI 通信标准并无限制，但对 EDI 语言标准却有严格的限定。

EDI 语言标准目前广泛应用的有两大系列：国际标准的 EDIFACT 和美国的 ANSI X12。目前，EDIFACT 标准作为联合国与国际标准化组织联合制定的国际标准正在为越来越多的国家所接受。

3) 软件

EDI 通常由报文生成及处理、格式转换、联系、通信等四个模块构成，如图 9-4 所示。

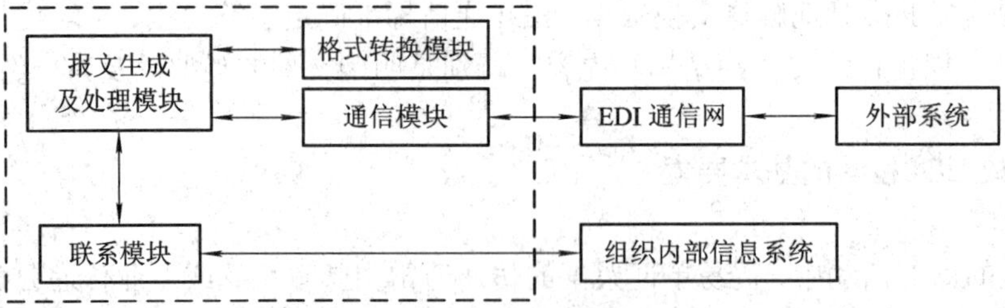

图 9-4　EDI 示意图

为了实现 EDI 的上述功能，必须设计和开发相应的 EDI 软件。EDI 软件的作用是将组织内部的非结构化格式的信息(数据)翻译成结构化的 EDI 格式，然后传送 EDI 报文。这是针对“信息发送方”而言的。对“信息接收方”来说，则需要把所接收到的标准 EDI 报文，翻译成在该部门内部使用的非结构化格式的信息。根据这样的要求，EDI 软件应具有三方面的基本功能，即数据转换、数据格式化和报文通信。

(二) 电子订货系统(EOS)

电子订货系统(Electronic Ordering System)，简称 EOS，是指企业间利用通信网络(VAN 或互联网)和终端设备，以在线连接方式进行订货作业和订货信息交换的系统。它是连接供应商、连锁总部、配送中心和连锁门店等的整体订货/供货系统。使用 EOS 时，订货人员先通过扫描将欲订货商品的条码扫入接收设备，并同时输入订货数量进行订货操作，然后再通过计算机和网络系统将订货信息输送给供应商或配送中心，以最大限度发挥电子订货系统各种功能。EOS 因其内含许多先进的管理手段，因此在国际上使用非常广泛，并且越来越受到连锁企业的青睐。

四、电子货币

(一) 电子货币的概念

电子货币是指以现代信息通信技术为基础，为企业或个人提供金融结算服务的货币形式。它是由一定金额的现金或存款，从发行者处兑换并获得代表相同金额的数据或者通过银行及第三方推出的快捷支付服务，通过使用某些电子化途径将银行中的余额转移，从而能够以电子形式使消费者进行交易的货币。

随着移动互联网技术和智能终端的大量普及，从最初的使用粮票、油票支付到代金卡、一卡通购物再到如今的手机 NFC 支付和二维码支付，货币支付形式发生了深刻的变革。二维码、条形码支付的形式随处可见，这种新型的支付方式已经完全融入我们的生活，并逐渐取代了纸币形式的支付方式，我国正逐渐进入非现金的电子货币时代。近年来，在发达国家零售业方面的电子货币应用也大量出现，并且发展迅猛。尤其是图像处理技术、模式识别技术和嵌入式人脸识别技术等领域的技术创新，给电子货币与支付技术带来了基于生物特征识别技术的革命性影响。近几年来，国内外已开发应用了声音识别、人脸识别、签字识别、指纹识别、掌形识别、眼虹膜识别等人体生物特征的识别。生物特征识别的时代已经到来，生物特征识别技术将成为电子货币的重要技术组成部分，并促进电子货币技术在今后更快地发展。

(二) 电子货币的优势

以电子货币代替现金进行零售业的小额现金结算，其最大的好处在于降低了交易成本，不仅减少了现金的使用率，也节省了交易双方的时间成本。有统计显示，在零售业使用现金结算，其交易成本大约是 1.7%，而使用电子货币结算的成本仅为 0.6%。电子货币在零售业的应用并不仅仅可以节省交易成本，它还能够在人力成本、商品销售和财务管理等各方面产生许多衍生效果。

电子货币交易对比普通现金交易在人力成本和销售促进等方面有着明显的优势。以便利店为例，根据统计，平均 1 位客人的商品支付时间为 40 秒，其中商品条形码的扫描和装袋时间约为 30 秒，现金支付时间为 10 秒。采用电子支付后，支付时间可忽略不计，总体交易时间可节省 25%，既节省了人力成本，也提升了顾客的消费满意度。

事实证明，使用电子货币结算可以切实提升零售业的销售额度。根据日本大阪某超级市场的消费数据，使用电子货币结算的顾客相比使用现金货币结算的顾客，单次消费的商品金额平均要高出 27%，其原因除了电子货币支付更加便利之外，更重要的是非现金消费对于顾客心理的影响。电子货币让金钱和价格成了数字，消费者的消费过程中没有现金立即减少的心理反馈，因此电子货币使消费者更容易在不知不觉中花费更多。

(三) 电子货币对零售业的影响

电子货币应用的首要条件就是电子货币支付设备。如果店铺里没有安装相应的电子货币交易系统，显然无法完成支付。因此，电子货币的普及倒逼了零售业店铺的信息化与智能化建设，不仅健全了金融服务信用系统，也推动了自动贩卖系统等商业形态的发展。随着我国的劳动力成本逐年上升，由机器代替人进行一些简单的工作成为了商家降低经营成本的普遍选择。对自动贩卖机进行改装，使用电子货币进行自动交易，无疑可以节省商家的人力成本，而由自动贩卖机带来的短周期大规模的交易额，也对电子货币的普及有着极大的推动作用。

电子货币交易系统的普及所带来的并不仅仅是成本上的削减或者顾客心理上的影响。它事实上可以衍生出一整套新形态的交易系统。例如商家可以利用电子货币交易系统整合促销手段，由于电子货币交易系统具有信息智能储存功能，所以商家可以通过电子货币交易系统便捷地推行打折、返点和身份识别等营销手段。再或者商家可以通过利用智能手机钱包业务，将广告、商品信息浏览、订货以及支付等各步骤一步到位。而当电子货币交易系统与银行金融业连接起来之后，则顾客个人的所有货币活动都被整合到一个系统之内，这不仅利于金融业者的业务推广和成本削减，也便于顾客自己进行个人理财。可以说，在这个高度信息化的时代，零售业的电子货币化，消除了整个金融服务电子化的最后一块死角，使小额货币交易可以与储蓄、汇款、股票等其他货币交易在一个统一的、可以互相联通的信息网络内完成。电子货币的发展必将对个人消费心理乃至整个零售业的发展产生重要影响。

阅读链接 9-4　**揭秘央行数字货币**

2020 年，有两件事将被记入史册，一是新冠肺炎疫情，二是央行发行数字货币。其实对于大多数人来说，数字货币这个概念并不难懂，我们每天用的微信、支付宝，甚至银行的信用卡等，都可以称得上是一种广义的数字货币。那么央行此次发行的数字货币，又有哪些不同呢？

- DC/EP 究竟是什么？

数字人民币是中国人民银行发行的一种法定数字货币，全称是数字货币电子支付，对应的英文缩写是 DC/EP。其中 DC 是数字货币(Digital Currency)的缩写，EP 是电子支付(Electronic Payment)的缩写。由于数字人民币特有的法偿能力，使用数字人民币和使用纸钞或硬币没有任何区别。

- 和微信、支付宝有什么不同？

相比央行发行的 DC/EP，微信和支付宝支付的出现要早得多，人们对于它的理解也更深入。那么 DC/EP 与微信、支付宝到底又有哪些不同呢？

1. 信用背书

无论微信还是支付宝在现实社会中使用得多广泛，仍然会有店老板不接受的情况。说到底，这两家还只是普通的商业公司。但央行发行的 DC/EP 则不同，它的信用背书是国家，其背后是具有同等法偿能力的人民币，任何人不得拒收。从另一个角度来说，DC/EP 与人民币现钞是可以相互替代的，二者仅仅是表现形式不同而已。

2. 无需银行账户

通过微信、支付宝交易之前，都要首先绑定自己的一个银行账户，在每一次支付行为的背后，其实都是微信、支付宝从你的卡中实时扣款，再去执行相关交易。只不过这一切都是自动进行的，平时不为我们所知罢了。但央行的 DC/EP 不同，它无需申请银行账户，只要注册一个属于自己的数字钱包即可，这也是它目前和微信、支付宝一个很重要的区别。

3. 结算主体不同

和微信、支付宝不同的是，DC/EP 是国家未来法定流通的一种数字货币，因此它的结算主体是中国人民银行(央行)。而微信、支付宝仅是对目前人民币结算方式的电子化改进，其支付结算主体为商业银行。

• DC/EP 和传统现金有什么区别？

1. 没有找零烦恼

与传统现金结算相比，使用数字货币的优势在于所有零钱在账户内只表现为一组数字，支付系统只要进行简单的加减运算即可，省却了我们日常的找零麻烦。

2. 不易丢失

由于现金不具备唯一标识性，因此存在一定的丢失隐患。换句话说，如果你兜里的 100 块钱丢失了，那么再找回来的机率是很低的。但是数字货币具有的不可篡改性可以将其丢失机率变得极低。

3. 通用性更强

我们的生活正在逐步进入电子支付时代，例如乘车扫码、支付扫码和进店扫码。但或许你已经发现，所有的软件也并不都是通用的，比如，你在 A 市刚申请了一张易通卡，到了 B 市却要换成支付宝；在地铁上刚装好了地铁通，坐公交却要换成乘车码。这一点在未来数字货币推行后，将有极大的改观。由于 DC/EP 属于国家法定货币，无论公交公司、铁路、民航或是小区超市，只要接入一台数字货币的支付设备，所有人就能使用自己的数字钱包完成支付，不需要下载其他 APP。

4. 具备匿名特征

DC/EP 具有匿名特征，换句话说，我们目前的移动支付，其实是会留给商家一些“痕迹”的。这也就是为何你在某 APP 购买完商品后，系统会智能推荐给你一些你所感兴趣的商品，即所谓的“大数据杀熟”。而 DC/EP 所具备的匿名交易特性，可保证在付款后，商家、银行和第三方平台均无法追踪你的消费记录，从而避免很多尴尬与隐患。

• 为什么要发行数字货币？

1. 纸钞发行成本高

目前每个国家的现钞防伪能力都很强，但愈发强大的防伪功能，势必要加大纸币的铸造成本，同时纸币在流通一段时间后，会因损耗退出流通领域，这些都会导致纸钞的发行成本越来越高。而数字货币是没有这方面问题的，由于只是一串数字代码，无论是生产还是流通，都不会再产生任何费用。

2. 移动支付普及，现金使用频率大幅降低

目前国内绝大多数交易场景，均已实现了移动支付，换句话说，你从市场上买根葱，也可以使用手机付款。而快速普及的移动支付，自然挤占了传统现金的使用空间。越来越高的铸币成本，加上越来越少的使用场景，同样也是央行推出数字货币的主要原因。

3. 反洗钱、反恐怖融资监管

传统的现金交易是匿名化交易，这就给反洗钱和反恐怖融资监管带来诸多麻烦。而数字货币的唯一标识性，则方便监管部门回溯整个资金融通链，以便进行更有效的监控。

资料来源：宋强. 揭秘央行数字货币. 计算机与网络：2020(5).

任务三　新零售时代的连锁经营模式创新

一、电子商务对传统零售业的冲击

电子商务(Electronic Commerce)是指利用计算机技术、网络技术和远程通信技术，实现整个商务(买卖)过程中的电子化、数字化和网络化。

电子商务大大提高了商务活动的水平和服务质量，其优点包括：

(1) 大大提高了通信速度，尤其是国际范围内的通信速度。

(2) 节省了潜在开支，如电子邮件节省了通信邮费，而电子数据交换则大大节省了管理和人员环节的开销。

(3) 增加了客户和供货方的联系。如电子商务系统网络站点使得客户和供货方均能了解对方的最新数据，而电子数据交换(EDI)则意味着企业间的合作得到了加强。

(4) 提高了服务质量，能以一种快捷方便的方式提供企业及其产品的信息及客户所需的服务。

(5) 提供了交互式的销售渠道。使商家能及时得到市场反馈，改进本身的工作。

(6) 提供全天候的服务，即每年 365 天，每天 24 小时的服务。

总之，零售业电子商务新渠道的崛起，减少了商品流通的环节、降低了产业链的运营成本、提升了渠道及终端的效率，必将打破现有行业格局，分流传统渠道及终端的商品销售额，加大行业内的资产兼并与重组，重新配置社会资源。电子商务的发展必将使零售业

传统渠道及终端的盈利能力降低，逐步趋于行业内平均利润率，甚至低于新渠道。变革、适应慢的企业必将遭到市场的淘汰。

二、电子商务环境中实体门店存在的必要性

无论电商发展如何迅猛，经营优势如何彰显，但是线下的实体连锁门店退出市场的趋势肯定是不存在的。因为实体门店有其存在的必要性，主要体现在以下四个方面：

(1) 购物习惯决定实体门店顾客的忠诚度。有一大部分消费群体因为电脑水平和长久以来的购物习惯，会选择远离网络购物这种新兴的购物方式。即使价格会比网上高，也愿意看到实体产品。所以实体店仍然拥有一块较为稳定的市场。

(2) 实体门店提供社交空间。网购是一种个体行为，而到实体店逛街是一种社交行为。对于部分消费群体，倾心于三五好友逛商场，不愿独自一人蜷缩在电脑前扫货。

由此可见打造社交空间是实体商业地产消费模式的魅力所在和生存之道。特别是一站式大型购物中心，满足餐饮、娱乐与购物多方面诉求，全方位的消费体验是网店所不能提供的。

(3) 实体门店提供产品的真实感。网络是虚拟的，互联网不能传递产品的视觉、听觉、味觉、触觉等感知信息。相对于电商缺乏真实感，线下的实体门店可以实现试吃、试喝、试穿、试用、试驾等体验，顾客可以全方位地体验产品外观和性能，而实体店可以满足消费者对产品的体验诉求。

(4) 实体门店提供购物体验服务。在实体店内，服务人员可以提供面对面的个性服务。在产品同质化的今天，实体门店服务的异质化是脱颖而出的关键。实体店的购物体验服务不仅包括购物环境的体验，还有感受服务人员的态度与专业，对于品牌美誉度的优化有着至关重要的影响。

三、零售业和电子商务的融合与赢利模式创新

作为电子商务的新模式，O2O(Online To Offline，即从线上到线下)正在改变着电商与店商之间的关系，使电子商务与连锁门店化敌为友。这种关系让线上与线下可以无缝衔接，对传统零售连锁业来说，可以更好地发挥自身服务与体验的差异化竞争优势，同时享受到线上售卖带来的成本下降和效率提升，并能增强与目标消费者的互动，增强客户黏性。

2013 年零售连锁业巨头银泰百货宣布将与阿里巴巴合作，在“双 11”推出最新玩法：将线下购物与线上交易结合起来。在银泰百货线下的 35 个实体店内，顾客可以扫描商品条形码预购天猫银泰店商品，“双 11”零点起可在天猫完成交易，同时银泰百货向天猫消费者赠送 1 万张“银泰吃货券”，天猫消费者可以持券去银泰线下指定门店消费。这意味着，

一向与电子商务拼杀得“你死我活”的线下百货业，终于按捺不住，向 O2O 抛去了橄榄枝。

对于百货业来说，O2O 如同改变线上渠道与线下关系的“黏合剂”，传统零售业借此找到了新的盈利方式，与网络购物“化敌为友”，曾被作为网购“试衣间”的实体门店开始大大方方地接受这一现实，并尝试以其能线下体验的实体渠道优势，与中高端电子商务共制共享“蛋糕”。

如今，“跨界”这个词儿在眼下的零售业已不再陌生。2014 年 5 月 18 日，顺丰快递这家物流行业大佬一夜之间在全国 70 个城市高调开出 518 家“嘿客”线下社区体验店，显示出顺丰进军 O2O 模式的大手笔。购物不能当场取走，只有展品没有库存，“嘿客”除了快递物流业务、虚拟购物外，还具备 ATM、冷链物流、团购、预售、试衣间、洗衣、家电维修等多项业务，实为社区网购便民生活平台。事实上，“嘿客”社区店只是互联网时代零售、物流、网络跨界融合的一个缩影，“跨界”必将成为各方转型和赢利模式创新的新战场。

无论是电商还是传统零售业，关注的焦点不应该是谁取代谁，而应是如何整合线上线下资源，相互吸引和展开合作。通过信息技术改造传统行业，提升效率和价值；通过传统行业提供便利，增强体验和信赖，实现有机融合，创造共赢发展格局。

知识拓展　盒马鲜生——阿里巴巴的新零售业态

盒马鲜生是阿里巴巴旗下新零售模式的开拓者，这种开拓是对传统零售行业的重构，它将线上电商与线下门店、超市、餐厅与智能物流相结合，运用全数字化、智能化的管理方式，为消费者提供全渠道的购买方式，为顾客提供传统生鲜行业所不能带来的体验式消费。盒马鲜生充分利用了现代智能科技，以顾客为中心，真正做到了“比亲妈更懂你”。

盒马鲜生的这种创新型的零售模式，无论是从企业经营模式、社会发展、物流运输还是人工效率等方面，与传统的生鲜零售和电商相比都有了很大的提升，它不仅结合了传统生鲜零售业和电商的优点，同时还打破了两者的缺陷，以自身的特点，影响并改变着生鲜业及零售业的发展。

相比于传统生鲜零售业，盒马鲜生跳出了固定的组织结构和经营思路，并且打破了地域限制，盈利模式更加多样化，而生鲜与餐厅以及智能物流的结合，减少了商品的损耗，降低了成本；与生鲜电商相比，盒马鲜生的线上产品就是消费者在线下看到的实实在在的产品，让消费者的购物更加放心，同时为消费者提供了更真实的购物体验，弥补了普通生鲜电商在这方面的不足，数字化、智能化的充分运用，拉近了消费者与商品之间的距离；对于消费者来说，盒马鲜生提供了更加人性化的消费服务，消费者在购买方式的体验上将会无差异化。盒马鲜生的顾客群体定位以当代“80 后”“90 后”为主，这些人正是拉动消费的主力军，而它所主打的“鲜、活”理念紧紧地扣住了这些人的需求；该群体的重心大多在工作上，而盒马鲜生恰恰满足了他们“购买+用餐”的一体化需求。

此外，在产品的数量方面，盒马鲜生量少，保证顾客买回去不会造成不必要的浪费。

- 盒马鲜生对新零售发展趋势的启示

(1) 新零售将进一步利用数字化和人工智能技术精准定位顾客，将顾客画像立体化，满足顾客的私人订制式服务需求，提高顾客的消费体验。

(2) 优化智能物流配送方案，减少库存，提高行业的配送效率，尽可能地减少时间花销和物力花销，降低企业的营运成本，提高经济效益。

(3) 重新整合“货”“场”“人”之间的关系，减少中间环节的设置，进一步拉近“人”与“货”的距离。

(4) 通过淡化不同消费方式的渠道边缘，全渠道实现线上线下一体化，为消费者提供更加无差异化的购买体验。

今后，数据之争是零售业竞争的主战场，同时，新零售的竞争还广泛存在于新技术应用、供应链主导地位、智慧物流解决方案与增值服务运营之中。

资料来源：陈恬恬，肖棚玥，张深. 关于新零售理念的研究——以盒马鲜生为例. 现代商业：2019(4).

项目小结

本项目介绍了连锁企业管理信息系统，同时详细介绍了 RFID 和电子货币，重点介绍了条形码技术与 RFID、电子数据交换系统(EDI)和电子订货系统等技术。

本项目中的主要知识点包括连锁企业管理信息系统、条形码技术与 RFID、电子数据交换系统、电子货币、电子商务。

课后习题

一、讨论题

1. 连锁企业管理信息系统的构成有哪些？
2. 目前我国连锁企业信息化转型的主要趋势是什么？
3. 条形码技术与 RFID 的区别是什么？

二、自测题

1. 选择题

(1) 超市商品的条形码最常见的是采用(   )。

A. QR 码　　　　B. 39 码　　　　C. EAN13 码　　　　D. 交叉 25 码

(2) (　　)是计算机与计算机之间结构化的事务数据交换，它是通信技术、网络技术与计算机技术的有机集成。

A. POS　　　　B. EDI　　　　C. EOS　　　　D. RFID

(3) 不是构成 EDI 技术基本要素的是(　　)。

A. 通信　　　　B. 标准　　　　C. 订单　　　　D. 软件

(4) 不是电子货币的是(　　)。

A. 信用卡　　　　B. 电子钱包　　　　C. 电子支票　　　　D. 信用证

(5) 零售业正逐渐与电子商务融合发展，实体店“触网触电”可以采取(　　)等手段。

A. 建立网上商店　　　　B. 微信、微博营销

C. 与电子商务企业如团购网站合作　　D. E-mail 邮寄卖场 DM 广告

E. 网上宣传企业形象

(6) 某商品的条形码为：691497320068X(X 为校验码)，则 X 的值是(　　)。

A. 1　　　　B. 5　　　　C. 7　　　　D. 0

2. 判断题

(1) 销售者应当积极采用商品条形码，在其经销的商品没有使用商品条形码的情况下，可以使用店内条形码。(　　)

(2) “电脑收银机+扫描器”式的 POS 收银系统较适用于规模较大、收银台数较多的连锁超市，电脑收银机兼有收银及存取商品销售数据的功能。(　　)

(3) 新零售就是线上下单、电子支付。(　　)

3. 简答题

(1) POS 导入前后有何不同？

(2) EOS 的基本流程是怎么样的？

(3) 央行数字货币与微信支付有哪些不同？

案例分析 >>>

集连锁经营、电子商务、移动互联于一体的 O2O 模式

O2O 即 Online To Offline，是将线下商务的机会与互联网结合在一起，让互联网成为线下交易的前台。这样线下服务就可以通过线上揽客，消费者也可以通过线上来筛选线下服务。

知名眼镜连锁经营商宝岛眼镜在 2013 年就投入了 1000 多家门店参与到天猫双十一活动中，据估计双十一有 80%的销售额都来自 O2O。双十一，即每年的 11 月 11 日，因为这一天的日期里面有连续四个“1”的缘故，便被称为“光棍节”，如今商家，尤其是线上商家都会利用这一天进行大规模的打折促销活动，也是名副其实的购物狂欢节。

(一) 宝岛眼镜的双十一 O2O 销售策略

宝岛眼镜针对双十一备货总价值超过 4000 万元，其中 50%为库存，50%为热销款。在产品的搭配上，一部分是以太阳眼镜为主的眼镜成品，另一部分则是以镜框和镜片为主的半成品。

销售策略上，宝岛今年将主打 O2O 的模式，一方面线上以平均 3 至 4 折的价格销售电子提货券，消费者购买后可直接到宝岛分布在 150 多个城市的 1000 多家门店换购商品。如购买 168 元的电子提货券，可至门店消费原价 600 元的配镜套餐。

另一方面，消费者在双十一之前到门店扫描天猫二维码后，并在 11 月 11 日当天在天猫下单购买商品可享受优惠价，或领取 20 元现金优惠券，同时，与“天猫”合影，将照片发到新浪微博，还有可能抽取到 iPad mini。很多顾客提前一周就跑到店里选购商品，包括试戴、询问价格等，甚至连宝岛眼镜员工也开始上网淘货并将商品加入购物车。同时，包括 CCTV 新闻频道在内的重点媒体也对宝岛门店的购物盛况做了大幅的报道。宝岛眼镜官方旗舰店推出活动包括:“配框镜套餐专区提货券”和“国际折扣馆专区代金券”两个活动。配框镜套餐分为三个价格: 168 元、398 元和 598 元，低至 2.8 折的折扣前所未有，平均也在 3～4 折左右。如购买 168 元的电子提货券，可至门店消费原价 600 元的配镜套餐。而国际折扣馆则是买 300 元代金券可至门店抵用 1000 元国际折扣专区商品。

(二) O2O 给宝岛眼镜带来的好处

据宝岛眼镜的估计，今年双十一，单纯线上销售占到 20%，O2O 则占到 80%。采取 O2O 的模式将会给宝岛眼镜带来三方面的好处: 首先，线上大幅度促销将会很容易引起线下的反弹，O2O 可以把线上线下的这种对立变成联盟；其次，一天内的爆发性销售会给企业的物流配送带来巨大的压力，也会影响到日常的销售，而采用线上售卖提货券的方式，则可以将双十一的流量带到日常的长尾销售中，据估计，双十一之后的 45 天内宝岛眼镜门店的销售都将会有所受益；最后，也是最重要的一点，眼镜行业非常适合于 O2O 的模式。顾客无论是在接受验光，还是在挑选镜片时，介绍镜师的专业指导，都是需要在线下完成的。

宝岛眼镜内部对于此次大规模的 O2O 尝试极为重视，8 月底即开始准备，集团总部分派了 6 个小组奔赴全国 36 个事业部对 1 万多名员工进行 O2O 的集中培训。当然，大力度的折扣使得宝岛眼镜在此次双十一几乎不存在特别大的利润空间，不过有利于库存上的消化也是值得的。“11 月份是眼镜行业标准的淡季，大力度投放到双十一，除了销量的大幅增长外，还相当于给宝岛眼镜打了一个巨大的广告。出于品牌的考虑，宝岛眼镜不可能长期打折，尤其是销售旺季的时候。但 O2O 却是必须坚持要走的道路。”

(三) O2O 实现了消费者、连锁店和电子商务企业的三赢

从单一角度看，天猫似乎将门店当作试衣间，但对零售门店来说，则多了一份肯定。宝岛眼镜首席市场官陈雪玲分析，11 月是零售业的淡季，往年即使投入广告费用也不见得顾客上门，而天猫则是真实协助自己扩大目标市场，而且，年终打折促销是惯有的营销活动，只有这双十一当天的促销力度比较大。而对消费者来说，上网采购眼镜既便利又超值，又可免费享受专业验光的服务。线下的体验可以更大限度地发挥宝岛眼镜的优势，宝岛眼镜专业的验光服务一直是其被消费者信赖的一个重要因素，O2O 将线上的便利性与线下的体验功能进行了完美的融合，因为对于眼镜消费者来说，专业的验光是重要的一个考虑，到眼镜店接受专业验光仍是主流。此次的 O2O 活动对消费者、天猫和宝岛眼镜都是三赢的局面。

事实上，随着许多消费者习惯的改变，电子商务成为日趋重要的交易平台，天猫商城作为电商平台中的佼佼者，据阿里巴巴总部数据显示：天猫商城仅在 2013 年双十一的第一分钟，总销售额就超过了一个亿，并于第十分钟超过 15 亿元，双十一全天的销售额突破 350.18 亿。今年 O2O 项目是天猫的一个新尝试，在眼镜行业只独家与宝岛眼镜合作，这无疑是对宝岛眼镜品牌的高度认可。

资料来源：CCTV 关注 O2O 商家 宝岛眼镜“双 11”创造三赢. 2013-11-13

http://www.baodao.com.cn/brand_activities_detail_29.html

★阅读上述材料，回答以下问题：

(1) 什么是零售连锁企业的 O2O？

(2) 宝岛眼镜进行 O2O 促销的原因是什么？

(3) 结合本案例，分析连锁经营与电子商务相结合的必要性与可行性。

※ 实训操作 ※

1. 走访参观当地一家连锁零售企业，观察信息系统的运作流程，进而了解信息系统整个过程。

2. 调查当地一家新零售业态(如永辉超级物种、盒马鲜生、无人超市等)，谈谈这些新零售业态与你印象中的传统零售门店有什么不同。

项目10 连锁企业物流与配送

学习目标

- 了解连锁企业物流的相关概念及常见运作模式；
- 了解物流配送中心的概念及其功能与作用；
- 理解我国连锁企业物流配送的发展现状与趋势。

任务一　连锁企业物流管理概述

一、连锁企业物流的相关概念

连锁经营中的物流主要是包含供应(采购)、内部、销售、回收物流在内，由连锁集团总部统一领导下的运输、保管、装卸、包装、在库管理、配送、流通加工等的各种物流活动。连锁企业物流是针对连锁企业的特定需求，由企业根据自身经营的需要，以信息为纽带，从供应商处采购商品，通过合理的物流体系将商品送到连锁门店或消费者，确保企业的销售服务满足顾客需求的物流运作业态。连锁企业物流主要服务于连锁超市、家电连锁企业、服装连锁企业、餐饮连锁企业等连锁经营企业。

为了有效实现连锁企业的经营管理目标，连锁企业物流配送成了现代连锁企业赖以生存的基础。高效的物流管理系统不仅有效地降低了连锁企业的成本，同时也使其快速稳定发展成为可能。我们可以将物流管理定义为：在社会生产过程中，根据物质资料实体流动的规律，应用管理的基本原理和科学方法，对物流活动进行计划、组织、指挥、协调、控制和监督，使各项物流活动实现最佳的协调与配合，以降低连锁企业的物流成本，提高物流效率和经济效益。

二、连锁企业物流的常见运作模式

物流业态是物流产业中同类企业的经营方式和经营特点在市场上表现出来的存在形态。通过长期实践，连锁企业在经营管理过程中已经形成了连锁企业物流业态及相应的物流运作模式。

连锁企业的常用物流运作模式是：在进行物流运作前，连锁企业需要建立一套联结企业内部各门店与总部，以及联结供应商或相应物流企业的电子信息系统，然后在进行物流运作时，通过统一集中的中央采购来降低采购物流成本并取得规模优势。在企业经营中通过采取零库存策略降低库存成本。在连锁企业的物流运作中，配送是实现连锁企业成功经营的关键环节，因此连锁企业物流管理的基本形式是物流配送管理。随着我国连锁经营逐步成为零售商业、餐饮业等领域的主要业态，通过连锁企业物流业务的不断实践，选择合适的配送模式成为企业发展成功的关键。

1. 生产企业或供应商直供配送模式

该种模式是生产企业或供应商直接把连锁企业所需商品送到连锁企业下属各门店甚至直接送到货架的门到门配送方式。这些企业通过自建配送中心送货，或者和第三方物流企业合作，在一定区域范围内建立自己的分销体系，然后对连锁企业进行门店配送。

直供配送模式可以缩短供货时间，节约零售企业自建配送中心的费用，减少中间配送环节，当供应商和连锁企业结成同盟关系后有利于共同降低库存成本。但是，采用直供配送模式的企业一般都是大型供应商，大多数小型企业并不具备配送能力。在实际运营中，连锁企业如果过分依赖供应商直供配送，缺货断档以及配送及时性差等问题就可能会频繁出现，而且这种模式无法满足零售企业小批量、多批次的配送要求。所以供应商直供配送只适合于配送时效性要求高、商品价值高、对储运工作专业性要求比较高、单品销售量比较大的商品。

2. 连锁企业自营配送模式

该种模式是连锁企业根据企业的经营战略、销售网点布局、商品品种及需求量、经营规模以及自身实力等情况，选择适当的地点自建一个或多个配送中心，由企业直接对配送中心进行经营管理，以满足本企业各门店配送的需求。

自营配送模式在运营过程中可以实行由连锁企业统一管理，根据各家门店经营需要进行配送，这有利于连锁企业形成规模优势，加强企业对物流各个环节的管理和监控，提高整体服务质量，大型连锁企业自建物流配送中心已经成为一种趋势。但是自营物流投资规模大，有可能造成资源浪费。

阅读链接 10-1　**解码苏宁的物流版图**

众所周知，当前零售业正面临着流量去中心化、社群社交化、零售触点网格化等零售形态的快速变革，而即时配、自提、冷链等快递新业态正从萌芽状态向规模化发展演变。当前，苏宁物流正从自建平台走向共享生态，未来将与合作伙伴致力于共建全球商业共享的全场景基础设施平台。

截至 2019 年 6 月底，苏宁物流及天天快递拥有仓储及相关配套总面积达 1090 万平方米，到 2020 年，仓储面积预计达到 2000 万平方米，形成“区域中心仓群+前行仓群+前置仓群”的三级网络布局，为成本和时效平衡提供更优的解决方案。末端方面，苏宁物流将继续扩充末端节点，明年目标突破 10 万$^+$，以“快递点+自提点+小店+帮客”等多元形式融合实现末端场景全触达。

值得一提的是，苏宁冷链作为智慧零售全场景服务的核心支点，也将迎来新一轮规模化升级。姚凯现场透露，“苏宁物流正在北京、上海、广州、深圳、杭州、大连、武汉、南京等 30 个核心城市建设和筹备建设冷链仓，预计到 2022 年，交付冷链仓储面积将超过 100 余万平方米，届时将成为全球零售行业最大的冷链仓储服务商。”

回顾苏宁物流的发展历程，2014 年，苏宁物流完成了“8+46”的大小件仓网布局，全国末端配送入户网络的搭建，以及基础设施阶段布局；2017 年，苏宁物流收购天天快递；2018 年，苏宁物流在全国投入 46 座冷链仓，入局即时配，完成生态布局；2019 年，苏宁物流开放进入第五个年头，正式进入全面链接阶段，构建起仓配、快递、快运、冷链、跨境、即时配和售后共七大产品体系，通过搭建科技和效率驱动物流基础设施平台，以“数字化+供应链”全链路输出，为商家和消费者提供更优质的服务。

不仅如此，苏宁物流构建的“1 小时服务圈”已覆盖全国 15 万个社区，“6 小时城市圈”和“当日达、次日达辐射圈”也已覆盖全国 90%以上的城市，乡镇网络覆盖全国 98.8%的地区，在零售物流上，苏宁物流已经成长为中国零售业最大的自建物流平台。

资料来源：杨云飞. 直击苏宁最新物流版图. 中国物流与采购：2019(16)

3. 第三方物流配送模式

连锁企业因其自身业态特点，一般物流运作中呈现商品多品种、小批量、高配送频率、多配送点、快速配送要求以及需要完善的信息系统支撑等物流配送特征，其物流活动比较复杂。为了适应这种配送特点，选择将其配送业务委托给专业的第三方物流企业运营的第三方物流配送模式是中小型连锁企业的必然选择。

第三方物流配送模式是基于外包的物流模式，其优点在于连锁企业可以专注于核心业务，提高其核心竞争力。专业的第三方物流公司也可以通过专业化、规模化为连锁企业提供更好的服务，降低物流成本，帮助连锁企业分担经营风险。但是，第三方配送模式也会在合作关系不稳和初次合作时降低连锁企业的控制能力，容易为连锁企业带来无法估量的损失。

目前，我国许多规模较小的连锁企业选择采用第三方配送模式进行经营。但是，我国第三方物流企业发展规模小，运营能力比较弱，制约了连锁企业完全依赖这种模式。

4. 共同配送模式

共同配送模式也称协同配送模式，是指连锁企业之间为了提高物流配送效率以及实现配送合理化，利用各自的物流配送能力或配送渠道建立的一种相互补充的配送合作模式。为了实现配送作业的总体经济规模，降低进货成本，促进连锁企业业务成长与扩张，取得物流配送的主导权，建立共同发展的商业环境，共同配送模式在运营时强调连锁企业之间采用策略联盟方式进行横向业务整合，或者由制造商主导或由连锁企业总部主导，将批发商、供货商进行纵向垂直配送整合。

共同配送模式可以充分利用和高度共享各连锁企业的资源，提高了连锁企业的客户服务水平，有利于整合生产商、批发商和零售商，健全商业渠道。但是，连锁企业之间本身就是天然的竞争对手，彼此在经营战略、企业规模等方面存在差距，要想形成共存共荣、彼此协调的共同配送模式非常困难。

我国当前存在的连锁企业物流运作业态中的四种配送模式各有特色，连锁企业往往根据自身的经营管理水平、发展规模和特色以及业务发展的需要选择真正适合自身发展的物流模式。

任务二　连锁企业物流配送的发展特点与趋势

一、物流配送中心的概念及其功能与作用

连锁经营的有效发展与配送中心是紧密相连的，配送中心是连锁店的物流管理机构，它主要采用集商品进货、库存、分货、加工、运输等为一体的工作模式。配送中心是总部与门店之间沟通的重要纽带，它是连锁经营的后勤保障部门，更是连锁店在市场上竞争的有力保证。

(一) 物流配送中心的功能

物流配送中心主要包括采购、储存、加工、编配、调运和信息沟通等环节，它的功能

是多样化的，主要体现在以下六个方面：

(1) 在采购方面的功能：配送中心在商品采购方面可以实行统一机制，获取到连锁店所需的全部商品，这样不仅在很大程度上使其进货成本大大降低，同时还能很好地抑制劣质的商品进入到市场之中。

(2) 储存方面的功能：首先，物流配送中心起到了商品集散作用，可以将分散的商品统一起来，待各个分店需要时，再将商品一次性发送到各个分店中，它是供应与销售的桥梁，能够减少物流成本；其次，它还具有检验作用，对所采购来的商品进行严格的检验与核对，确保商品的规格、品牌、质量、数量等各个方面是否与订货的要求相符。

(3) 加工方面的功能：商品配送中心根据实际销售需要进行一系列的分装、分选以及分类等方面的加工，尤其在食品方面，更要实行统一加工模式，这样才能确保各个连锁店在食品原料方面都相同。

(4) 编配功能：配送中心根据各个连锁分店订货要求，制定统一的形式对所采购的货物进行分货、拣货、包装、送货，确保各个连锁分店在销售过程中不出现断货情况。

(5) 调运功能：由于连锁店的分布呈分散状态，数量较多，根据经济上的考虑，不可能专门配备交通工具，这时，配送中心就要借助先进的网络手段来知晓各个分店的缺货信息，合理地安排调运，及时将商品运输到各个分店，确保各个分店的货物齐全。

(6) 信息功能：商品配送中心根据市场所需、商品销售信息等有效控制商品的库存规模，并且在采购、储存、加工等方面采用科学合理的方式，及时发配各个分店所需的商品，以尽可能地降低物流成本。

(二) 物流配送中心的作用

物流配送中心的作用如下：

(1) 实现连锁企业的规模经营。要采用当前较为先进的计算机网络系统，在采购与配送的订单处理方面实行一体化的模式，提高订货的准确性，从而增强了配送的实际效果和信息交流的顺畅度。

(2) 实现连锁经营的价格优势。配送中心进行大规模的统一采购和进货，可以在较大的范围内选择有利的货源，可享受商品成批数量的优惠政策，这样能够大大降低采购成本，以实现其价格优势。

(3) 实现连锁企业资源的优化组合。物流配送中心的功能是多样化的，它覆盖了商品的采购、储存等方面，可以有效地处理各个连锁店在非销售业务上的负担，这样连锁店才能将精力放在销售额与利润的增值上，才能不断提高其零售水平。

二、连锁企业物流配送中心的发展思路

连锁企业的商品都是由配送中心统一进行进货和配货，各个分店的商品存储数量很低。应根据这种特征选择合理的配送中心类型，合理地安排各个分店的存货数量，使其保持均衡的状态。连锁企业物流配送中心可以建立自己的配送中心，为整个连锁网络或者其他商业企业提供货物的物流中心。还可以建立代理类型的配送中心，也就是说，连锁企业不经营配送业务，而是将配送业务交给企业外的配送中心来完成，这样的配送模式适合规模较小、内部经营管理能力水平较低的连锁企业。

对于硬件的建设，应加快建设全面的仓储设备，采用先进的立体式自动化仓库，自动地进行物品配送分拣和配货，利用自动打包机、吊车等先进设施进行配送，真正由以往传统的储存型向现代流通型企业的方向迈进。同时，还要不断地提高物流配送的管理水平。只有采取合理的科学管理制度、先进的管理手段，配送中心自身所具有的功能与作用才能得到充分的发挥，才能促进连锁企业的发展，使其整体经济效益进一步提高。此外，应加强培养物流配送中心方面的人才，人才的合理安排是非常关键的。因此，必须培养一批从事物流配送的专业人才，确保配送中心的正常运转。

共同配送也叫第三方物流服务，主要指的是多个客户联合起来共同由一个第三方物流服务公司来提供配送服务。共同配送有一个总的指导思想：虽然有大部分的汽车运载率低下，但是可以将共同的商品集中在一起，这样不断提高各种物资资源的运输效率，最终获得良好的效益，同时，同一种货物之间还可以互相代用，这样既不影响货物的管理，而且还能提高其技术以及效益，能够在同一平行线上作相对方向的运送。当前，我们应充分利用好现有的物流设施，建立一体化的物流配送中心，同时采取先进的计算机技术对其进行科学合理的管理，在进货、存货、配送、发货方面都应实施电脑控制。

随着社会经济发展步伐的不断加快，物流与环境之间已经形成了互相配合、互相辅助的关系，也就是说，现在的物流发展必须以保护环境为基础。所以，今后的物流在配送过程中首先要考虑的就是对环境是否造成影响。连锁企业应建立绿色物流配送机制，有效地利用车辆，以提高配送效率以及货物积载率，通过运输方式来降低单位货车废气排放量。这其中企业间货物配送的共同化成为了绿色物流配送的突破口，因为共同配送减少了运行车辆的数量，这在较大程度上降低了大气污染的危害率。另外，共同化的作业管理，对于企业实行绿色管理系统有很大的帮助。

三、未来我国连锁企业物流配送的发展趋势

据统计，2000 年中国连锁经营百强企业第一名的联华超市(百联集团的前身)销售额为

111.4 亿元，门店数约为 1300 家，而百联集团 2012 年的销售额已达到 1220 亿元，门店数超过 5100 家，在当年的中国连锁百强企业中排名第二。由此可见，我国的连锁经营行业在近十年中的发展速度之快，而连锁企业物流的发展也逐渐走向了成熟。

(一) 我国连锁企业物流配送的特点和趋势

1. 加强企业信息化建设，建立基于流程重组的信息系统

因为连锁企业各门店分布较为分散，所以在经营过程中建立高效的信息系统加强管控是非常必要的。在连锁企业管理中，利用信息系统将物流系统与企业销售系统、采购系统、流通加工系统乃至整个零售业供应链联系起来，将有效降低连锁企业物流运作成本，提高物流服务效率。这也是连锁企业提高竞争力的必由之路。

2. 加强零售业配送中心建设，选择合适的连锁企业物流配送模式

随着大型连锁企业的不断发展，零售企业合并重组造就的零售业巨头不断涌现。大多数大型连锁零售企业都是通过自建现代物流配送中心，完善自身流通体系，再通过协调供销关系，缩短中间流通渠道，降低商品流通成本，提高物流运营效率，从而提升连锁零售企业的竞争力的。因此，连锁企业在选择物流业态模式时，往往会结合企业的自身情况，考虑企业规模、资本运作能力、发展战略等因素，选择适合企业发展的物流配送模式。当企业规模小、处于起步阶段时，因为连锁分店数目少，分布区域较为分散，需配送的商品少，无法形成规模优势，选择第三方物流或者供应商直供等配送模式成为首选；当企业规模做大做强后，因为连锁分店较多，逐步形成销售网络，具备了一定规模优势后，自建配送中心就成为了必然选择。

3. 从传统物流向物流一体化、供应链物流的转变

先进的物流体系对连锁企业的发展起到了非常重要的推动作用。通过有效的信息沟通和统一运作，可以把企业物流中的收货、验货、库存管理、流通加工、出库、配送等流程和信息处理有机地结合起来，构建现代连锁企业的一体化物流。

当今世界，企业与企业之间的竞争早已成为各个供应链之间的竞争，连锁企业物流从基于供应链管理的角度构建物流运作模式成为了必然。在供应链管理模式下，连锁企业的核心竞争力是如何快速、准确地满足消费者的需求的？这就需要考虑从采购到销售的这个过程，既能给企业带来利润，又能满足消费者的需要。基于供应链管理的物流模式能全面考虑利润、成本、效率等问题，完成企业经营目标。在这个管理过程中，需要考虑提高消费者的忠诚度，让适合、适量的商品满足消费者的需要，并保证库存商品数量、品种合理，也就是运用供应链库存管理来管理商品的库存。还可以选择合适的配送方式和成本将商品送达众多门店，也就是运用供应链输送管理来管理商品的运输。

4. 大型连锁企业构建以第四方物流为核心的配送模式

所谓第四方物流，就是供应链的集成者、整合者和管理者。第四方物流运营者通过对企业物流资源、拥有的物流设施和相关物流技术的整合和管理，提出对企业物流全过程的实施方案和途径。连锁企业在借助第四方物流工程中，既可以依靠他们选择合适的第三方物流，解决供应链上物流节点间的库存、输送问题，还能从供应链管理角度考虑企业的采购问题，协调管理零售企业与供应商之间的关系。借助第四方物流进行配送，可以将外包与自营配送模式结合在一起，将自身的优势物流资源和供应商直供物流资源、第三方物流企业资源进行整合，以最合适的模式搭配达到最好的服务和最低的成本。

5. 中小型连锁企业构建以物流联盟为主体的共同配送模式

中小型连锁企业由于业务量较小、经营网络分散等特点，可以采用以物流联盟为主体的共同配送模式，以降低物流运营成本，提高经济效益。连锁企业在构建物流联盟时，达成利益平衡、责任共担的“双赢”或“多赢”共识非常重要。连锁企业在建立物流联盟进行物流运作时，既可以建立与第三方物流企业长期合作的沿供应链向上或向下的纵向物流联盟，还可以组建连锁企业间以节约成本和形成规模优势为目的的横向联盟。物流联盟的建立，不仅可以减少配送服务交易的次数，降低配送成本，还可以站在社会物流总成本角度降低社会物流成本。

(二) 构建连锁企业物流竞争力应注意的问题

构建连锁企业物流竞争力应注意以下两个问题：

(1) 建立基于流程重组和供应链的信息化物流是连锁企业加强竞争力的基础。供应链得以控制和管理，其基本要素就是供应链的信息化，通过信息化供应链可以解决上下游企业间的协作关系，均衡供应链各节点企业间的利益，使企业间基于共同的价值观和利益形成一种依存关系。构建基于供应链的物流信息化，将使连锁企业提高与上游供应商、下游客户及配送中心之间的物流效率。

连锁企业应通过对物流数据的分析，优化与重组原有的物流流程，使企业物流在供应链信息化系统中的效率更高。当前许多连锁企业已进入到电子商务领域，通过流程重组和供应链信息化，在电子商务企业竞争中占据优势。

(2) 构建基于供应链管理的连锁企业物流新模式的关键是建立供应链合作伙伴关系。供应链管理的关键是构建供应链上下游企业的战略同盟关系。战略联盟关系是建立在共同的战略目标和利益基础之上的。因此，连锁企业在构建基于供应链管理的物流新模式时，应该着力于与供应商建立有共同战略目标的合作关系。作为供应链末端的连锁企业还应该在不影响自身生存的情况下尽可能地与上游供应商共享信息。

知识拓展　沃尔玛物流配送中心的成功经验

沃尔玛从20世纪60年代的一家小店，靠出售廉价的零售百货，经过50多年的搏杀和积累，目前已经成为美国最大的私人雇主和世界上最大的连锁零售商，在全球15个国家开设了超过8400家商场，下设55个品牌，员工总数210多万人，每周光临沃尔玛的顾客就有2亿人次。其2010年的财政年度销售额达4050亿美元，2010年，沃尔玛公司再次荣登《财富》世界500强榜首，并在《财富》杂志“2010年最受赞赏企业”调查的零售企业中排名第一。沃尔玛何以如此成功？前任总裁大卫·格拉斯这样总结：“配送设施是沃尔玛成功的关键之一，如果说我们有什么比别人干得好的话，那就是配送中心。”的确，沃尔玛最大的特点就在于它拥有一流的配送中心。具体体现在以下四个方面：

(一) 完善的物流配送体系

沃尔玛在美国已建立了62个配送中心，其配送中心的平均面积约为10万平方米，相当于23个足球场的面积，其位置设立在100多家零售店的中央位置，这使得一个配送中心可以满足附近100多个周边城市销售网点的需求，其运输的半径短而均匀。沃尔玛配送中心以320公里为一个商圈建立一个配送中心，一端为装货月台，另一端为卸货月台。800名员工24小时倒班装卸、搬运、配送，商品在配送中心停留不超过48小时。每家店每天送1次货(竞争对手每5天1次)。至少一天送货一次意味着可以减少商店或者零售店里的库存。

沃尔玛公司共有6种形式的配送中心，分别是干货配送中心(生鲜食品以外的日用商品)、食品中心(包括不易变质的饮料及易变质的生鲜食品等)、山姆会员店配送中心(属于批零结合)、服装配送中心、进口商品配送中心和退货配送中心。在沃尔玛销售的商品中，有87%左右是经过配送中心的，而沃尔玛的竞争对手仅能达到50%的水平。由于配送中心能降低50%左右的物流成本，这使得沃尔玛能比其他零售商向顾客提供更廉价的商品。

(二) 高效的运输能力

为了满足美国国内4000多个连锁店的配送需要，沃尔玛公司运用了全球定位的高科技管理手段，保证车队处在一种准确、高效、快速、满负荷的状态。沃尔玛拥有全美最大的私人运输车队，在美国共有近3万个大型集装箱挂车，5500辆大型货运卡车，24小时昼夜不停地工作。公司5500辆运输卡车全部装备了卫星定位系统，每辆车在什么位置，装载什么货物，目的地是哪里，总部一目了然，这保证了沃尔玛对发生在配送中心与各店铺之间的运输掌握主控权，能够将货等车、店等货等不良现象控制在最低限度。其每年的运输总量达到77.5亿箱，总行程6.5亿公里。

此外，沃尔玛在运输方面也很讲究策略，其一，加大装载量，提高实载率。沃尔玛的送货卡车大约有16米加长的货柜，比集装箱运输卡车还要长或高，所有的产品从卡车的底部一直装到最高。其二，注重时间管理，沃尔玛的物流部门全天候运作，而且是每天24小时的不间断运作，这为物流配送的速度提供了保证。

(三) 先进的物流数据处理中心

沃尔玛是全球第一个发射物流通信卫星的企业，通过建立全球第一个物流数据的处理中心，第一个实现集团内部24小时计算机物流网络化监控，使采购、库存、订货、配送和销售一体化。从计算机开出订单到商品上柜，比竞争对手快3天，节省成本2.5%。在减少库存并保持货架充实率上也领先于其他零售商。沃尔玛所有的数据处理都基于UNIX系统并采用了传送带和产品代码，以及自动补货系统和激光识别系统。在此过程中，沃尔玛采用了一些包括零售技术在内的最尖端的技术。如通过网络，可在1小时内对每种商品的库存、上架、销售量全部进行盘点，该系统还可处理工资发放、顾客信息和订货—发货—送货，实现公司总部与各分店及配送中心之间的直接通信。在公司的卫星工作室看上一两分钟，就可以了解一天的销售情况。

在沃尔玛的物流中非常重要的一点是要确保商店所得到的产品与发货单上完全一致。因此沃尔玛必须有一套非常精确的系统，才可确保整个物流配送过程中不会出现任何差错。这样，商店把整个卡车当中的货品卸下来就可以了，而不用把每个产品检查一遍。其补货系统使得沃尔玛在任何时候都知道现在商店中有多少货品，有多少货品正在运输过程当中，有多少是在配送中心等等。同时它也使沃尔玛了解到，某种货品上周卖了多少，而且可以预测将来可以卖多少。因为沃尔玛所有的货品都有一个统一的产品代码，沃尔玛可以对这些代码进行扫描和阅读，让供货商们直接了解他们的产品的销量，以便决定他们的生产情况，并降低企业运作成本。

(四) 科学的物流配送流程

沃尔玛配送中心的基本流程是：配送中心收到和汇总用户的订单之后，通过信息系统查询商品库存情况。供应商将商品的价格标签和UPC条形码(统一产品码)贴好，运到沃尔玛的配送中心，然后经过筛选和重新打包，分别送到货架的不同位置存放，这时计算机会把它们的方位和数量记录下来。根据商店的要货需要，电脑系统自动检索出所需商品的存放位置，并打印出商店代号的标签，贴到商品上。整包装的商品直接由货架上送往传送带，零散的商品由工作台人员取出后送到传送带上。传送带上有一些信号灯，员工可以根据信号灯的提示(即箱子应被送往的商店)来拿取这些箱子。

在传送过程中，经过一系列的激光扫描来读取货箱上的条形码信息。全速运行时，只见纸箱、木箱在传送带上飞驰，红色的激光四处闪烁，将货物送到正确的卡车上。传送带每天能处理 20 万箱货物，配送的准确率超过 99%。

资料来源：周延波，光昕. 我国连锁零售业物流配送的现状与对策分析——从沃尔玛物流配送中心的成功经验说起. 对外经贸实务：2011(9).

项目小结

本项目介绍了连锁企业物流的相关概念，重点介绍了连锁企业物流的常见运作模式，并对我国连锁企业物流配送的现状及其未来发展趋势做了简单介绍。

本项目中的主要知识点包括物流管理、配送中心、第三方物流、供应链、第四方物流。

课后习题

一、讨论题

(1) 配送中心具有哪些功能？其主要作用是什么？

(2) 连锁企业应如何构建其物流竞争力？

二、自测题

1. 选择题

(1) (　　)是指提供原材料、零部件或其他物料时所发生的物流活动。

A．供应物流　　B．生产物流　　C．销售物流　　D．回收物流

(2) 下列有关配送的理解中，(　　)是正确的。

A．配送实质就是送货，和一般送货没有区别

B．配送要完全遵守“按用户要求”，只有这样才能做到配送的合理化

C．配送是物流中一种特殊的、综合的活动形式，与商流是没有关系的

D．配送是“配”和“送”的有机结合，为追求整个配送的优势，分拣、配货等项工作是必不可少的

(3) 经济实力雄厚、销售规模较大或自身拥有较好的配送网络，大型的连锁企业适合的配送模式是(　　)。

A．共同配送模式　　B．自营配送模式

C．供应商配送模式　　D．第三方配送模式

(4) 下列不属于配送的功能是(　　)。

A．备货　　B．存储　　C．维护　　D．配装

(5) 配送中心除了储存货物外，还需根据相关需要对有些货物进行加工，例如(　　)。

A．对肉类、生鲜品的切割包装　　　　B．对大包装货物的分装

C．对有些商品加贴标签　　　　　　　D．对促销捆绑商品的包装

E．为商品粘贴条形码

2. 判断题

(1) 连锁企业与供应商签订采购合同后，大部分商品均直配直送。（　　）

(2) 一些经营规模较大或门店数量较多的连锁企业常在互惠互利原则的指导下，共同出资建设配送中心来完成配送任务。（　　）

(3) 配装是指工作人员根据送货路线，将不同门店的货物组合装载在同一辆货车上，充分利用货车车厢容量，提高运输效率，降低送货成本。（　　）

案例分析

日本7-11公司的物流配送体系

物流配送模式是指将物品按时送达连锁企业指定地点所采用的运作方式。商业环境的不同，使得物流配送即使在发达国家也不只有一个固定模式，日本7-11公司便利店所采用的配送模式就体现了灵活性这一特征。

日本7-11公司是有着日本最先进物流系统的连锁便利店集团。然而，在7-11公司刚刚起步时，遇到的一个很大问题就是商品的供应和配送。区区100 m^2的店铺销售3000多个品种的商品，而且还必须兼顾顾客服务的优质性和购物的便捷性，这在没有有效商品供应和配送体系的条件下，显然是无法实现的。

日本7-11公司的配送模式经历了三个阶段：第一阶段，供应商配送阶段；第二阶段，共同配送阶段，也被7-11公司称为供应商汇总配送；第三阶段，一体化配送阶段。7-11公司没有自建的配送中心，而是凭自己的经营实力，利用其他物流企业的配送中心来实现自己的连锁化经营战略。

完善、高效的配送体系是零售业实现连锁经营的基础条件。7-11公司在连锁经营中把地区集中建店和信息灵活应用作为发展的基本政策，在配送体系的建设上没有建立自己的配送中心，而是利用其他企业的配送中心，采取汇总配送和共同配送的方式，实现自己的连锁化经营战略。汇总配送是7-11公司独具特色的配送体制，它减少了商店的接货次数，提高了运输效率。由于配送地区缩小，也缩短了配送距离和配送时间。虽然这些成本的投资使7-11便利店在价格上稍高于其他店铺，却仍然每日客源不断，深受顾客青睐与好评，就是因为它完善而先进的物流体系所带来的方便性。7-11公司集中建店的优势首先是向一个地区内的商店集中配送，能够提高配送的效率；二是地区内连锁店数量的增加，能缩短配送的距离和时间；三是能提高在建店地区的知名度，有效地开展广告宣传，并加强总部

对加盟店的指导。根据业务经营及发展的需要，7-11 公司建立了一套高效完善的综合信息网络，实现了业务处理的自动化，提高了工作效率，通过该信息网络实现了连锁经营的整体系统化。

作为全球最大的连锁企业，7-11 公司取得今天的成功，除了其有效的品牌运作、先进的管理方式之外，其快捷的物流配送体系更是取胜的关键所在。它的集中式开店以及快速的扩张过程正是因为其高效的物流运作模式才能发展至今，成为全球连锁企业巨头。2009 年是日本 7-11 公司开店的第 35 个年头，至 2009 年 3 月底的统计，7-11 公司的全球分店总数为 35 776 家。7-11 公司，在世界零售舞台上缔造了一个令人瞩目的商业神话。

资料来源：邵云霞. 连锁零售企业物流配送模式研究——以 7-11 便利店为例. 科技资讯：2010(12).

★阅读上述材料，回答以下问题：

(1) 试分析现代物流配送体系对于连锁经营成功的意义。

(2) 在项目 4 中我们学习过，日本 7-11 公司采取的网点扩张模式是一种圈地模式，请结合本案例谈谈为什么日本 7-11 公司的圈地模式对于其物流配送体系的发展起到了积极的作用。

※ 实训操作 ※

以小组为单位，利用课后时间调查学校周围连锁企业的物流环节。

连锁企业防损与安全管理

项目 11

学习目标

- 了解连锁门店损耗产生的原因及防损措施;
- 了解现代防损科技的进展;
- 理解连锁经营中安全管理的重要性以及安全事故发生的主要原因与防范。

任务一　连锁门店损耗产生的原因

一、门店防损工作的意义及损耗产生的原因

(一) 门店防损工作的意义

“损耗”是一个在连锁企业经营过程中经常听到或论及的字眼。全世界零售业每年的商品损耗高达1600亿美元，而在中国这一数字也已高达250亿元人民币。防损是门店利润的守门员，如果一个门店的损耗无法得到有效控制，实际上这个店很难赚到钱，保证损耗最小化是实现门店利润最大化的前提条件。据国内某些统计资料显示，国内商业连锁超市由于其竞争日趋激烈，目前其经营利润只有1%左右，而业内人士普遍认为，若能够将目前国内大卖场2%以上的商品损耗率降低到1%，则其经营利润就可以增长100%，这相当于多开了一倍的门店数所能取得的效益。

(二) 门店损耗产生的原因

由于卖场营业面积大、部门众多，对员工的管理也相对比较混乱，因此绝大部分员工因为一己私利或工作不认真、不负责而造成卖场损耗的事屡见不鲜。境外有关统计资料显示：在卖场的全部损耗中，88%是由于员工操作失误、员工偷窃或意外损失导致的，7%是

顾客偷窃，5%则属于厂商偷窃，其中尤以员工偷窃造成的损失最大。以美国大卖场为例，全美每年由于员工偷窃所造成的损失高达 4000 万美元，比顾客偷窃额高出 5～6 倍；在我国的台湾地区，卖场员工偷窃比率也高达 60%。以上这些资料表明，防止损耗应以加强内部员工管理及员工作业管理为主。

阅读链接 11-1　中国连锁门店损耗问题现状调查

据零售损耗管理全球领导者保点系统公司对中国 46 家零售商的 992 家门店 2009 年的调查显示：中国的门店商品损耗高达 68 亿元，比 2008 年增长 3.9%，其中最大的商品损失源自店铺失窃，失窃 35.3 亿元，员工偷窃及诈骗损失 13.9 亿元，供应商诈骗 6.83 亿元。让人担忧的是，13.6%的中国零售商面临着不断上升的店铺失窃事故，由此导致的损失占店铺失窃总金额(68 亿元)的 47.5%。其中，被盗的高损耗率商品除化妆品、香水、脸部保养美容品、服装及配饰、酒和鲜肉等生活必需品之外，还包括手机、照相机等价格不菲但却轻便的电子设备。由此可见，研究连锁门店如何防损的问题日趋重要。

据中国连锁经营协会于 2009 年 3 月在全国 63 家大卖场和超市的调查显示：在防损投入上，平均每家企业投入 388.12 万元，其中有 3 家企业的投入达上千万元，这说明国内越来越多的连锁企业开始重视门店的防损工作。

资料来源：李学荟. 关于连锁门店防损问题的几点思考. 经济研究导刊：2010(27).

二、连锁门店的防损措施

一般来讲，门店易发生偷窃的场所主要有：卖场的死角或看不见的场所、易混杂的场所、照明较暗的场所、通道狭小的场所及商品陈列杂乱的场所等，门店应尽量避免卖场出现上述情况，也可采取下列措施进行防损。

1. 成立专门的防损部

随着社会的发展和进步，大卖场防损部的职责已经从预防偷盗向多样化方向发展，例如，承担门店的安全管理项目(食品安全、消防安全、职业健康与安全等)、商品盘点、顾客服务、成本控制、风险控制及环境保护等，但门店防损仍然是核心工作。

防损部的工作人员又被称为内保人员，在门店营业期间身着便衣，并在店内各处来回巡视，通过“人盯人”、免费存包、店内广播等方式发现、善意提醒或预防员工、顾客及供应商的不规范行为来减少给门店带来的损耗。具体表现有：顾客的偷吃、偷拿，随身夹带、随包夹带，调换商品包装或标签，高价商品混杂于类似低价商品中，使收银员受骗等；员工的监守自盗，作业不当，随身夹带，与亲友串通等不规范的购物行为等；供应商的随箱夹带，随同退、换货夹带，误记交货单位(数量)，供应商套号，以低价商品冒充高价商品，混淆品质等级不同的商品，与员工勾结实施偷窃等。

全员参与门店防损要求全体店员提高警惕、加强责任心，在各自的工作岗位上把好防损关。同时，门店也要加强员工自身的防损教育，“勿以恶小而为之，勿以善小而不为”“千里之堤溃于蚁穴”，杜绝失职、品德差的员工，对员工出入门店、员工购物等都要有明确的规定，并设立相应的制度。当班店长要加强卖场巡视和内部安全调查，在店内张贴各种警示标语等措施，将门店防损工作落到实处。

2. 门店前台收银区防损措施

收银员与亲友串通或有意作业不当而对门店造成的损耗具体表现为：

(1) 减少录入商品的数量和应收金额。当亲友来购物时，购买了两件相同商品，但收银员可能只输入了一件商品，其余一件相当于免费赠送。例如，亲友购买了一支高价牙膏，而收银员却输入了一支低价牙膏的编码，从而给门店带来不明损失。

(2) 使用取消功能。单品删除是指删除在交易进行中的某个单品；取消交易是取消尚未付款的交易，在整笔交易结账之前，把整单都取消。在大卖场中，取消交易、取消收款都要由收银主管完成，也有一些超市这两种工作都由收银员来做，这样后患无穷。因此，门店应避免收银员利用单品删除键、退货键或更正键来消除已登录的商品记录。

(3) 收银员可能通过不给顾客小票、主机断电、打印机色带问题、卡纸等方式将没有计入系统而多出来的钱利用钱箱、服饰、护腕、中途兑款、下班后点款时的混乱机会及零钱袋等适当机会带走，从而给门店造成营业额损失。因此，收银主管必须紧密注意各收银台的金额进度，一旦发现异常情况要先停止该机台，进行检查，并加强对收银员的作业纪律培训。

3. 门店出口处的防损措施

这是门店防损的最后一道防线，门店出口处要做好防损工作，服务至关重要。根据顾客的心理，核查等于是对他们的不信任、不尊重，往往会产生逆反心理。所以，出口处的保安要突出服务意识，让顾客支持自己的工作。

当顾客走向出口时，保安要微笑迎接顾客，观察顾客所购买的商品，估算出大概的金额，并特别留意大件或较贵重的商品，这样会节省核查的时间，不至于让顾客反感。核查章上千万不能印成“核查”二字，可印成“谢谢惠顾”“欢迎下次光临”等字样。这样，顾客会感觉商场是站在顾客的角度考虑问题，为顾客着想的，也就会支持保安进行核查工作。

三、现代防损科技的进展

这是连锁门店防损的主要手段，所谓技术防损是指门店利用一系列现代化的设备进行防损的一种措施，具体有以下表现形式：

1. 店内安装各种监控系统

连锁门店主要通过在各个角落安装摄像头、录像、无线射频自动识别(RFID)、电视监控系统、大门报警器，防损人员随身携带对讲机等手段进行门店防损。连锁门店为了打击惯犯的盗窃行为，一般会在顾客无法察觉到的位置安装人脸识别系统以及车牌识别装置，可以肯定的是，门店正在注视着顾客的一举一动。为了打击盗窃行为，门店的监控系统正在朝小巧、智能以及普及化的方向发展。

2. 商品 EAS 电子防盗系统

EAS(Electronic Article Surveillance，又称电子商品防窃(盗)系统)于 20 世纪 60 年代中期在美国问世，最初应用于服装行业，现在已经扩展到全世界 80 多个国家和地区，应用领域也扩展到百货、超市、图书等各种行业。EAS 系统主要由检测器(安检门)、解码器(收银台)和电子标签等三部分组成。电子标签分为软标签和硬标签：软标签成本较低，直接黏附在较“硬”商品上，不可重复使用；硬标签(又叫防盗扣)可重复使用，成本较软标签高，但须配备专门的取钉器，多用于服装类等柔软的、易穿透的物品。

在不久的将来，门店可能就会采用 RFID 标签来取代 EAS 标签。因为 RFID 标签可以更准确、更隐蔽地追踪销售区内的商品。这种标签形态各异，许多标签甚至比邮票还小，它们能够与手提设备之间进行信号传输，告诉员工某一特定商品的具体位置。像沃尔玛、麦德龙等目前仅把这种技术用于监控库存，一旦 RFID 标签的单位成本降至合理的水平，可以监控库存并且控制偷窃行为的 RFID 芯片就有可能在未来取代 EAS 标签。

3. 推广使用智能购物车

智能购物车不仅拥有导购、算账、促销的功能，最重要的是有防盗的功能。美国加利福尼亚州某公司发明了名为 GS2 的系统，它利用镶嵌在购物车轮子里的 RFID 芯片以及门店周围可以向芯片发射信号的天线，当购物车接近门店边缘时，它的轮子会自动锁住。只有拿着遥控设备的员工才能解锁，使得窃贼无法推动购物车。由于这种智能购物车成本较高，因此目前国内连锁门店使用者并不多见。

四、其他防损措施

1. 加强员工日常作业管理

主要采取的应对措施有：对高损耗商品加强盘点；定期检查商品价格标示有无错误或

漏标现象；定期检查货架上商品的有效期限，做好商品的先进先出管理；由于顾客不小心或商品堆放不合理而造成的损坏或破包，各部门可针对这一情况在仓库里留出专门区域作为退货商品堆放区，并由资深员工负责退货和管理；定期检查商品库存，除畅销品外，其他商品不要有太多库存或最好无库存；对于提价商品，应该立即更换标签，更换时，要先将旧标签撕下，才能贴上新标签；定期检查仓库、门锁以及防盗设施等。

2. 卖场采用防盗性卖场布局与商品陈列方式

在采用开架自选销售方式的门店中，防盗性的卖场布局与商品陈列技巧主要有：

(1) 把最容易失窃的商品陈列在店员视线最常光顾的地方，即使店员很忙的时候，也能兼顾照看这些商品，这样会给小偷增加作案的困难，有利于商品防盗；另外，最容易失窃的商品也不应该放置在靠近出口处，因为这里人员流动大，店员不易发现或区分偷窃者。

(2) 可以采用局部封闭的方式，如在大卖场中把一些易丢失、高价格的商品集中到一个相当小的区域，形成类似“精品间”的销售空间，也是一种很安全的商品陈列方式，如大型百货商场，对最易丢失的裘皮大衣、女性内衣、高档西服等商品采用局部封闭的保护方式，以便于安装电子防盗系统，确保最佳的防盗效果。

3. 小型店铺可使用防盗镜

对于小型店铺，安装电子防盗系统的必要性不大，可以广泛采取防盗镜进行保护。防盗镜一般安装在门店的各个角落，能让店员方便地监视整个店内情况，再配合安全的商品陈列，店长及店员的巡视，一般可以满足其对防盗的需要。

总之，不同类型的店铺，在卖场设计时考虑防盗的措施，应有所不同。目前，中国连锁大卖场和超市防损的主要手段是人员防损，因为中国人力成本低、操作灵活，但实际操作起来容易出现错抓、漏抓的现象，防损人员本身也可能会出现问题。技术防损手段能有效收集证据，但购买设备需要大量资金投入，对专业盗窃者来说效果有时并不明显。所以，各门店应结合自身的实际情况选择适合自己的防损措施。

任务二　连锁门店安全管理知识

一、安全管理概述

超市、大卖场是人流量比较密集的场所，通常也被认为是较为安全的公共场所。但是，由于促销拥挤、硬件设施故障、管理粗放、安全意识薄弱等原因，连锁超市和大卖场的安全管理问题仍然不容忽视。2007 年 11 月 10 日上午，重庆家乐福沙坪坝店在 10 周年店庆促销活动中，推出了一个限时抢购桶装油的活动，一桶只要 39.9 元(5 升)，而此前的市场价为 50 元左右，便宜近 10 元。因此，很多市民凌晨三四点钟就起来排队，疯狂抢购，导致活动过程中发生踩踏事故，造成 3 人死亡，31 人受伤，其中 7 人重伤。此次家乐福集体踩踏事故的发生，也再一次反映出连锁门店在日常管理中仍旧存在多重安全隐患。

阅读链接 11-2 **美国购物也疯狂**

感恩节过后的黑色星期五(Black Friday)一向是卖场大打折、民众大抢购的日子。不少民众前一天晚上就搭好帐篷，摆好睡袋，抢先占好位置，以便在黑色星期五的抢购热潮中取得先机。

黑色星期五原指商店从这天起可以从亏损的赤字变成盈余的黑字，但近年来消费者捡便宜的行为越来越疯狂，使得黑色星期五成为被消遣批判的现象。

据《洛杉矶时报》报道，美国西部时间 2011 年 11 月 24 日晚上，一名女子在波特牧场(Porter Ranch)的沃尔玛超市，拿着防狼喷雾剂喷向周围民众，然后趁着民众躲避之际，优先进出卖场各处。

洛杉矶警方表示，这名女子不止喷了一次。在沃尔玛超市附近，她不断用防狼喷雾剂喷向周围的民众。从洛杉矶时报网站上的影片来看，当时的沃尔玛超市内挤满人潮，虽然超市员工不断指挥民众，但由于顾客实在太多，几乎人人动弹不得。突然尖叫声四起，受惊的民众彼此拉扯推挤，卖场员工随即报案，但这名妇女在警察抵达前已趁乱逃走，警方从监视录像带辨认出她是拉美裔，约三十多岁。这名妇女如果被捕，将被控以攻击伤害罪名。

一名沃尔玛超市的雇员表示，受害者都被直接喷到脸，整个脸都肿了起来，而且发红，还一直咳嗽。据统计，约有 20 名民众因为防狼喷雾剂而受伤，其中还有多名儿童。

二、门店安全事故发生的主要原因及其防范

门店加强安全管理的作用主要包括三个方面：一是确保消费者购物安全；二是提供员工工作的安全环境；三是减少门店的财务损失。门店安全事故发生的主要原因一般有门店设备老化、员工基本常识不够、员工警惕性不足等。加强安全管理，主要可以从事前预防、事中处理和事后检查三个方面入手。

(一) 消防安全管理

1. 事前预防

事前预防主要包括：

(1) 设立紧急出口及安全门，并随时保持通畅。若该店无其他出口时，则大门口应保持畅通。

(2) 设置足够的灭火器，依消防规定设于门店的明显处，并定期保养及检查各项消防设备。

(3) 定期召集门店全体员工，讲解灭火设备的功能、使用方法，以及防火注意事项。

(4) 门店内一般禁止抽烟。

(5) 定期(如每半年一次)实施消防演习(含灭火器使用)。

(6) 随时检验插座、插头的绝缘体是否脱落、损坏。

(7) 打扫卫生、清理垃圾时，应注意其中有无火种等易燃物。

(8) 电器、插座、马达附近应经常清扫，不留杂物。

(9) 门店全体人员都应知道总电源开关的位置及使用方法。

(10) 店内勿放易燃物，店内装饰应选用耐火材料。

2. 事中处理

事中处理主要包括：

(1) 除电灯外，关掉所有电器设备。

(2) 立刻打 119 火警电话，并报告店长。

(3) 告知门店员工立即根据“安全管理小组”的编制执行任务。

(4) 以疏散所有人员为第一优先，立即疏散门店内顾客并迅速离开现场。

(5) 听从总指挥或消防人员的指挥，保持镇定，按平时消防演习的规范抢救金钱、财务重要资料等，并迅速将现金及贵重财物转移到安全位置。

(6) 将受伤的顾客及员工立即送医院。

(7) 人身安全最重要，不要因收集现金或救火而危及自身安全。

(8) 抢救的金钱、财物、重要资料要有专人负责看管，以防歹徒趁火打劫。

(9) 如有浓烟出现，应在地上爬行，迅速离开现场；尽量避免开电器设备，不要用手或身体触摸。

(10) 不要使用电梯，尽量由楼梯疏散。

3. 事后检查

事后检查主要包括：

(1) 离开门店后，到附近指定地点集合，并迅速清点人数。

(2) 未获得消防人员许可，不可重新进入火灾现场。

(3) 店长应及时向上级主管提出报告。

(4) 清点财物的损失，并编列清单。

(5) 配合公安、消防单位，调查火灾发生的原因。

(6) 事件损失评估、检讨并提出整改措施。

(二) 防抢安全管理

1. 容易遭歹徒抢劫的商店特征

容易遭歹徒抢动的商店特征主要包括：

(1) 商品堆放、陈列零乱，这等于告诉歹徒“这是一家疏于管理的店”，所以遭抢的可能性就比较大。

(2) 灯光暗淡，卖场内一片昏暗，这是歹徒最喜欢的作案环境。

(3) 橱窗乱贴海报，遮住了视野，使歹徒在作案时不太显眼。

(4) 顾客稀少，服务员站在柜台内，这是最容易遭劫的时候。

(5) 太多钱财外露，因为门店未设保险柜，现金(尤其是大钞)直接存放于收银机内。

(6) 店外马路的岔路多，有容易逃走的路线。

2. 门店防抢的措施

门店防抢的措施主要包括：

(1) 应随时避免以上歹徒最容易下手的六种状况的出现。

(2) 可装置监视器或安全系统。

(3) 建立投库制度，应规定收银机内的现金不得超过一定金额；超过则须投库，收到大钞则应立即投入保险柜内。

(4) 尽量保持店内的明亮度以及店内外的整齐、不凌乱。

(5) 大门、玻璃上不得张贴太多海报、POP 广告，不得堆置太高的物品。

(6) 提高警觉，发觉可疑人物时，店长或营业员应尽快通知全体营业人员。

(7) 与警务机构或保安公司建立紧密合作关系，并张贴告示。

(8) 平时要对店员进行教育与训练。

3. 遇抢时的注意事项

遇抢时的注意事项主要包括：

(1) 不作任意的惊叫以及无谓的抵抗，以确保顾客和店员的人身安全为主要原则。

(2) 双手的动作应让歹徒看得清楚，以免歹徒误解而造成伤害。

(3) 不必试图说服歹徒。

(4) 为避免意外伤害，应告诉歹徒，仓库、厕所或其他地方是否还有同伴。

(5) 在不影响人身安全的情况下，尽可能拖延时间，假装合作。

(6) 可乘歹徒不备时，迅速按下报警器。

(7) 尽力记住歹徒的特征。

4. 门店遇抢的事后检查

门店遇抢的事后检查主要包括：

(1) 歹徒离开后应立即报警，并尽快通知连锁企业总部的有关人员。

(2) 小心保持犯罪现场的完整性，不要破坏歹徒双手触摸过的物品及设备的现场。

(3) 立即填好歹徒特征表。

(4) 将遇抢过程写成报告，并呈送上级主管单位。

(5) 被抢之店往往很容易再度成为歹徒目标，故更须针对事前防范的各项重点弥补原有的缺陷。

(三) 防骗管理

当今社会，骗人的花样不断翻新，骗子的骗术可谓千奇百怪，因而门店员工要随时提高警惕，防止歹徒的诈骗。常见的案例有：要求兑换零钱、送货、以物抵物，或是声称存放在寄物柜内的贵重物品失窃，等等。

1. 事前预防

事前预防主要包括：

(1) 店员应避免与顾客过于接近，以免发生意外。

(2) 不要背对或离开已打开的钱财放置处或保险箱。

(3) 视线不要离开已打开的钱财放置处或保险箱。

(4) 收到顾客所付钱财，应等确定顾客给付金额符合后，才可将钱放入钱财放置处。

(5) 收到顾客大钞时，应注意钞票上有无特别记号及辨识假钞。

(6) 注意避免顾客以“零钱掉落法”及“声东击西法”骗取已打开的钱财放置处或保险箱。

(7) 收款一定要按既定程序进行，且必须唱收唱付。

(8) 在便利店中，若门店店员只有一位，且进仓库搬货时无法照顾到收银机，那么除了熟客外，尽量不要离开卖场，并婉拒顾客。

(9) 对各种骗术手法，应实施在职训练，以熟练防范技巧。

2. 事中处理

切记不可因人手不足、顾客拥入等原因而自乱阵脚，疏忽了上述防范措施。

3. 事后检讨改善

做成示范个案，通报门店注意，避免再中圈套。

知识拓展　“限塑令”引发的超市防损问题

超市损耗的原因来自于多方面，而 2008 年 6 月 1 日起在全国范围内实行塑料购物袋有偿使用制度大大降低了超市在营运管理费用上的损耗。虽然塑料袋不起眼，但一年累计下来费用也不少，像大型超市的塑料袋费用就有数十万元。据有关部门调查，限塑令实施后各地超市塑料袋的使用量锐减，减少量平均达到 80%左右。然而另外一些问题随之突显出来：一方面未纳入“限塑”范围的免费连卷袋用量陡增，超市的经营支出此消彼长；另一方面消费者自带购物袋进入超市，引发多起商品丢失上的损耗。一纸“限塑令”，不仅改变了人们的生活和消费方式，同时给超市损耗管理也带来了新的问题。

◇“限塑令”引发的防损问题

• 盗窃产生的损耗

(1) 外盗。“限塑”之后很多消费者携带布袋、编织袋等进入超市购物，本在预料之中，不过，这却为某些专业“顾客”打开了方便之门，很多携带布袋的顾客进入超市后，往往将商品直接装入布袋内，出门时有的忘了将商品拿出来，甚至不结账就过了关。环保袋的风行，更让一些“大胆”的顾客能够光明正大地把超市未付费的商品装进随身带的购物袋里。过去使用透明塑料袋时，保安扫一眼就能对商品看个大概，现在使用布袋，保安员又不能打开袋子检查，这给防损工作带来一定压力。

(2) 内盗。广州一家大型超市的防损部成功破获一起员工内盗案例，其员工利用随身带的各种手提袋和收银员忙于收银而无暇看管通道的机会，疯狂盗窃，数十天时间竟盗窃了价值 8000 多元的商品。

(3) 内外勾结。一些员工内外勾结，借人多之际转移重要物品，共同作案。宁波欧尚翠柏店的一名收银员与房东达成协议，房东到超市购物，该收银员给予“关照”，房东就免除其房租费。房东到超市拿了一个价值 300 多元的包，没有付款便从该收银员的台前安然通过。再次作案欲离开超市时被保安拦住。

以上由于“限塑”后自带购物袋进场而产生的偷窃损耗层出不穷，且成不断上升的趋势，给超市防损工作带来了巨大的压力。

• “限塑”后附加成本上升

未纳入“限塑”范围的卷连袋依然属于免费取用的范围。在“限塑令”之后，部分卖场出现了卷连袋取用量猛增的现象。一方面很多顾客将其继续作为免费购物袋的替代品使用，另一方面卷连袋变身垃圾袋——有些消费者到生鲜区的目的就是为了拿几个塑料袋，但结账时并未发现他们用此袋来装商品，这些“精明”的顾客拿这些免费塑料袋的目的就是为了回家当垃圾袋用。卷连袋的使用量比过去同期增长了很多，从另一方面增加了超市卖场耗用品的损耗量。

◇对防损新问题的分析

通过对“限塑令”后超市损耗管理出现的新现象进行剖析，我们发现现有的超市防损手段没有足够的针对性。超市偷盗在节假日及双休日发生的比率远高于其他时间，另外据分析，超市盗窃作案主要选择两个时间段：上午 11 时到 12 时 30 分和下午 17 时 30 分到 19 时，这两个时段都是收银人员换岗吃饭时间，卖场内的管理员人员也相对减少，无论是外盗、内盗还是内外勾结多会利用这两个时段作案。而内盗或内外勾结由于对超市管理流程相对熟悉，多会利用超市管理中的盲点或寻找管理流程中的薄弱环节下手。至于卷连袋用量的激增主要是由于一些顾客的贪便宜行为导致的。

在找出问题的症结所在后，我们再来分析一下超市对于损耗没有行之有效的措施的原因：一是商品损耗的概念模糊不清；二是未能准确找出商品损耗的成因；三是没有摸索出商品损耗发生的规律；四是尚未确立商品损耗技术防范的最佳模式。

◇防损建议

• 思想培训

超市管理人员在“限塑令”实施后欣喜地看到塑料购物袋用量的锐减，却没能发现新问题的出现，也就是对于损耗的概念仍然没有清楚的认识，没有意识到卖场营运中的消耗品也是损耗的一部分；还有一些超市内的防损部门加设了防盗门和防盗签，依赖高科技手段解决商品损耗问题。但仅仅通过技术是不能发现所有损耗的，只有将技术运用和对员工的正确指导与培训有机结合起来时，才能发现一些隐藏的损耗，并不断地减少它们。诸如内盗和内外勾结偷窃及顾客多拿连卷袋的问题就不是单纯可以通过技术手段解决的，所以超市需要不断通过培训强化员工的责任感，通过文化的力量来使员工将防损工作变得自觉、自愿，并使之成为日常工作的一部分。

• 将防损工作制度化

(1) 岗位责任制。对于生鲜部门卷连袋用量大增的问题可由其部门员工负责专人专管或提前预包装，减少不必要的卷连袋用量；对于收银员和防损员强化岗位责任以从营运环节减少损耗的产生。

(2) 双人操作制。加强互相监督，以避免在物流各个环节的损失。

(3) 值班责任制。在各自工作领域、时限内各负其责，并在正式交接班前加以清点以确保各自的责任。

(4) 举报重奖制。发动全体员工参与防盗防损，并在一定程度上分化内部偷盗小团体和内外勾结盗窃。

● 运用科技手段

引进微型化、隐蔽化的监控防盗仪器，比如在贵重商品柜台的角落里装上微型监控器，既起到监控作用，又不至轻易被盗窃者发觉。采用清晰化设备，取得优质录像效果以达到起诉标准，作为直接证据。要提高技防人员技术水平和熟练程度，加强对贵重商品、重点时间段的监控，同时采用公开保安与秘密保安相结合的方式对卖场的损耗问题进行有效控制。

无论采用何种应对的方式，超市损耗管理都应当成为超市企业管理工作的重要内容。只有全员参与、全员重视，此项工作才会取得长期持续的成效，从而使企业的生命力更加持久和旺盛。

资料来源：郑文新. “限塑令”引发的超市防损问题分析. 商场现代化：2009(9).

项目小结

本项目介绍了连锁门店防损与安全的相关概念，重点介绍了门店损耗产生的原因及防损措施，并对现代防损科技的进展情况做了简单介绍，最后针对连锁门店安全管理存在的主要问题及成因进行了分析并提出了改进方面的建议。

本项目中的主要知识点包括损耗、偷窃、出口处防损、监控系统、RFID 标签、连锁门店安全管理。

课后习题

一、讨论题

1. 连锁门店常见的损耗有哪些类型？

2. “限塑令”给超市防损工作带来了哪些新的挑战？

二、自测题

1. 选择题

(1) 下列事项中，对于卖场属于不安全事项的是(　　)。

A. 水产品区保持地面的干燥　　B. 消防通道上散落着卡板、商品

C. 对购物车、货架进行定期检查　　D. 对消防设施进行定期检查

(2) 下列属于收银员操作不当而造成的损耗的是(　　)。

A. 搬运工具使用不当，造成商品破损

B. 商品在销售过程中受到污染

C. 收货数据录入错误

D. 遗漏商品扫描

(3) 智能购物车目前在防损领域尚未广泛使用的主要原因是(　　)。

A. 成本较高　　B. 购物车重量较大

C. 购物车功能过于强大　　D. 购物车容易发生故障

2. 判断题

(1) 为了减少偷盗造成损耗，应安排专人在卖场出口处认真检查与核对每一位顾客所购买的商品。(　　)

(2) 社会上的骗术经常翻新花样，因此门店要经常对员工进行防骗培训，及时了解与更新防损防骗的策略。(　　)

(3) 员工应当将公司的利益放在第一位，因此当门店的财产面临火灾、抢劫等威胁时，要不顾个人安危，尽量保证公司财产的安全。(　　)

案例分析

家乐福惨痛的店庆促销

2007 年 11 月 10 日，才过凌晨 4 点，沙坪坝友爱村的一些居民就出发赶往家乐福超市沙坪坝店，那里将向每位顾客供应两桶 4 升装单价为 39.9 元的菜籽油。这个价格比平日要便宜 11 元。

谁也没有想到，他们赶赴的是一场灾难。

沙坪坝区政府当天下午宣布说，11 月 10 日 8 时 20 分发生于家乐福沙坪坝店的踩踏事故，共造成 3 人死亡，31 人受伤，其中 7 人重伤。

在死亡的 3 人中，友爱村占了两人，包括 52 岁的孙苗和曾住在孙苗家楼上的 65 岁的蔡仪明。

家乐福的这次店庆促销活动，计划从 9 日持续至 11 日，低价菜籽油是活动的卖点之一。友爱村有居民 9 日到家乐福买了低价油回来，消息便在家属大院里传播开来。徐勇听说后，在 9 日下午去了一趟，店员告诉他，当天推出的 5 万升特价油，上午两小时内就全卖光了。

“通常超市的油都是五六十元一桶，39.9 元的价钱当然很吸引人。”徐勇说。于是，第二天，妻子又去抢购。

家乐福沙坪坝店位于所在大厦的底层，分东、西、北三个入口，进入店内要通过 10 来米宽的楼道。

目击者估计说，当日至少有上千人簇拥在门前，尤以东门最多，这些人大多是五六十岁的中老年人。

8点30分，店门打开，不到一分钟，就有数人被挤倒在地。家乐福对这样的场面显然准备不足，每个入口只有两名保安和一名警察在维持秩序。据说，当时他们想立刻关门，但为时已晚，人群已汹涌而入。

54岁的严华比孙苗幸运，她被救了出来。当时，她裹在人群中挤进东门，在台阶处被绊倒，无数双脚从她身上踩踏而过，待她挣扎爬起，又被挤到一边，胸口被死死地压在楼梯的铁栏杆上，几乎窒息。

她模糊地看到旁边有一只踩在皮鞋下的流血的手指，有人被压在四、五人身下，保安怎么扯都扯不出来，救命声喊成一片。一个被挤到一旁的年轻保安，见到这场景，当场哭了起来。

店里也是一片混乱。超市将售油点设在入口处，摆了很高一个货架。家乐福对面商铺的一名到过现场的店员说："工作人员就站在梯子上，从货架上往下抛油桶，梯子下黑压压的一片人，有人被油桶砸到后摔倒在地，又被旁边的人踩踏。"

随后沙坪坝派出所的警察闻讯赶来，控制住了局面。当天上午9时，家乐福紧急清场关门。

★阅读上述材料，回答以下问题：

1. 试分析家乐福集体踩踏事件发生的原因有哪些。
2. 结合本案例，谈谈卖场应如何加强门店的日常安全管理。

※ 实训操作 ※

1. 调查本地人流量比较大的公共场所，如一些大商场、医院等，试对该场所的安全隐患进行分析并提出改进安全管理工作的建议。

2. 突然停电会给连锁卖场带来很大的损失，请制定一个防止突然停电而引发混乱的预案。

连锁超级市场、便利店管理通用要求——术语规范

附录一

1 范围

本标准规定了连锁超级市场、连锁便利店的有关术语及其定义。

本标准适用于连锁超级市场和便利店业态的经营。

2 定义

本标准规范了下列术语及其定义。

2.1 零售业态(retailing format)

零售企业为满足不同的消费需求而形成的不同经营形式。

2.2 连锁经营(chain operation)

企业经营若干同行业或同业态的店铺，以同一商号、统一管理或授予特许经营权方式组织起来，共享规模效益的一种经营组织形式。

2.3 直营连锁(正规连锁)(regular chain)

连锁的门店由连锁公司全资或控股开设，在总部的直接控制下，开展统一经营。

2.4 自由连锁(自愿连锁)(voluntary chain)

若干个门店或企业自愿组合起来，在不改变各自资产所有权关系的情况下，以共同进货为纽带开展的经营。

2.5 特许连锁(合同连锁、加盟连锁)(franchise chain)

加盟连锁店的门店同总部签订合同，取得使用总部商标、商号、经营技术及销售总部开发商品的特许权，经营权集中于总部。加盟连锁店的门店均为独立法人。

2.6 直营店(chain store)

以同一资本直接采取连锁经营的门店，也称连锁店。

2.7 加盟店(franchised outlet)

以特许连锁方式经营的门店。

2.8 超级市场(supermarket)

采取自选销售方式，以销售生鲜商品、食品和向顾客提供日常必需品为主要目的的零

售业态。

2.9　便利店(方便店)(convenience store(Cv.S))

以满足顾客便利性需求为主要目的的零售业态。

2.10　连锁公司(chain corporation)

连锁超市(便利店)公司应由 10 个以上门店组成，实行规范化管理，必须做到统一订货，集中合理化配送，统一结算，实行采购与销售职能分离。

连锁超市(便利店)公司由总部、门店和配送中心(或委托配送机构)构成。

2.11　总部(headquarters)

总部是连锁公司经营管理的核心，它除了自身具有决策职能、监督职能外，还应具备以下基本职能：网点开发、采购配送、财务管理、质量管理、经营指导、市场调研、商品开发、促销策划、人员招聘、人才培训、教育及物业管理等职能。

2.12　门店(outlet)

门店是连锁经营的基础，主要职责是按照总部的指示和服务规范要求，承担日常销售业务。

2.13　配送中心(distribution center)

配送中心是连锁公司的物流机构，承担着商品的集货、库存保管、包装加工、分拣配货、配送、信息提供等职能。配送中心由分货配货(TC)、流通库存(DC)、生鲜加工(PC)等三部分构成。

2.14　单品(stock keeping unit(SKU))

商品的最小分类。

2.15　单品管理(SKU control)

单品管理是通过电脑系统对某一单品的毛利额、进货量、退货量、库存量等，进行销售信息和趋势的分析，把握某一单品的订货、进货情况的一种管理方法。

2.16　客单价(per customer transaction)

每一位顾客平均购买的商品金额。

客单价 = 商品平均单价 × 每一顾客平均购买商品个数

2.17　ABC 分析(ABC analysis)

对重点商品或项目的管理手段。ABC 分析的具体做法是：首先将商品依畅销度排列，计算出每一项商品销售额的构成比及累计构成比，以累计构成比为衡量标准，即 80%的销售额约由 20%的商品创造，此类商品为 A 类商品；15%的销售额约由 40%的商品创造，此类商品为 B 类商品；5%的销售额约由 40%的商品创造，此类商品为 C 类商品。

2.18　商圈(trading area)

来商店购物的顾客居住区域。商圈的大小，主要依据有效吸引顾客来商店购物所需时间而定。根据时间、距离、占有率等，可将商圈分为第一商圈、第二商圈、第三商圈。

2.19　商品供应计划(merchandising supply plan)

商品由原料开始到最终消费的全过程，即由原料筹集、产品设计、成本控制到向顾客提供商品的所有活动的总称。

2.20　自有品牌(private brand)

零售业为建立商品差异化形象而选定某些合适商品，委托制造商加工，并冠以零售企业自身的品牌之称。

2.21　畅销商品(fast selling merchandise)

补货额度和订货频度高，销售量和订货量都大的商品。一般多指 ABC 分析中的 A 类商品，即用 20%的商品创 80%销售额的商品。

2.22　交叉比率(cross ratio)

交叉比率 = 周转率 × 毛利率

通常以每季为计算期间。交叉比率低的为优先淘汰商品。

2.23　信息系统(information system)

信息系统由营业信息系统、管理信息系统和外部关联信息系统构成。

2.24　MIS(Management Information System)

MIS 是商店内的管理信息系统。企业把经营所需要的信息(会计管理信息、人事管理信息、经营管理信息等)存储于电脑，按需要进行加工、分析，将所得信息再灵活运用于企业决策中的一种技术方法。

2.25　POS 系统(Point-Of-Sale System)

POS 系统是商店的时点销售数据管理系统。

2.26　EOS(Electronic Ordering System)

EOS 是电子订货系统。一般是指销售商与供应商的电脑相连接，达到能正确、迅速地开展补货、订货业务的系统。

2.27　EDI(Electronic Data Interchange)

EDI 是电子数据信息交换系统。一般是指以电子方式开展资料交换的交易，用不同机种连接不同行业的企业电脑，开展无电话、无传票(无纸)的数据交换的系统。

2.28　ECR(Efficient Consumer Response)

食品行业为防止缺货而迅速有效的补货系统。

2.29 QR(quick response)

服装衣料业为减少缺货、缩短加工时间，减少经营费用，能准确预测补货信息的、适应顾客需求变化的快速反应。

2.30 增值网(value added network)

将收集的商业信息通过电脑网络，附加各种服务，再提供给第三者的有偿资讯信息，即增值网。

2.31 店外条码(out-store bar code)

产品在制造商生产阶段已印在包装上的商品条码，通常由产品的供应商事先提出申请，在产品出厂前已印好条码。店外条码适合于大量生产的产品。

2.32 店内条码(in-store bar code)

仅供商店自行贴印、店内使用，不能对外流通的条码，适合于非大量规格化的产品。

2.33 POP(Point Of Purchase)

零售店的店内海报。

2.34 3S 原理(3S principles)

2.34.1 标准化(Standardization)

为持续性地生产、销售预期品质的商品而设定既合理又较理想的状态、条件以及能反复运作的经营系统。

2.34.2 专业化(Specialization)

企业或个人等在某方面努力追求卓越，将工作特定化，并进一步寻求强有力的能力和开发创造出独具特色的技巧及系统。

2.34.3 简单化(Simplification)

为维持规定的作业，创造任何人都能轻松且快速熟悉作业的条件。

2019年中国零售百强企业名单

附录二

序号	企 业 名 称	销售规模(万元)	序号	企 业 名 称	销售规模(万元)
1	天猫	261200000	23	银泰商业(集团)有限公司	3427760
2	京东	208540000	24	广州商贸投资控股集团有限公司	3358186
3	拼多多	100660000	25	中百控股集团股份有限公司	3342459
4	苏宁易购集团股份有限公司	37874000	26	银座集团	3323176
5	大商集团有限公司	32803091	27	石家庄北国人百集团有限责任公司	3140990
6	国美零售控股有限公司	12764600	28	家乐福(中国)管理咨询服务有限公司	3128448
7	高鑫零售有限公司	10186800	29	利群集团股份有限公司	3038679
8	华润万家有限公司	9510000	30	天虹商场股份有限公司	2919792
9	永辉超市股份有限公司	9315003	31	月星集团有限公司	2910559
10	唯品会	9300000	32	家家悦控股集团股份有限公司	2895132
11	沃尔玛(中国)投资有限公司	8228000	33	永旺(中国)投资有限公司	2802555
12	居然之家新零售集团股份有限公司	8111000	34	烟台振华商业集团	2580391
13	重庆商社(集团)有限公司	6042103	35	上海豫园旅游商城(集团)股份有限公司	2537501
14	合肥百货大楼集团股份有限公司	5638075	36	郑州丹尼斯百货有限公司	2533608
15	联华超市股份有限公司	5463022	37	屈臣氏中国	2489300
16	物美科技集团有限公司	4985331	38	金鹰国际商贸集团(中国)有限公司	2381161
17	长春欧亚集团股份有限公司	4771908	39	锦江麦德龙现购自运有限公司	2300000
18	步步高集团	4152575	40	东莞市糖酒集团美宜佳便利店有限公司	2262823
19	王府井集团股份有限公司	4018202	41	世纪华联超市连锁(江苏)有限公司	2069101
20	上海盒马网络科技有限公司(盒马鲜生)	4000000	42	山东潍坊百货集团股份有限公司	1968000
21	武汉武商集团股份有限公司	3871499	43	江苏五星电器有限公司	1934850
22	云集	3520000	44	文峰大世界连锁发展股份有限公司	1772322

续表

序号	企 业 名 称	销售规模（万元）	序号	企 业 名 称	销售规模（万元）
45	北京迪信通商贸股份有限公司	1736928	73	杭州大厦购物城	710952
46	江苏华地国际控股集团有限公司	1713899	74	青岛利客来集团股份有限公司	710701
47	茂业国际控股有限公司	1541574	75	山东德州百货大楼(集团)有限责任公司	706632
48	北京 SKP	1530000	76	湖南佳惠百货有限责任公司	680265
49	信誉楼百货集团有限公司	1515495	77	湖南友谊阿波罗商业股份有限公司	655548
50	百盛商业集团有限公司	1418120	78	南京中央商场股份有限公司	653825
51	武汉中商集团股份有限公司	1405530	79	成都伊藤洋华堂有限公司	601000
52	成都红旗连锁股份有限公司	1357508	80	新华都购物广场股份有限公司	600552
53	北京京客隆商业集团股份有限公司	1319602	81	罗森(中国)投资有限公司	596445
54	北京华联综合超市股份有限公司	1199273	82	邯郸阳光百货有限责任公司	594798
55	北京国贸商城	1170000	83	北京华冠商业科技发展有限公司	585967
56	北京首商集团股份有限公司	1145945	84	供销大集集团股份有限公司	582937
57	北京菜市口百货股份有限公司	1132920	85	新疆友好(集团)股份有限公司	565963
58	卜蜂莲花	1084000	86	雄风集团有限公司	561181
59	迪卡侬(上海)体育用品有限公司	1070390	87	奥买家	557938
60	江苏无锡商业大厦集团有限公司	1069209	88	北京翠微大厦股份有限公司	529558
61	中国全家	1003000	89	北京超市发连锁股份有限公司	522474
62	唐山百货大楼集团有限责任公司	1000428	90	山东新星集团有限公司	521974
63	新世界百货中国有限公司	959000	91	江苏新合作常客隆连锁超市有限公司	498960
64	济南华联商厦集团股份有限公司	933290	92	南京新街口百货商店股份有限公司	476332
65	大悦城(北京)	855000	93	河北保百集团有限公司	460051
66	山西美特好连锁超市股份有限公司	821856	94	十堰市新合作超市有限公司	432263
67	山东全福元商业集团有限责任公司	803321	95	河北惠友商业连锁发展有限公司	431430
68	河北叁陆伍网络科技集团有限公司	760654	96	三江购物俱乐部股份有限公司	417084
69	人人乐连锁商业集团股份有限公司	757574	97	长沙通程控股股份有限公司	407744
70	柒一拾壹(中国)投资有限公司	738818	98	贵州合力惠民民生超市股份有限公司	400148
71	广东嘉荣超市有限公司	737809	99	银川新华百货连锁超市有限公司	392264
72	阜阳华联集团股份有限公司	716358	100	安徽商之都股份有限公司	379865

资料来源：中国商业联合会、中华全国商业信息中心，2020 年 9 月

附录三

课后习题部分参考答案

项目一

1. 选择题

(1) B (2) A (3) B (4) C (5) C

2. 判断题

(1) √ (2) √ (3) √

项目二

1. 选择题

(1) B (2) D (3) A (4) B (5) D (6) B (7) A (8) ABE (9) AC (10) ABCDE

2. 判断题

(1) √ (2) × (3) √ (4) √ (5) ×

项目三

1. 选择题

(1) A (2) B (3) B (4) B (5) ABCD (6) ABCDE (7) ABCD

2. 判断题

(1) √ (2) √ (3) ×

项目四

1. 选择题

(1) A (2) B (3) A (4) BDE (5) ABCDE

2. 判断题

(1) √ (2) × (3) × (4) √ (5) ×

项目五

1. 选择题

(1) B (2) C (3) D (4) B (5) ABCDE (6) ABD (7) ABCDE (8) ABCD

2. 判断题

(1) √ (2) √ (3) √ (4) √ (5) × (6) ×

项目六

1. 选择题

(1) C (2) A (3) C (4) B (5) A (6) C (7) D (8) ABCDE (9) ABDE

(10) ABCDE

2. 判断题

(1) √ (2) × (3) × (4) × (5) √

项目七

1. 选择题

(1) D (2) A (3) B (4) ABCDE (5) ABCDE

2. 判断题

(1) √ (2) × (3) × (4) √

项目八

1. 选择题

(1) A (2) B (3) D (4) ABC (5) ABCDE

2. 判断题

(1) √ (2) √ (3) ×

项目九

1. 选择题

(1) C (2) B (3) C (4) D (5) ABCDE (6) B

2. 判断题

(1) √ (2) × (3) ×

项目十

1. 选择题

(1) A (2) D (3) B (4) C (5) ABCD

2. 判断题

(1) × (2) × (3) √

项目十一

1. 选择题

(1) B (2) D (3) A

2. 判断题

(1) × (2) √ (3) ×

参 考 文 献

[1] 郑彦. 连锁经营管理与实践(第二版). 西安：西安电子科技大学出版社，2015.

[2] 郑彦. 连锁经营实训与案例. 西安：西安电子科技大学出版社，2013.

[3] 郑彦. 连锁企业门店营运与管理. 西安：西安电子科技大学出版社，2015.

[4] 童宏祥. 连锁经营管理实务. 上海：上海财经大学出版社，2012.

[5] 陆影. 连锁门店营运与管理实务. 大连：东北财经大学出版社，2009.

[6] 李晓辉，弓秀云. 连锁门店开发与选址. 北京：中国发展出版社，2010.

[7] 孙前进，孙静. 连锁企业经营管理. 北京：中国发展出版社，2010.

[8] 裴晓静. 全聚德烤熟的鸭子也会飞. 中国品牌：2019(9).

[9] Julia Hanna. 沃尔玛重塑未来劳动力. 董市会：2020(3).

[10] 张军智. 以“大”致胜的家乐福，缘何从中国零售之王到败走中国市场. 企业观察家：2019(8).

[11] 赵博. 麦当劳——标准化管理的典范. 中国标准导报：2014(2).

[12] 康善招. 解码沙县小吃的魅力. 上海商业：2019(3).

[13] 伍海平. 连锁经营的优势与风险规避. 商业经济：2010(7).

[14] 罗声. 玛莎百货英伦老妇人. 英才：2011(6).

[15] 吴勇毅. 远程在线督导巡查，百店实情尽在掌握. 销售与市场(管理版)：2019(3).

[16] 王爽. 苏宁怎样培养“95后”？中外管理：2019(11).

[17] 伊佳. 锤炼六项能力加盟商方可“复制”成功. 现代营销(经营版)：2009(8).

[18] 赵颖惠. 百安居经理人的快速晋升之道. 人力资源：2006(22).

[19] 张国光. 企业要搞好“人才盘点”. 刊授党校：2011(3).

[20] 陈云岗. 浅析超市如何选择优良的区位. 中国商贸：2011(18).

[21] 刘壹青. 地铁经济之商圈篇. 上海经济：2010(5).

[22] 白璐. 从快餐行业毗邻选址引发的战略思考——以大娘水饺毗邻麦当劳为例. 市场周刊·理论研究：2010(8).

[23] 刘畅. 基于时空视角的肯德基门店选址问题分析. 现代经济信息：2011(3).

[24] 顾磊. 浅谈卖场空间的布置布局对商业消费的影响. 中国商贸：2010(17).

[25] 袁耿胜. 屈臣氏门店促销战略揭秘. 医学美学美容(财智)：2010(3).

[26] 谢嘉晟. 开张一年多后黯然退市 “禁左”毁了新景家居广场？海峡导报：2011(9).

[27] 黄雅文. 浅谈现代城市商业综合体的动线设计. 城市建设理论研究：2019(12).

[28] 王卫. 生鲜传奇的选品秘诀. 中国连锁：2015(10).

[29] 胡海鸥. 中国服装陈列风格形成与发展问题探讨. 浙江纺织服装职业技术学院学报：2010(4).

[30] 孙颖. 超级市场货物摆放潜规则. 商业文化：2011(6).

[31] 张叶. 促销比什么. 中国药店：2016(1).

[32] 张天鹤. 化妆品专柜的展示设计分析及建议. 黑龙江科学：2020(1).

[33] 孙楠楠. 日本快速时尚品牌优衣库北京市场经营特征分析. 中国市场：2011(2).

[34] 潘文富. 控制卖场促销费用几手段. 现代家电：2010(18).

[35] 赵子暮. 伊藤洋华堂：做零售需要眼光. 中国商贸：2010(24).

[36] 母小海. 互联网模式下零售数字化转型升级. 商业现代化：2019(6).

[37] 宋强. 揭秘央行数字货币. 计算机与网络：2020(5).

[38] 陈恬恬，肖棚玥，张深. 关于新零售理念研究——以盒马鲜生为例. 现代商业：2019(4).

[39] 杨云飞. 直击苏宁最新物流版图. 中国物流与采购：2019(16).

[40] 周延波，光昕. 我国连锁零售业物流配送的现状与对策分析——从沃尔玛物流配送中心的成功经验说起. 对外经贸实务：2011(9).

[41] 邵云霞. 连锁零售企业物流配送模式研究——以 7-11 便利店为例. 科技资讯：2010(12).

[42] 李学荟. 关于连锁门店防损问题的几点思考. 经济研究导刊：2010(27).

[43] 郑文新. “限塑令”引发的超市防损问题分析. 商业现代化：2009(9).